Inhalt

Walter Rost

Ausdruck: sehr gut

Ein praktisches Lehrbuch
des guten Stils
mit zahlreichen Übungen
und Lösungsvorschlägen

Rowohlt

Dieser Text ist eine überarbeitete Neuausgabe der 5. Auflage
der «Deutschen Stilschule», die zuerst 1974 im
Betriebswirtschaftlichen Verlag Dr. Th. Gabler, Wiesbaden,
erschienen ist.
Redaktion Sabrina Wagner
Umschlaggestaltung Beat Nägeli

Veröffentlicht im Rowohlt Taschenbuch Verlag GmbH,
Reinbek bei Hamburg, September 1989
Copyright © 1989 by Rowohlt Taschenbuch Verlag GmbH,
Reinbek bei Hamburg
Satz Times (Linotron 202)
Gesamtherstellung Clausen & Bosse, Leck
Printed in Germany
980-ISBN 3 499 18538 5

H. Gekreuzte Ausdrücke und Redewendungen

I. Syntaktische Mängel

J. Gebrauch der Zeiten und des Konjunktivs

K. Stilistik im Übergang

II. Teil: Lösungsvorschläge

III. Teil: Wortkunde

IV. Teil: Übersichten

Was der Benutzer dieses Buches beachten sollte

«Ausdruck: sehr gut» will kein akademisch-linguistisches Werk, sondern ein Lehr- und Übungsbuch sein. Es beschäftigt sich weder mit Sondersprachen (Kinderdeutsch, Schüler-, Studenten-, Sport-, Diskodeutsch usw.), noch mit den speziellen Schreibweisen deutschsprachiger Schriftsteller wie Böll, Grass, Bernhard oder anderer. Auch sind keine bloß unterhaltsamen Essays über heutiges Deutsch zu erwarten. Das Buch ist aus meiner Lehrtätigkeit an Fach-, Fachober- und Volkshochschulen hervorgegangen, es ist ganz auf die Bedürfnisse von Erwachsenen eingestellt, von denen im Beruf *Sicherheit im schriftlichen Ausdruck* verlangt wird. «Ausdruck: sehr gut» ist eine stilistische Satzlehre, die anhand von Beispielen aus Schülerarbeiten und Zeitungsartikeln dem schreibenden Berufstätigen zu einer einwandfreien Diktion verhelfen will. Schüler der Sekundarstufe II und Abiturienten stellen bei der Durchsicht des Taschenbuches möglicherweise fest, daß ihre Sprachkompetenz noch Schwachpunkte hat.

Die 69 Kapitel des Arbeitsbuches und die 134 in seinem dritten Teil nachzulesenden Abschnitte über häufig verwechselte Wörter (S. 231 ff) legen im einzelnen klar, was falsches und was einwandfreies Deutsch ist. Jede Regel erhält, soweit nötig, ihre grammatische Begründung. Die aus dem Latein hergeleiteten Fachausdrücke der Sprachlehre sind in der Liste S. 264 ff verdeutscht (ich verwende, um Wortwiederholungen zu vermeiden, hier und da beide Formen). Wer mit der Konjugation des deutschen Verbs – Aktiv, Passiv, Indikativ, Konjunktiv – auf Kriegsfuß steht, sollte im Zweifelsfalle die Tabelle S. 260 f studieren. Der Gebrauch der Zeiten (für viele Deutsche immer noch ein Buch mit sieben Siegeln) ist auf S. 262 ff skizziert; die Kapitel 58 ff unterrichten ausführlich über die Beziehungen der Tempora untereinander.

Gerade in der Stilistik arbeitet es sich gut zu mehreren. Nichts fördert im Stilistischen rascher und gründlicher als Rede und Gegenrede. Die «stilistische Erörterung» ist der sichere Weg zum persönlichen Stil. Die Übungssätze kritiklos zu bearbeiten wäre Zeitvergeudung. Vorsicht! Ich habe aus guten Gründen stilistisch einwandfreie Beispiele daruntergemischt. – Wer ohne Lehrer auskommen muß, möge beachten, daß in den elf Abschnitten des Buches jeweils die ersten Kapitel relativ leicht zu erarbeiten sind.

Stilübungen sind etwas anderes als Algebra-, Physik- oder Bilanzaufgaben. Für den stilistisch minderwertigen Satz gibt es im Rahmen des ausdruckskundlich Richtigen fast immer *mehrere* gute, *mehrere* treffende Neufassungen. Wer in einer Arbeitsgruppe stilpraktische Übungen betreibt, muß damit rechnen, daß die von einem anderen Mitglied gebotene Lösung der eigenen gleichwertig ist. Wahre Liberalität, sagt Goethe, sei Anerkennung.

Diese tolerante Einstellung vorausgesetzt, habe ich den Bitten zahlreicher Kollegen und Erwachsenenschüler entsprochen und zu allen Übungsbeispielen «Lösungsvorschläge» mit Erklärungen beigefügt. Sie sind in Teil II, S. 188ff nachzulesen. Der Benutzer des Buches erhält damit eine weitere Chance, sich stilistisch zu schulen. Er kann jetzt seine als sprachrichtig empfundene eigene, «persönliche» Lösung mit einer anderen «persönlichen» Lösung – der von mir vorgeschlagenen – vergleichen. Ich habe, wo möglich, mehrere Versionen angeboten. Wahren Sie dabei Ihre Selbständigkeit! Bleiben Sie kritisch! Schreiben Sie immer zuerst *Ihren* Vorschlag nieder, am besten alle Lesarten, die Ihnen zu dem betreffenden Übungssatz einfallen. Erledigen Sie das nicht stichwortartig oder mit Auslassungen, sondern bilden Sie ganze Sätze. Vergleichen Sie Ihre Fassung erst dann mit meinen Lösungsvorschlägen oder mit der Formulierung, wie sie Ihr Freund, Ihre Tischnachbarin gefunden hat. So stärken Sie Ihr Sprachgefühl und Ihre Eigenständigkeit im Ausdruck. Die «Lösungsvorschläge» unbesehen zu übernehmen führt nicht weiter.

Die Überschriften der Kapitel in «Ausdruck: sehr gut» sind so formuliert, daß der Stilistiklehrer nur die Kapitel- oder Wortkundenummer an den Rand der Schülerarbeit zu setzen braucht, um zu sagen, *welcher* Ausdrucksfehler in der betreffenden Zeile vorkommt. An der angegebenen Stelle Ihres Lehrbuches ist alles erklärt! Der leider noch immer übliche Korrekturvermerk *A* (Ausdruck) ist für die meisten keine Hilfe; er stellt ja nur fest, *daß* etwas falsch ist – das *Warum* bleibt für den Schüler oft im dunkeln, die Folge ist Unsicherheit. Wird dagegen ein Text mit Hinweisen auf die Stil- und Wortkundeabschnitte korrigiert, ist der Weg zu echter Selbsttätigkeit als Arbeit an der Sprache frei gemacht. So verfahren Lehrer, die ihren Unterricht mit Klassensätzen des Stillehrbuches organisiert haben (Lehrmittelfonds). Auf diese Weise kann jeder Schüler *individuell* gefördert werden.

Schließlich sei vermerkt, daß «Ausdruck: sehr gut» die 6., neubearbeitete Auflage meiner «Deutschen Stilschule» ist. Sollten Sie Mängel in dem Buche feststellen, würde ich mich freuen, über den Verlag informiert zu werden.

Hamburg, im Sommer 1989   Walter Rost

I. Teil

Stilkunde

A. Hauptwörterei

1. Warum Verbalsubstantiv?

Nach dem Öffnen des Wirtes sahen wir, daß die Gaststube leer war.

> Die Vorherrschaft des gebeugten Verbs sollte nicht wahllos zugunsten überflüssiger und oft mißverständlicher Verbalsubstantive beschränkt werden.

Nachdem der Wirt geöffnet hatte, sahen wir, daß die Gaststube leer war.

Das Verb ist die bei weitem formenreichste Wortart. Ausgestattet mit den Konjugationsendungen und verbunden mit dem Personalpronomen, drückt das Verb aus, ob die Tätigkeit von einer oder von mehreren Personen ausgeübt wird; ob von der sprechenden, der angesprochenen oder der besprochenen Person die Rede ist; ob das Subjekt handelnd auftritt oder etwas erleidet; ob sein Verhalten als wirklich, nur möglich oder als befohlen vorzustellen ist; ob sich der Vorgang in der Gegenwart, in der Vergangenheit oder in der Zukunft abspielt; ob zwischen diesem Geschehen und einem zweiten das Verhältnis der Gleichzeitigkeit, ein Vor- oder Nachzeitverhältnis herrscht; ob die Handlung beginnt oder dauert; ist das konjugierte Verb in der dritten Person des Singulars gebraucht, läßt es erkennen, welches Geschlecht die handelnde oder leidende Person hat: keine andere Wortart zeigt einen solch üppigen Reichtum an Formen, keine gibt uns so viele Möglichkeiten des bewußt gestalteten Ausdrucks.

Verwendet man den Infinitiv mit *das* als Verbalsubstantiv, so verschwinden Dutzende feinunterscheidender, lebendiger, ausdrucksvoller Formen in dem farblosen Schatten dieses oftmals so primitiv wirkenden, groben Weder-noch-Wortes sächlichen Geschlechts.

Das Verbalsubstantiv lockt fast stets ein zweites Substantiv an, einen Genitiv: *das Öffnen des Wirtes, das Siegen Steffi Grafs, das Auffinden meiner Eltern* usf. Beide Substantive stehen im Satz nahe beieinander und führen zu einer substantivischen Schwellung, vor allem wenn weitere Substantive als Attribute u. dgl. hinzutreten. Manchmal läßt erst die stilistische Neugestaltung des Satzes erkennen, welcher Satzteil sich eigentlich hinter dem Beifügungsgenitiv verbirgt: das Subjekt oder ein Objekt. Wir haben es also mit einer Art Satzteilverwechslung zu tun (vgl. Kap. 39). Wie eng die verschiedenen Typen der Stilfehler miteinander verwandt sind, ergibt sich z. B. aus einem Vergleich mit der viergliedrigen Bürofloskel (Kap. 4).

Die stilistische Korrektur erfolgt prinzipiell so, daß das Verbalsubstantiv durch ein gebeugtes Verb ersetzt wird, während das Scheinattribut in den entsprechenden Satzteil verwandelt wird. Die erweiterte adverbiale Bestimmung des Kapitelbeispiels *nach dem Öffnen des Wirtes* entpuppt sich als Satzkern, als Subjekt und Prädikat: *Nachdem der Wirt geöffnet hatte* . . . In anderen Sätzen wird das Genitivattribut zum Objekt usw. Wie das Kapitelbeispiel zeigt, sind Verbalsubstantive oft doppelsinnig.

Andererseits ist das Verbalsubstantiv sehr wohl geeignet, einen Gedanken zweckmäßig auszudrücken: *Das Rauchen in den Hörsälen ist untersagt. Mitbringen von Tieren unerwünscht.* Diese befehlende Form der Redeweise drängt zur Kürze, weil sie suggestiv wirken soll, und dann ist das strenge, amtlich-knappe Verbalsubstantiv durchaus am Platze. Wenn der Artikel – wie im letzten Beispiel – weggelassen wird, können solche Sätze auch als abgewandelte Infinitivsätze angesehen werden: *Baden im Parksee erlaubt = Es ist erlaubt, im Parksee zu baden.*

Übungen

1. Die Schiffsbauabschreibungen werden auf 150 % der Schiffbaueigenmittel und damit das Ausnutzen von Steueranteilen begrenzt.
2. Der meterhohe Schnee verlangte von den Rettungsmannschaften das Aufbieten aller Kräfte, um zu den Verletzten zu gelangen.
3. Wir leben mit mehr Menschen zusammen, als wir vertragen können. Das Überschreiten der kritischen Gruppe bedeutet für den einzelnen ein Überlasten des Gehirns, das in keiner Weise ertragen werden kann.
4. Als Ziel hat sich die Mannschaft von Freiburg das Erreichen der Vorschlußrunde, d. h. den zweiten Platz nach den Gruppenspielen, gesetzt.

5. Die Ehe verpflichtet durch das Zusammenleben bis zum Tode zum Teilen von Freud und Leid.

6. Ich kann mir vorstellen, daß das Anschneiden dieser schwierigen Rechtsfragen ein heißes Eisen ist.

7. Zugefrorene Schlösser verhindern das Aufschließen der Fahrzeugtür, und vereiste Scheiben machen das Sehen unmöglich – schnelles Handeln tut not.

8. Statt des Films «Am Anfang war alles Angst» (er sollte das Beginnen der neuen Saison anzeigen) kam das Herausziehen sämtlicher Filme seitens der Produzenten bei dem Kronen-Film-Verleih.

9. Flüchtlingszüge und Evakuierungsströme leiteten damals ein tiefes Verschmelzen der Volksstämme ein.

10. Ein allgemeines Herabsetzen der Weltmarktpreise für Weizen würde auch ein weiteres Ansteigen der deutschen Inlandpreise verhindern.

11. Das Bearbeiten Ihres Widerspruchs erfordert das Beibringen weiterer eidesstattlicher Erklärungen.

12. Überraschenderweise trat der UN-Sicherheitsrat einstimmig für ein sofortiges Beenden des islamischen Bruderkrieges ein.

13. In unserer Jugend-Boutique sind auch Kinder stets willkommen, ob als Kunde oder nur zum Ansehen.

14. Schon das Herausreißen eines einziges Zahnes läßt das Gebiß als zerstört erscheinen.

15. Insbesondere soll ein gleichzeitiges Einnehmen von Alkohol mit dem Medikament vermieden werden, da sonst die Bedienung von Maschinen gefahrlos nicht mehr möglich ist.

2. Flickverb mit Objekt

*Falls Sie die Bezahlung der Truhe in bar vornehmen, gewähren wir Ihnen
3% Skonto.*

> Besteht das Prädikat aus einem Flickverb, das durch ein Substantiv
> formelartig ergänzt ist, sollte das Prädikat aufgelöst und mit Hilfe des
> im Substantiv steckenden Begriffsverbums neu gebildet werden.

Falls Sie die Truhe bar bezahlen, gewähren wir Ihnen 3% Skonto.

Das königliche Wort der deutschen Sprache ist das Verb; es ist das wahre
Hauptwort unserer Sprache. Wer ein blasses, schemenhaftes, nichtssa-
gendes Wort, ein bloßes Flickverb, wie *vornehmen, treffen, unterziehen,
verzeichnen* usw., zum Wurzelstock eines Satzes macht, obwohl ein anderes, ausdrucksstarkes Begriffsverb zur Verfügung stünde, handelt den
Stilgesetzen zuwider. Diese saft- und kraftlosen Schattenwörter sind un-
geeignet, den Satz von innen her richtig aufzubauen. Soll sich ein so ent-
standener fader Satz überhaupt auf den Beinen halten, muß ein hand-
festes Substantiv – also ein Objekt im Dativ oder Akkusativ (kaum im
Genitiv) – dazutreten.
Dann ist nicht das Verb, sondern das ergänzende Substantiv das eigentliche Aussagewort: *Wenn Sie die Bezahlung der Truhe in bar vornehmen,
gewähren wir Ihnen 3% Skonto.* Das Behelfswort *vornehmen* ist ein nur
formales Prädikat; die Aussage des Satzes verbirgt sich in dem Akkusativobjekt *Bezahlung.* Dem Substantiv wird hier leichthin die Rolle des Prädikats zugeschoben.
So entstehenWendungen wie *Kritik üben, Anklage erheben, Einsicht nehmen, Rückgang erleiden, Vorsorge treffen* und zahlreiche andere. Leider
drängen sich dann auch die plumpen, poltrigen *-ung*-Substantive auf, und
im Handumdrehen ist die Sprache um ganze Kolonnen häßlicher Schwellformen «bereichert». Man denke nur an *einer Prüfung unterziehen, der
Belichtung aussetzen, einer Ausbesserung unterwerfen, Nahrung aufnehmen, die Registrierung vollziehen* und – siehe Kapitelbeispiel – *die Bezahlung vornehmen.* Immer steckt das «logische» Prädikat in dem ergänzen-
den Substantiv. Nehmen wir ihm die Maske ab, haben wir die ordentliche
Satzaussage im Griff: aus *die Bezahlung vornehmen* wird *bezahlen,* aus
einer Prüfung unterziehen wird *prüfen,* aus *der Belichtung aussetzen* wird

belichten; *Kritik üben* verwandelt sich in *kritisieren, Anklage erheben* in *anklagen, Einsicht nehmen* in *einsehen* usf. Jetzt ist die innere Form des Satzes in Ordnung: logisches und grammatisches Prädikat sind identisch.

Allerdings ist zu bemerken, daß es unter den bemängelten Redewendungen eine Reihe formelhaft gebrauchter Ausdrücke gibt, die nicht verbal umzubilden sind. *Vorschub leisten* kann man nicht durch *vorschieben* ersetzen, *den Schein wahren* nicht durch *scheinen*, *seinen Spaß treiben* nicht durch *spaßen*. Man sollte feste Verbindungen dieser Art nicht beanstanden.

Übungen

1. Wenn die Eltern ihre Erlaubnis geben, kann ein Mädchen schon mit 16 Jahren die Ehe eingehen.
2. Tonmeister Jakob ist für den musikalischen Ablauf zuständig, während Kollege Hesse den technisch-akustischen Bereich einer fachmännischen Kontrolle unterzieht.
3. Die Kon-Tiki-Expedition hat den Beweis erbracht, daß kühne Männer imstande sind, eine Überquerung des Stillen Ozeans auf einem Floß durchzuführen.
4. Der TuSV hat 1503 Mitglieder, sie haben die Gelegenheit, in zur Zeit 15 Sportarten ihre körperliche Ertüchtigung auszuüben.
5. Wenn die großen Autowerke der USA Entlassungen statt Einstellungen vornehmen, horcht die Welt auf, und das Wort «Krise» geht von Mund zu Mund.
6. Da wurde es Zeit, das Bücher-, Schreibwaren- und Kunstgewerbegeschäft von K. Lührmann einer Neugestaltung zu unterziehen.
7. Mit einer Unzahl von Instrumenten führt der Pilot die Überwachung der Motoren und Kompasse durch.
8. Deine Tränen, mein Lieber, machen auf mich überhaupt keinen Eindruck.
9. Es bleibt zu hoffen, daß der DFB seine Preise für das Länderspiel Deutschland–Polen noch einer Revision unterwirft.
10. Die EG muß an ihren Ausgaben von 1989 an eine umfassende Kürzung vornehmen, damit die viel zu teure Agrarpolitik eine Reduzierung findet.

11. Aber der Kapitän der «Pinta» leistete dem Kolumbus auch jetzt keine Folge, sondern ließ alle Segel setzen und fuhr davon.
12. Der Rückgang der Wanderfalken hat seinen Grund darin, daß die Landwirte viel zu großen Gebrauch von Pestiziden machen.
13. Auf der Klassenversammlung unterbreitete Frau Steinbrück den abermaligen Vorschlag, endlich eine Versetzung des schwer verhaltensgestörten Schülers Junghans an eine Sonderschule zu bewerkstelligen.
14. Das Verbot, das Kerngebiet des neuen Naturschutzgebietes zu betreten, hat noch keine Rechtskraft erlangt, obgleich das Forstamt schon eine Sperrung zahlreicher Wege veranlaßt hat.
15. Es würde böses Blut machen, wenn bekannt würde, daß ich Ihnen billiger geliefert habe als anderen Firmen.

3. Streckformel mit Präposition

Opium darf nur in Ausnahmefällen und gegen Rezept zum Verkauf gelangen.

> Präpositionale dreigliedrige Streckformeln sind Ausdruck der Hauptwörterei und sollten vermieden werden.

Opium darf nur in Ausnahmefällen und gegen Rezept verkauft werden.

Wie wir gesehen haben, bestehen viele substantivische Schwellformen aus zwei Wörtern: einem Substantiv (oft mit *-ung* oder einer anderen Ableitungssilbe) und einem bedeutungsarmen Flickverb. Der Sinnakzent liegt außerhalb des Satzkerns; ein Objekt im Dativ oder im Akkusativ drückt den Hauptgedanken aus. Substantivische Verformung des Prädikats und Satzkern-Aushöhlung gehen Hand in Hand.
Diese Satzteil-Umschichtung ist auch für den Stilfehler vom Typ «Streckformel mit Präposition» kennzeichnend. Jetzt tritt aber zu einem zentralgestellten Substantiv und dem folgenden Flickverb eine die Wendung einleitende Präposition: *zum Verkauf gelangen* (Kapitelbeispiel), *in Auftrag geben, in Kenntnis setzen, unter Verbot stellen, zur Ausführung gelangen* usw. Die vor dem Behelfsverb stehenden präpositionalen Ausdrücke sind

meist als Objekte, seltener als adverbiale Bestimmungen anzusehen. Wie die Praxis zeigt, kommen nicht alle Präpositionen vor, das Rennen machen *in* und *zu*, häufig mit dem Artikel verschmolzen: *im, ins, zum, zur.*

Interessant ist, daß sich unter den nicht mit *in* und *zu* beginnenden Streckformeln viele stilistisch einwandfreie Wendungen befinden: *auf die Folter spannen, hinters Licht führen, um den Finger wickeln, unter die Haube bringen* usf. Diese bildhaft-anschaulichen Formeln unterscheiden sich bei näherem Zusehen doppelt vom Zeitwortschwulst. Die Verben sind hier keine Scheinverben, sondern echte, aussagekräftige Wörter: *spannen, führen, wickeln*, alle wie auch *bringen* buchstäblich verstanden und zur bildhaften Aussage unentbehrlich. Die mit der Präposition verbundenen Substantive stellen also keine substantivierten Verben dar, sie behaupten ihren eigenen Sinn, und zwar nicht als Objekt, sondern als adverbiale Bestimmung. Bildhafte Redewendungen dieser Art gehören also nur scheinbar in die Rubrik «Hauptwörterei».

Übungen

1. Zu unserem Bedauern sind wir genötigt, das mit Ihnen bestehende Dienstverhältnis fristlos zur Aufhebung zu bringen, weil Sie sich eines betriebsunfreundlichen Verhaltens schuldig gemacht haben.
2. Kreisliga-Spitzenreiter TSV Vöhringen stellte auch im Pokal seine dominierende Stellung unter Beweis.
3. Die leitenden Mathematiker unseres Hauses haben die theoretischen Vorarbeiten an dem neuen Präzisionsobjekt zum Abschluß gebracht, so daß wir jetzt die Herstellung eines ersten Modells in Angriff nehmen können.
4. Spanien liefert Thunfisch und Sardellen, während Portugal hauptsächlich Sardinen und Olivenöl in den Export bringt.
5. Die Reliefkunst ist von alters her bei der Münzprägung und bei der Anfertigung von Medaillen in Anwendung gebracht worden.
6. Man war sich einig: Diese gefährliche Kreuzung muß entschärft werden. Welche Lösung endgültig zum Tragen kommt, kann erst in ein paar Wochen gesagt werden.
7. 1984 war eingetreten, was die Friedensbewegung gefürchtet hatte: Die Verhandlungen zwischen den Supermächten waren als Resultat des Stationierungsbeschlusses von 1983 zum Erliegen gekommen.

8. In Westasien nimmt man das Dromedar auch dann in Dienst, wenn tiefe Wintertemperaturen herrschen, denn sie bleiben auf das Tier ohne irgendwelchen Schaden.

9. Wieder nahm die muntere Frau Berthold den gutgelaunten Hausherrn mit ihren ironischen Bemerkungen aufs Korn.

10. Auch Christa Kögl brachte ihren Unmut darüber zum Ausdruck, wie großzügig mit Geldern umgegangen werde, wenn es um Publicity ginge.

11. Richard Wagner konnte seine großen Musikwerke nur deshalb zur Aufführung bringen, weil ihn der 19jährige König von Bayern aufs großzügigste unterstützte.

12. Diese bunte Palette von Schülerprojekten, sagte Rektor Hogert, hätte verborgene Begabungen der Schüler nicht selten zum Vorschein kommen lassen.

4. Viergliedrige Bürofloskel

Nach Prüfung Ihrer Beschwerde teilen wir Ihnen mit, daß Ihr Unterstützungsantrag genehmigt worden ist.

Die viergliedrige Bürofloskel sollte so sparsam wie möglich verwendet werden. Man verwandelt sie in vollständige Sätze, indem man für das erste der beiden Substantive das entsprechende Verb einsetzt, oder man eliminiert das Hauptwort durch eine Präposition.

Wir haben Ihre Beschwerde geprüft und teilen Ihnen mit, daß Ihr Unterstützungsantrag genehmigt worden ist.

Es gibt kaum einen Behördenbrief, kaum ein Geschäftsschreiben, kaum ein Gerichtsurteil und leider auch keine Radio- oder Fernsehsendung, in denen nicht die viergliedrige Bürofloskel vorkäme: *nach – Prüfung – Ihrer – Beschwerde, unter – Ausschluß – der – Öffentlichkeit, seit – Eintritt – des – Tauwetters, zwecks – Begründung – des – Subventionsprogramms.* Jede dieser Bürofloskeln beginnt mit einer Präposition: *nach, unter, seit, zwecks.* Dann folgt das erste Substantiv: *nach Prüfung, unter Ausschluß, seit Eintritt, zwecks Begründung.* Wie man ahnt, kommen -*ung*-Substantive oft vor. Von dem ersten Substantiv hängt ein zweites, meist im Genitiv, ab, und dieses Attribut ist seinerseits durch ein vorangestelltes Pronomen, Adjektiv oder Partizip erweitert: *nach Prüfung Ihrer Beschwerde, unter Berücksichtigung weiterer Einwände* usw.

Die viergliedrige Bürofloskel ist, wenn sie am Satzanfang steht, eine adverbiale Bestimmung, sie vertritt einen Adverbialsatz. Bürofloskeln lassen sich also in Haupt- oder Nebensätze verwandeln: *Nach Prüfung Ihrer Beschwerde* wird zu: *Wir haben Ihre Beschwerde geprüft* oder: *Nachdem wir Ihre Beschwerde geprüft haben.* Auch bei längeren Formen ist so vorzugehen: *Mit Rücksicht auf die offenbar starke Ermüdung meiner Mandantin* wird zu: *Da meine Mandantin offenbar stark ermüdet ist.*

Wo es angebracht erscheint, ersetzt man das erste Substantiv durch eine Präposition: *nach Prüfung Ihrer Beschwerde = auf Ihre Beschwerde; mit Rücksicht auf die offenbar starke Ermüdung meiner Mandantin = wegen der offenbar starken Ermüdung meiner Mandantin.* (In diesem letzten Falle ist nicht viel gewonnen, eine viergliedrige Wendung bleibt stehen.)

Übungen

1. Im Rahmen seiner systematisch durchgeführten Beobachtungen der Spiralnebel fand Shapley die kugelförmigen Sternhaufen.

2. Bei Weiterverbreitung Ihrer Verdächtigungen werde ich Sie zur Wahrung meines guten Rufes verklagen.

3. Im Falle der Weglassung aller Firmennamen hat das Außenministerium nichts dagegen, daß Sie den Lagebericht über Libyen veröffentlichen.

4. Auf Grund aufmerksamer Durchsicht und eingehender Prüfung unseres Prospektes werden sicher auch Sie über die außergewöhnlich niedrigen Preise unserer Markisen, Rollos und abwaschbaren Dekorationsstoffe erstaunt sein.

5. Sie dürfen in Ihrer Wohnung mit besonderer Ausnahme von Singvögeln und Zierfischen keine weiteren Tiere halten.

6. In Ermangelung der telefonisch angeforderten, notariell beglaubigten Einverständniserklärung Ihrer Ehefrau konnten wir deren Bausparvertrag noch nicht auf Ihren Namen umschreiben.

7. Anläßlich geschichtlich bedeutsam gewordener wissenschaftlicher

Untersuchungen bestimmter Strahlen sah Prof. Röntgen plötzlich die
Umrisse seiner Handknochen.

8. Führt der Teilnehmer an einem Raube bei Begehung der Tat Waffen
bei sich, so ist unter Anwendung von § 250 Abs. 1 StGB auf schweren
Raub zu erkennen.

9. Im Falle der Belästigung der anderen Fahrgäste werden Betrunkene
von der Beförderung ausgeschlossen.

10. Vor Eingehung der standesamtlichen Ehe hat das Brautpaar ein Aufgebot zu bestellen.

11. Nach erfolgter Zustellung und Rechtskraft des Landgerichtsurteils
kann die Durchführung der Zwangsvollstreckung beginnen.

12. Bei Einbau einer automatischen Ölfeuerung wird Ihr Neubau unter
Berücksichtigung aller notwendigen Installationsarbeiten um ca.
4400 DM teurer werden.

5. Präpositionale Verschachtelung

*Die Feuerwehr brachte die Schwerverletzten in die in dem Universitäts-
krankenhaus gelegene Chirurgische Klinik.*

Beginnt ein Satzteil mit einer Präposition, sollte er nach Möglichkeit
nicht durch ein präpositionales Attribut erweitert werden.

*Die Feuerwehr brachte die Schwerverletzten in die Chirurgische Klinik des
Universitätskrankenhauses.*

Hauptsächlich folgende Satzteile beginnen mit einer Präposition:

a) das Präpositionalobjekt: *Ich glaube an den Fortschritt. Er ruft nach
dem Wirt.*

b) die adverbiale Bestimmung: *Er tritt an die Rampe. Warte noch bis
zum Ersten.*

c) das präpositionale Attribut: *ein Herr mit grauen Schläfen; die Wut
über den verlorenen Groschen.*

Aus Wortgruppen dieser Art entstehen gewisse Schwell- und Stopffor-
men, die als «präpositionale Verschachtelung» bezeichnet werden. Sie
kommen dadurch zustande, daß ein präpositionaler Rahmensatzteil hin-

ter dem Verhältniswort aufgetrennt und an dieser Stelle durch eine präpositionale Einfügung erweitert wird. Kapitelbeispiel: *Die Feuerwehr brachte die Schwerverletzten in die... Chirurgische Klinik.* In diesen Rahmensatzteil wird ein Attribut eingebracht (*in welche Klinik?*), das wiederum mit einer Präposition beginnt: *in dem Universitätskrankenhaus gelegene.* Die Verschachtelung als Ergebnis: *in die in dem Universitätskrankenhaus gelegene Chirurgische Klinik.*

Mündlich drücken wir uns so nicht aus, denn das Ineinander mehrerer präpositional bestimmter Wortgruppen ist unübersichtlich, es kann in freier Rede nicht leicht konstruiert werden. Das trifft auch auf solche Formen der Verschachtelung zu, in denen Präposition unmittelbar neben Präposition zu stehen kommt: *Die Loren rollen auf in die Straßen eingelassenen Gleisen zu den Lagerhäusern. Auf mit glatten, weißen Tapeten beklebte Wände können mittels Schablonen Muster aufgetragen werden.* Treffen drei Präpositionen aufeinander, handelt es sich meist um Zahlenangaben mit *bis: Ein Mammutbaum bringt es bis auf über 5000 Jahre.* Da die (umgangssprachliche) Wendung *es bringen auf* lautet, kann *bis* gestrichen werden.

Oft fällt stilistisch Falsches dadurch auf, daß es Hemmungen beim Lesen verursacht; die präpositionale Verschachtelung mit ihren Passagen einsilbiger Wörter gehört dazu. Man hüte sich aber, solche Schwellformen kurzerhand mit Hilfe von Attributsätzen aufzulösen. (Näheres in Kap. 55.)

Übungen

1. Da die Bombe unmittelbar vor dem vor dem Regenten aufgestellten Mikrophon explodierte, wurden Tausende von Radiohörern Zeugen des Attentats.
2. Die Spektralanalyse hat ergeben, daß es sich bei dem Bronzedolch nicht um reine Bronze, sondern nur um mit Zinnerzschmelzgut versetztes Kupfer handelt.
3. Durchsuchungen müssen in der in der gesetzlichen Grundlage – in der Strafprozeßordnung – vorgeschriebenen Form durchgeführt werden.
4. Im im Südwesten Englands gelegenen Cornwall treffen wir auf reichbewaldetes Hügelland.

5. Diese Behauptung stützt sich offenbar auf von dem Beamten im eigenen Interesse vorgebrachte Argumente.

6. Bei den bei den beiden öffentlichen Veranstaltungen eingebrachten Überschüssen kann es sich m. E. nur um relativ kleine Summen handeln.

7. Zu den von der für die Organisation der Weltmeisterschaftsspiele zuständigen FIFA nominierten besten europäischen Schiedsrichtern gehört auch ein Österreicher.

8. Entbrannt war die Schlacht um das von den habsburgischen Truppen besetzte Oberitalien.

9. Die Kyrenaiker streben nach der auf dem rohen Sinnlichen beruhenden Lust des Augenblicks.

10. Es wäre also erst noch zu prüfen, ob auch der im 1. Stock in der unmittelbar auf der unter Pos. 18 geführten Balkendecke ruhenden Leichtwand zwischen Bad und Küche entstandene 2 cm breite Riß mit den anderen Mängeln ursächlich zusammenhängt.

11. Östlich des Flusses wohnten gotische Völkerschaften, die seit dem 7. Jh. in alle durch die große Wanderung entblößten Gebiete eingesickert waren.

12. Der Sowjetstaat war zu dieser Zeit eine durch auf streng marxistisch–leninistischer Grundlage ausgeübte Souveränität gekennzeichnete sozialistische Diktatur.

13. Mittels anhand eines alten schartigen Taschenmessers hergestellter langer Blechstreifen gelang es uns, die auseinanderfallenden Faßdauben provisorisch zu verbinden.

14. Der Verlag konnte beim damaligen Fehlen jeglicher Mittel auch nicht an für die Mitarbeit an dieser Auflage wohl in Betracht kommende Fachleute herantreten.

15. Mehrere zur automatischen Förderstraße verbundene Sondermaschinen führen an auf Taktförderern zugeleiteten Werkstücken gleichzeitig verschiedene Arbeitsoperationen aus.

6. Genitivtreppe

Der Anstrich des Zaunes des Gartens eures Nachbarn gefällt mir nicht.

> In einem Satze sollten nicht mehrere voneinander abhängende Attribute im Genitiv verwendet werden.

Die Farbe, mit der euer Nachbar seinen Zaun gestrichen hat, gefällt mir nicht. ODER: *Mir gefällt die Farbe nicht, mit der euer Nachbar seinen Zaun gestrichen hat.* ODER: *Euer Nachbar hat seinen Zaun neu gestrichen, aber die Farbe gefällt mir nicht.*

Die Genitivtreppe ist eine Sonderform der Hauptwörterei. Ein Substantiv im Vorfeld des Satzes wird durch ein nachgestelltes Substantiv im Genitiv näher bestimmt. Dieses Attribut ist ein Satzteil dritten Grades, denn Prädikat und Subjekt sind Satzteile ersten, Objekt und adverbiale Bestimmung sind Satzteile zweiten Grades. Im Kapitelbeispiel sind also die Wörter *des Zaunes*, weil Attribut, ein Satzteil dritten Grades. Nun will der Schreiber auch diesen Begriff genauer bestimmen (*was für ein, welcher, wessen Zaun?*). Da er kein guter Stilist ist, setzt er zum zweitenmal ein Substantiv in den Genitiv und hängt es als Attribut an das Attribut: *der Anstrich des Zaunes des Gartens*. Dies dritte Substantiv ist nach den Gesetzen der Grammatik ein Satzteil vierten Grades, das folgende vierte attributive Substantiv *eures Nachbarn* ist Satzteil fünften Grades. So entsteht die aus lauter Substantiven gebildete Genitivtreppe:
der Anstrich
         des Zaunes
                  des Gartens
                           eures Nachbarn.
Anders betrachtet, könnte die Genitivschlange auch als Spezialfall des zu langen Attributs aufgefaßt werden: *Der für den Zaun um den Garten eures Nachbarn benutzte Anstrich gefällt mir nicht.* Der Unterschied fällt ins Auge. Ein solches zu langes Attribut steht vor dem zu erläuternden Begriff, die Genitivtreppe steht dahinter. Zu den vorangestellten langen Attributen gehören Wörter verschiedener Art: Artikel, Pronomina, Adjektive oder Partizipien; in der «reinen» Genitivschlange gibt es nur Substantive und Artikel. Ein dritter Unterschied liegt darin, daß innerhalb der vorausgehenden Großerweiterung ein reger Kasuswechsel zu herr-

schen pflegt, während die Genitivtreppe monoton einen Fall wiederholt.
Sie ist ein Produkt des Stopfstils. (Vgl. Kap. 7.)

Übungen

1. Wir bitten Sie, den Wortlaut der Erläuterungen der Abbildungen des
   Kapitels «Bitumen beim Hausbau» unverändert beizubehalten.
2. Die Politik ist fraglos eine der bedeutendsten Erscheinungen des gesellschaftlichen Lebens des Menschen der Moderne.
3. Nach der Würdigung der Stellung und der Macht der Führer der beiden Parteien untersucht McKenzie deren parlamentarische Gefolgschaft, die Fraktionen.
4. Überall hieß jetzt die Forderung: Unabhängigkeit der Staaten, Freiheit der Völker, Mündigkeit der Massen, Erneuerung der Kultur,
   grundlegende Änderung der Produktionsweise.
5. Der Leiter des Einsatzes des Polizeibegleitkommandos des Jubilä-
   umsfestzuges hätte die Absperrmaßnahmen so durchführen müssen,
   daß die als Sicherung der Spitze des Zuges vorausfahrenden Polizeikräfte jeweils zur nächsten Straßenkreuzung vorfuhren und dort die
   Seitenstraßen vorsorglich absperrten, um die Gefahr einer Behinde-
   rung der Überquerung seitens des Festzuges im voraus zu beseiti-
   gen.
6. Der Sprecher des Vorstandes der Fraktion der SPD kritisierte die
   lakonische Kürze der Stellungnahme des Wirtschaftsministeriums
   zur Forderung der umgehenden Stillegung aller Atomkraftwerke der
   Bundesrepublik.
7. Aber hierin liegt eben das Experiment einer Gegenprobe der Wahrheit des Resultates jener ersten Würdigung unserer Vernunfterkenntnis a priori.
8. Die Vorzüge der Benutzung der Wasserstraßen des süddeutschen
   Raumes liegen hauptsächlich in der Beschränkung der Frachtkosten
   der Transporte der Massengüter.
9. Der Versuch einer Erklärung der Ursache dieser Erscheinungen ist
   Sache der Physik.
10. Die Zulässigkeit der Berücksichtigung der Unkenntnis der Tatsache
    der Existenz einer solchen Bestimmung ist vom Gesetz nirgendwo
    versagt.

11. Der Grund dieses Erlasses lag in der Erkenntnis der Wichtigkeit der Tatsache, die Selbständigkeit der Verwaltungen der Kommunen des Königreiches Preußen nachdrücklich zu fördern.
12. Der Wert der Abbildungen des ersten Teils der Abhandlung des Kandidaten entspricht nicht der Forderung wissenschaftlicher Arbeit.

7. Stopfstil

Die Schüler werden mittels verschiedener Teste zwecks Feststellung ihrer Eignung für verschiedene Gebiete der Arbeit von Diplompsychologen des Arbeitsamtes geprüft.

Ein Satz ist stilistisch mangelhaft, wenn er vorwiegend aus Substantiven besteht. Soweit irgend möglich, sollte man die Substantive in sinngleiche andere Wortarten – möglichst Verben! – verwandeln.

Die Diplompsychologen des Arbeitsamtes testen die Schüler, für welche Berufe sie sich eignen. ODER: Die Schüler werden von Diplompsychologen des Arbeitsamtes getestet, ob und wie sie sich für bestimmte Arbeitsgebiete eignen.

Sätze, die mit Substantiven vollgestopft sind, haben mit gutem Stil nichts zu tun. Schleppend wirken vor allem Sätze mit mehreren abgeleiteten Substantiven auf *-ung*. An der «Substantivitis» krankende Aussagen sind in der Regel auch schwer zu verstehen, denn die in den Satz hineingepreßten Hauptwörter sind vorwiegend Abstrakta, also nichtanschauliche Begriffe. Man bildet sie um, indem man die in den Substantiven steckenden Verben benutzt. Meist ergibt es sich von selbst, daß sich das unübersichtliche substantivische Ganze in mehrere, nun leicht verständliche Einzelsätze auflöst.

Am Kapitelbeispiel fällt auf, daß zwei Elemente formbestimmend sind: Substantive mit Präpositionen und Attribute im Genitiv. Ein einziges, dazu im Passiv verwendetes Verb steht sieben substantivischen Satzgliedern gegenüber. Vier mit einer Präposition gebildete Substantivgruppen und zwei Substantive im Genitiv, dazu das Subjekt drängen das eine Verb in den Hintergrund: *mittels verschiedener Teste, zwecks Feststellung, für*

bestimmte Gebiete, von Diplompsychologen; ihrer Eignung, des Arbeits-
amtes; Schüler. Das ergibt ein Verhältnis 7 : 1 zuungunsten des Verbs.
Man könnte die Faustregel aufstellen: Verhältniswörterei plus Genitiv-
häufung ergibt Hauptwörterei. Wer die Übungssätze zergliedert, wird das
bestätigt finden. Die Substantive im Genitiv, mehr oder minder zahlreich
zwischen die präpositionalen Satzglieder geschoben, gehören meist zu
Attributen. Objekte im Genitiv sind seltener. Schlimm, wenn auch der
reine Genitiv wieder in eine präpositionale Wendung mit *von* verfälscht
wird.

Übungen

1. Infolge Erwartung einer sich auf die amerikanischen Ölhäfen äußerst
   nachteilig auswirkenden Ablenkung des Überseeverkehrs nach dem
   mittleren Norden der USA und nach Kanada hatten Wirtschafts-
   kreise der Neuen Welt stärkste Bedenken gegen die Durchführung
   des St.-Lorenz-Strom-Projektes erhoben.
2. Der Graf gab diese Nachrichten über die Mißstimmung des Herzogs
   wegen der enttäuschten Hoffnungen auf eine wirklich interessante
   Verwendung in der britischen Wehrmacht und über dessen kritische
   Einstellung zum Premier dem Auswärtigen Amt weiter.
3. Die Senkung der Mehrwertsteuer in England hat sofort zu einem
   neuen Rätselraten über eventuell im Rahmen des neuen Haushalts zu
   erwartende durchgreifende Änderungen in Struktur und Höhe geführt.
4. Der Reichspräsident erließ die vom Reichstag unter Mitwirkung des
   Reichsrates beschlossenen Gesetze nach Gegenzeichnung durch den
   Kanzler oder einen Fachminister, worauf die Veröffentlichung im
   Reichsgesetzblatt erfolgte.
5. Eine alte Verordnung aus dem Jahre 1826 sagt treffend, daß wegen
   der seit der Reorganisation der preußischen Verfassung nicht mehr
   bestehenden Vereinigung der Polizei mit dem Richteramte die Polizei
   sich der Schlichtung aller Streitigkeiten der Bürger und Einwohner in
   ihren Privatverhältnissen zu enthalten habe, es sei denn, daß wegen
   der Störung deren Privatrechte auf eine Störung der öffentlichen
   Ordnung gleichzeitig zu schließen sei.
6. Der Bundesinnungsmeister-Stellvertreter gab die Erklärung ab, der

Erzeugungsbereich des Schmiedehandwerks unterliege einer immer stärker in Erscheinung tretenden Einengung, so daß zur Sicherung der Beschäftigung für die Schmiedebetriebe eine Produktionsumstellung und die stärkere Einschaltung in öffentliche Aufträge eine Notwendigkeit sei.

7. Der in Trupps auf Äckern, Wiesen und Feldern sowie auf anderen mit Mist bestreuten Stellen auftretende Champignon ist infolge seiner großen Ähnlichkeit in der äußeren Form mit dem Knollenblätterpilz und seiner für die menschliche Gesundheit höchst gefährlichen Giftigkeit mit größter Vorsicht zu behandeln.

8. Schon im 16. Jh. wurden seitens verschiedener europäischer Staaten erfolgreiche Verhandlungen über Vereinbarungen für den Kriegsfall in bezug auf die Behandlung von verwundeten und kranken Soldaten geführt.

9. Die Diskussionen und Untersuchungen bis zu einem vertretbaren Konsens über die Berechtigung eines Verdachtes hinsichtlich einer möglichen akuten Gefährdung durch einen noch nicht zweifelsfrei als wirklich unzumutbar schädlich erachteten Stoff könnten sich hinziehen.

10. Alle Beruhigungen von Politikern und Statistikern, die Anonymität und korrekte Auswertung der Fragebogen sei sichergestellt, können nur – hieß es seinerzeit – auf Unkenntnis oder absichtlicher Irreführung beruhen.

11. Wir geraten in ein 20 Kopf starkes Wildyakrudel hinein, und mit der Erlegung einiger Exemplare gelingt mir noch in tiefer Dämmerung die schönste Vervollständigung meiner Sammlung.

12. Sich auf vereinzelte Mißgriffe und Willkürlichkeiten bei unseren guten Schriftstellern für fehlende eigene Anstrengung zu berufen ist eine unziemliche Anmaßung, gegen die nur Grobheit ankommt.

13. Der effektiven Umsetzung von Wissenschaft und Technik, insbesondere der konsequenten Verwirklichung der Schlüsseltechnologien, erwächst bei der weiteren Realisierung der Wirtschaftsstrategie der SED, bei der Intensivierung unserer Volkswirtschaft eine immer größere Bedeutung.

14. Die Koalition sollte an dem zentralen Ziel der wirksamsten Bekämpfung der Arbeitslosigkeit und der Sicherung und Erweiterung des Systems der sozialen Leistungen durch Stärkung der Wirtschaftskraft festhalten.

15. Die Anker sind nur unter strikter Beachtung der Bestimmung für die Benutzung freizugeben, daß sie sofort nach Beendigung der Notlage wieder eingezogen werden.

B. Anschluß- und Stellungsfehler

8. Singular nach mehrgliedrigem Subjekt?

In Mexiko wird vor allem Mais, Weizen und Reis angebaut.

> Zu einem mehrgliedrigen Subjekt gehört ein Prädikat im Plural. Wenn Zwillingssubjekte als begriffliche Einheit empfunden werden, steht die Aussage in der 3. Person des Singulars. Werden zwei Nomina in der Einzahl durch *oder* verbunden, steht die Satzaussage im Singular. Vorsicht bei Prozentangaben!

In Mexiko werden vor allem Mais, Weizen und Reis angebaut.

Ein Subjekt ist mehrgliedrig, wenn es sich aus mehreren Nomina zusammensetzt: *Urahne, Großmutter, Mutter und Kind; meine Mitschüler und ich; Karl, wir alle und ein paar von euch.* Stehen alle Glieder einer solchen Reihe im Plural, muß natürlich das Prädikat in die Mehrzahl gesetzt werden: *Draußen standen viele Kisten, Fässer und Säcke. Wir beide und die letzten fünf wurden zurückgeschickt.*

Das gleiche gilt, wenn die Nomina teils im Plural, teils im Singular gebraucht sind: *Meine Schwestern und David Swan sangen ein schottisches Lied. Auf der Fensterbank stehen ein Pfennigbaum und vier Kakteen.* Dann stellt man jedoch besser Plural zu Plural: *David Swan und meine Schwestern sangen ein schottisches Lied. Auf der Fensterbank stehen vier Kakteen und ein Pfennigbaum.*

Das Prädikat ist auch dann in den Plural zu setzen, wenn – wie im Kapitelbeispiel – sämtliche Glieder der Satzgegenstandsreihe im Singular verwendet sind: *Mais, Weizen und Reis werden angebaut.* Oder:

Unsere Abteilungsleiterin, Hilde Becker und ich begannen mit der Inventur.
Ist das mehrgliedrige Objekt aber eine begriffliche Einheit, d. h., die Glieder des Subjekts bezeichnen ein und dieselbe Person oder Sache, ist für die Satzaussage der Singular zu wählen: *Mein Kollege und Freund hat mich besucht. Der Klub- und Theaterraum wird vergrößert.*
Aber auch die sog. Zwillingssubjekte werden so behandelt: *Hans und Franz, Hinz und Kunz, arm und reich, groß und klein kam herbei und gaffte. Gleich und gleich gesellt sich gern. Aller Grund und Boden wurde verstaatlicht. Handel und Wandel geriet ins Stocken.* Die beiden Begriffe – oft durch Stab oder Endreim zusätzlich gebunden – sind als Gesamtsubjekt zu werten. Es ist also folgerichtig, wenn bei Zwillingssubjekten das Prädikat im Singular steht. Manchmal sind jedoch beide Auffassungen möglich: *Haus und Hof lag im abendlichen Frieden. Haus und Hof gingen in Flammen auf.* Das eine Mal empfindet man mehr die in der Vorstellung liegende Einheit, das andere Mal das räumliche Nebeneinander in der Wirklichkeit. Dagegen verlangen zwei durch *oder* verbundene Nomina in der Einzahl stets ein Prädikat in der 3. Person Singular: *Unter anderem löst eine erhebliche Blutarmut oder ein plötzlicher, starker Blutverlust die Ohnmacht aus.* – Merke: Nach einem Subjekt in Form einer Prozentangabe steht von 2 % an das Prädikat in der Mehrzahl: *Aus der Umfrage des Instituts geht hervor, daß nur 7 % der befragten Frauen Pornofilme allein ansehen.* Nicht: *ansieht.*

Übungen

1. Hopfen, Baldrian und Brom beruhigt die Nerven.
2. Zufrieden jauchzen groß und klein: Hier bin ich Mensch, hier darf ich's sein!
3. Für Musik sorgt ein Leierkastenmann, der hiesige Spielmannszug und die «Musketiere».
4. Auf diesem ausgezeichnet erhaltenen Relief aus Adschanta ist ein Nada-König mit seiner Frau und einer Dienerin zu sehen.
5. Die Landstreicherei, die damit verbundene Bettelei und der allgemeine Müßiggang hemmt die gesellschaftliche Entwicklung dieser unterentwickelten Länder.
6. Kalk, Zement und Wasser, im richtigen Verhältnis miteinander vermischt, ergibt Mörtel.

7. Abgegeben werden kann zum Beispiel Altöl, Lackreste, Batterien, Leuchtstoffröhren, Verdünnerreste, Holzschutzmittel, Klebstoffe und Medikamente.
8. Auf der Hofseite lag nur das Verbands- und Behandlungszimmer.
9. Heute spricht noch etwa 45 % der schleswig-holsteinischen Bevölkerung Plattdeutsch.
10. Zu solch langwieriger Arbeit gehört eben Lust und Liebe.
11. Die Geißel des Kriegs hatte sie zusammengetrieben, und Freund und Feind trank aus demselben Becher.
12. Als ich wieder zu mir kam, stellte ich fest, daß meine Brieftasche mit einem Scheck über 12 200 DM, mein Reisepaß, meine persönlichen Papiere und mein Schlüsselbund gestohlen war.
13. Unklar ist bisher, ob mangelnde Hygiene beim Verfüllen oder verdorbenes Fleisch Ursache der Verseuchung war.
14. Wenn der Hurrikan über die Westindischen Inseln rast, scheinen Himmel und Hölle los zu sein.
15. Das Morgen- und das Abendland gingen in Glaubenssachen schon seit 1054 getrennte Wege. Als 1453 die Türken Byzanz eroberten, wurde Orient und Okzident auch politisch voneinander unabhängig.

9. Wiederaufnahme der Kollektiva

Ein Heuschreckenschwarm verdunkelte den Himmel. Sie fielen in die Felder ein und vernichteten alles Grün.

> Bezieht sich ein Pronomen auf ein Kollektivum in Singular, muß auch das Fürwort im Singular stehen und in Geschlecht und Fall mit dem Sammelnamen übereinstimmen.

Den Himmel verdunkelte ein Heuschreckenschwarm. Er fiel in die Felder ein und vernichtete alles Grün.

Kollektiva fassen eine unbestimmt große Anzahl gleicher Personen, Tiere oder Dinge begrifflich zu einer Einheit zusammen: *Schüler* bilden *eine Klasse, Heuschrecken* einen *Schwarm, Schiffe* eine *Flotte.*
Jedes persönliche *Fürwort* steht *für* ein anderes Wort, *für* ein Substantiv.

Anstatt zu sagen: *Ein Heuschreckenschwarm verdunkelte den Himmel. Der Heuschreckenschwarm fiel in die Felder ein und vernichtete alles Grün*, ersetzen wir im zweiten Satz das Kollektivum *Heuschreckenschwarm* durch das in Geschlecht, Zahl und Fall mit diesem Begriff übereinstimmende Personalpronomen. Da *Heuschreckenschwarm* ein Wort männlichen Geschlechts im Nominativ des Singulars ist, muß das wiederaufnehmende Pronomen *er* heißen. So ist nicht nur das Personalpronomen zu behandeln, sondern auch das Possessiv-, das Demonstrativpronomen usf.

Fehler in der Art des Kapitelbeispiels kommen vor allem bei Leuten mit lebhaftem Vorstellungsvermögen vor. In ihrer Phantasie sehen sie durch die Hülle des Sammelnamens die Menge der konkreten Einzelwesen, und das Unterbewußtsein übersetzt den Singular des Kollektivums in die grammatische Mehrzahl. Doch nicht die Einbildungskraft, sondern die grammatische Logik bestimmt, wie wir unsere Gedanken sprachgerecht zu formulieren haben.

Hin und wieder ist das falsche *sie* allerdings besser durch den Plural der im Sammelnamen steckenden Einheit zu ersetzen. Dabei zeigt sich, daß das Individuum oder das Stück einen anderen Namen führt als ihre Verbindung: *Die Flotille steuerte dem Hafen zu; sie hatte über die Toppen geflaggt.* BESSER: *Die Flotille steuerte dem Hafen zu; sämtliche Zerstörer hatten über die Toppen geflaggt.*

Übungen

1. Das Benediktinerkloster Maria Laach liegt in der Eifel. Ihre Ländereien liegen rund um den Laacher See.
2. Die Gruppe der Küchenhilfen können die Szene noch nicht allein gestalten. Sie proben zusammen mit den Erwachsenen den Auftritt von «Zwerg Nase» in der Küche.
3. Am Nebentisch saß ein Paar mit ihren Kindern.
4. Das Weimarer Publikum stand der Lisztschen Aufführung des «Lohengrin» völlig ratlos gegenüber. Sie verstanden diese dionysische, revolutionäre Musik einfach nicht.
5. Im Jahre 1913 traf sich die Freideutsche Jugend auf dem Hohen Meißner südlich von Kassel. Sie schwuren, ein verantwortungsbewußtes, wahrhaftes und einfaches Leben zu führen.

6. Unser blau-weißes Team ist zu siegesbewußt auf die Reise gegangen. Die 7:1-Niederlage wird ihren leichtfertigen, um nicht zu sagen sträflichen Optimismus dämpfen und sie dazu zwingen, Gewissenserforschung zu halten.

7. Eine Sondergruppe von 40 ehemaligen Mitgliedern des britischen Eliteregiments SAS koordiniert die Manövergefechte und stellen eine neue Polizeitruppe, die Special Task Force, auf.

8. Das Amt für Verkehr hat seinen Sitz am Domplatz. Ihre Sprechstunden sind auf Montag und Donnerstag von 8 bis 16 Uhr festgesetzt.

9. Als eine Presseagentur von dieser sensationellen Aufnahme hörte, kauften sie das Negativ dem glücklichen Amateur sofort ab.

10. Der Sportklub an der Schule von Rugby führte 1823 zum erstenmal das später nach ihm benannte Spiel vor, benutzen aber anstelle eines kugelförmigen Balles einen eiförmigen.

11. Verlobt ist ein Paar, wenn sie sich das Eheversprechen gegeben haben.

12. Die Seilschaft war zur abgesprochenen Zeit am Übungsfelsen im Altmühltal angekommen; sie stellten verärgert fest, daß vor ihnen andere in die Wand eingestiegen waren.

10. Nachklapp des Pronomens

Schon zur Zeit Alexanders des Großen breiteten griechische Siedlungen bis nach Indien sich aus.

> Das reflexive und das Personalpronomen sollen so weit wie möglich an den Satzanfang gestellt werden.

Schon zur Zeit Alexanders des Großen breiteten sich griechische Siedlungen bis nach Indien aus.

Das Wort *sich* kommt, seiner vielseitigen grammatischen Funktion entsprechend, ständig vor: im Infinitiv der reflexiven Verben: *sich brüsten, sich schämen, sich mäßigen*; in der 3. Person Singular für alle drei Genera: *er, sie, es – sich*; in der 3. Person Plural für alle drei Genera: *die Männer, die Frauen, die Kinder, die Siedlungen – sich*; schließlich im Sinne von einander, gegenseitig (reziproke Bedeutung): *sich beschimpfen, sich umarmen, sich zanken*.

Der im Kapitelbeispiel begangene Wortstellungsfehler ist eine Spielart des Nachklapps. Das reflexive *sich* ist von dem Verb *breiteten* zu weit weggestellt. Im Infinitiv *sich ausbreiten* sind Verb und Pronomen noch eng verbunden, und diese Symbiose sollte auch im Satz beachtet werden. Der Regel nach gehört *sich* gleich hinter den gebeugten Teil des Prädikats: *Schon zur Zeit Alexanders des Großen breiteten sich griechische Siedlungen bis nach Indien aus*. Im Nebensatz ist *sich* gewöhnlich hinter die Konjunktion zu stellen, es sei denn, ein anderes Pronomen ginge voraus: *Obwohl sich Gewitterwolken zusammenzogen, setzten wir die Segel.* Aber: *Obwohl er sich die größte Mühe gab, kam er nicht voran.*

Der Nachklapp des Pronomens betrifft nicht nur *sich*, sondern auch *mich*, *dich, ihn, sie, es, uns* und *euch*, also alle Personalpronomina im Singular und im Plural. Im Hauptsatz wie im Nebensatz sind sie wie *sich* zu behandeln: *Ich will mich wie Georg freiwillig melden. Man sah dir's an, daß dich heftige Schmerzen quälten. Da uns plötzlich so viele Hilfsquellen offenstehen, kann euch allen rasch geholfen werden.* Das deklinierte Personalpronomen als Genitiv-, Dativ- oder Akkusativobjekt soll also ebenfalls so weit wie möglich nach vorn gerückt werden.

Übungen

1. Als Landsknechte bezeichnete man diejenigen Soldaten des ausgehenden Mittelalters, die an irgendeinen kriegführenden Herren sich vermietet hatten, wobei es ihnen im Grunde gleichgültig war, ob es um einen gerechten oder ungerechten Krieg sich handelte.

2. Obwohl die drei Plakatentwürfe in einigen hervorstechenden Motiven sich ähneln, handelt es sich bei jedem der Vorschläge um einen selbständigen künstlerischen Entwurf.

3. Der Vorsitzende neigt ohnehin dazu, sich an der Vergangenheit zu orientieren; vor allem aber ist es seine Erfahrung, daß die Umstände in der Politik blitzschnell sich ändern können.

4. Es ist doch reichlich merkwürdig, daß du ausgerechnet am ersten Urlaubstag uns verkündest, unsere Guthaben seien völlig erschöpft und wir müßten sofort damit beginnen, in jeder Weise uns einzuschränken.

5. Wie oft hatte es sich, wenn er in eine scheinbar ausweglose Situation geraten war, herausgestellt, daß er dann das Allerschlimmste nur sich vorgestellt hatte.

6. Erwin Gärtner, Sprecher des Arbeitskreises, hat darauf hingewiesen, daß unser Strukturprogramm auf den Entwurf zur Wahlaussage sich stützt.

7. Der Sonnentau ist eine kleine Pflanze, welche auf kargem Moorboden wächst und sich von Insekten ernährt.

8. Solange Indien und Pakistan in der Kaschmir-Frage nicht irgendwie sich näherkommen, wird es im «Paradies Asiens» keine Ruhe geben.

9. Stadtpfarrer Zach betonte, der alternde Mensch müsse sich geistig betätigen und nicht der Bequemlichkeit oder dem Stumpfsinn sich hingeben.

10. Sie haben fälschlicherweise daraus geschlossen, wir hätten damit Ihnen sagen wollen, Ihr neuer Kipppflug, System «Magister», habe bei der Erprobung sich nicht bewährt.

11. Kurzatmiges Prädikat

Wir reihten uns ein in die Schlange der Wartenden.

> Auf den schließenden Teil der Satzklammer sollten keine Prädikatsergänzungen mehr folgen. Es ist auch nicht ratsam, in klammerlosen Konstruktionen Satzteile nachzuschieben.

Wir reihten uns in die Schlange der Wartenden ein.

Diese Regel gilt für überschaubare, nicht allzu lange Sätze. In diesen gehören die betonten Bestimmungswörter unechter zusammengesetzter Verben (*aufstehen, nachforschen, zuschauen*) ans Satzende (Kapitelbeispiel). Das gleiche gilt für Infinitive und Partizipien – also nicht: *Ich wollte noch so viel erledigen an diesem Morgen. Die Kernspaltung wurde 1938 entdeckt von den Forschern Hahn und Straßmann: erledigen* und *entdeckt* bilden im guten Deutsch den Satzschluß.

Besonders die Umgangssprache löst die Klammerbildung gern auf, so als ob der Sprechende befürchtete, den abgesprengten Teil der Klammer zu «vergessen». Ausländer, die das Deutsche nur mäßig gut beherrschen, drücken sich im allgemeinen so aus: *Ich habe mitgebracht vom Markt Kartoffeln und Salat. Wir wollen streichen unsere Küche am Wochenende.* Werden zu viele Satzglieder abgespult oder ist das Satzgefüge mit Nebensätzen vollgestopft, kommt es zum gegenteiligen Stilfehler, dem Nachklapp (siehe nächstes Kapitel).

Übungen

1. Die Mengen A und B sind gleich, wenn sie sich zusammensetzen aus den gleichen Elementen.
2. Falls Sie nicht die ganze Zeit ins Licht sehen wollen, so rücken Sie das Rednerpult doch weg vom Fenster und stellen Sie es neben die Tür!
3. Diesen Wünschen wird Rechnung getragen auch durch staatliche Zuschüsse für Volksbühnen, Jugendspielkreise, Handpuppentheater.
4. Wir weisen nochmals hin auf Ihre Zusage, unsere eingetragenen Warenzeichen bis Jahresende herauszugeben.
5. Das Kind geht ganz auf in den verschiedenen Formen des abstrakten Gestaltens, es ist genauso erfüllt davon wie vorher vom Schalten des fingierten Traktors.
6. Rost tritt auf als Verwitterungserscheinung an Eisenteilen, welche dem Sauerstoff und der Nässe ausgesetzt sind. Von gleitenden Eisenteilen hält man Rost fern dadurch, daß man sie mit Fett einschmiert. Feststehende Teile dagegen streicht man vor mit Mennige oder mit anderen Rostschutzmitteln.
7. Es widerspiegelt die Tragik, aber auch die Größe menschlichen Handelns, daß überstarke Menschen einstehen mit ihrem Leben selbst für eine verlorene Sache.
8. Behalten Sie doch den Hut auf im Postamt! Oder nehmen Sie ihn auch ab, wenn Sie den Bahnhof betreten?
9. Als die Alte abgeführt wurde, brach die Menge aus in Schmährufe und Verwünschungen.
10. Er anerbot sich, uns das neue Modell vorzuführen, und alle waren begeistert von den offensichtlichen Vorzügen dieser Neukonstruktion.
11. Freiheitlich gesinnte preußische Männer riefen auf zum Entschei-

dungskampf gegen den Korsen – und die von Sklaverei bedrohten
Völker siegten.

12. Gebiete wie die Lüneburger Heide sind mit ihren mageren Sandböden meist gut geeignet für die Schafzucht.

12. Endstellung des Bestimmungswortes

*Schreckensbleich warf die Schiffersfrau den Hebel – er hatte die ganze Zeit
auf «Volle Fahrt» gestanden – herum.*

> Das Bestimmungswort des unechten zusammengesetzten Verbs, also
> dessen erster, betonter Teil, soll nicht weiter als unbedingt nötig vom
> Grundwort entfernt stehen.

*Schreckensbleich warf die Schiffersfrau den Hebel herum – er hatte die
ganze Zeit auf «Volle Fahrt» gestanden.*

Unechte zusammengesetzte Verben trennen im Präsens und im Präteritum das Bestimmungs- vom Grundwort: *ausschreiben, ich schreibe...
aus, ich schrieb... aus; herumwerfen, ich werfe... herum, ich warf...
herum.* Beide Wortteile bilden, wie schon erwähnt, die Satzklammer. Der
gebeugte Teil des Prädikats steht in der Regel gleich am Satzanfang, das
Bestimmungswort rückt ans Satzende. Je länger also der Satz ist, desto
weiter wird das Gesamtverb auseinandergerissen, desto lockerer wird das
Sinngefüge.

Der im Satz zuerst verwendete Teil des Kompositums vermittelt nur eine
unvollständige Vorstellung der angesteuerten Aussage; jedes Wort er-
weckt Interesse an dem Folgenden, führt aber leicht in die Irre: unter
schreiben stellen wir uns etwas anderes vor als unter *fortschreiben*, unter
gehen etwas anderes als unter *nachgehen*, unter *schließen* etwas anderes
als unter *wegschließen*. Erst das später – häufig allzuspät – gebrachte Bestimmungswort rückt unser voreiliges Denken zurecht, korrigiert das
schon entstandene, nur halb richtige Bild. Deshalb fordert die deutsche
Stilistik seit eh und je: Baut keine zu langen Sätze und vermeidet den
Nachklapp des Bestimmungswortes!

Übungen

1. Füllen Sie bitte gewissenhaft die beiden vorbereiteten Antragsformulare, die wir Ihnen durch Boten zugestellt haben, aus.
2. Old Shatterhand setzte seinen Weg, ohne der Gefahr zu achten, die ihm von den Pfeilen der Rothäute drohte, entschlossen fort.
3. Wie berichtet, nahmen 350 Sportlehrerinnen und Sportlehrer aus ganz Niedersachsen an dem Lehrgang, der vom Turnkreis Stade organisiert worden war, teil.
4. In den Oasen pflanzen die Araber meist nur Dattelbäume mit weiblichen Blüten – natürlich müssen diese dann künstlich befruchtet werden – an.
5. Ich für meine Person ziehe von allen Jazzarten den Oldtime Jazz, worunter, wie wir gesehen haben, Rag, New Orleans und Dixieland zu verstehen sind, vor.
6. Clemens von Brentano dachte sich um 1800 das Märchen von der Zauberin Lorelei, einem sirenenartig schönen Mädchen, das bei St. Goar auf einem 132 m hohen Rheinfelsen sitzt und die Schiffer betört, aus.
7. Er stellte vor allem den ehrenamtlichen Dienst im Bereich der Caritas und besonders den Eifer der Sammlerinnen und Sammler, aber auch den Opfergeist der Mitglieder, die mit ihren Beiträgen und Spenden sowie mit ihrer Solidarität einen wertvollen Beitrag zur Caritas-Arbeit geleistet haben, lobend heraus.
8. So rumpelte denn Planwagen auf Planwagen, beladen mit der notwendigsten Habe, gezogen von mageren, straßenmüden Pferden, oftmals schon in der Morgendämmerung von Terrorfliegern beschossen, an unserm Haus vorüber.
9. Das Parteiprogramm legt seit Lenin alle Genossen, seien es die im Politbüro, seien es die Kanalarbeiter in den unteren KP-Rängen, durch heilige Eide auf den Internationalismus fest.
10. Nachdem die mittelalterliche Kaiserherrschaft beendet war, löste sich die Lombardei in Stadtrepubliken und Signorien auf.

C. Unpräzise Ausdrucksweise

13. Kauderwelsch

Wirklich gepflegt in ihren frisch gebügelten Sommeranzügen, aber was ich nicht recht begreifen konnte, waren die weißen Glacéhandschuhe an den Händen der beiden Besucher.

> Ein Satz muß bei aller Vielfalt der verwendeten Satzglieder immer ein durchdachtes, grammatisch richtiges Ganzes sein. Am besten spricht man sich den Satz vom Anfang bis zum Ende laut vor, ehe man ihn niederschreibt. Das ist der sicherste Weg, falsche Satzkonstruktionen zu entdecken.

Die beiden Besucher sahen in ihren frisch gebügelten Sommeranzügen wirklich gepflegt aus; ich konnte nur nicht begreifen, warum sie weiße Glacéhandschuhe trugen. ODER: *In ihren frisch gebügelten Sommeranzügen sahen die beiden Besucher wirklich gepflegt aus. Daß sie weiße Glacéhandschuhe trugen, konnte ich freilich nicht begreifen.*

Psychologisch gesehen beschreibt ein Satz eine Situation, oder er drückt die emotionale Reaktion auf einen Sachverhalt aus. Satz in diesem Sinne kann auch ein Auslassungssatz (eine Ellipse) oder ein einzelnes Wort sein: *Alles schon dagewesen! Wann denn? Pech gehabt! Schade. Oh!* Eine solche selbständige und verständliche Bewußtseinsäußerung macht den Satzinhalt aus. Soweit es sich also nicht um sinnloses Gestammel handelt, ist jede sprachliche Äußerung – z. B. auch die des Kleinkindes – als Satz anzusehen. Auch das Kapitelbeispiel ist ein Satz, allerdings nur unter psychologischen Gesichtspunkten: Ein Mensch hat etwas «gemeint», und wir verstehen es.

In grammatischer Hinsicht ist das Kapitelbeispiel kein Satz. Die Sprachlehre bezeichnet nur solche Äußerungen als Satz, deren Bestandteile nach bestimmten Gesetzen miteinander verbunden und so aufeinander bezogen sind, daß sich eine deutlich erkennbare einheitliche Sprachgestalt ergibt. Es genügt also nicht, daß wir uns anderen Menschen irgendwie verständlich machen; wir müssen die richtigen Wörter wählen, die Wörter richtig stellen, die Satzglieder richtig bilden und einander richtig

zuordnen. Wir müssen die Bauglieder zu einer klaren, formal einwandfreien Aussage zusammenfassen. Die Art, wie wir die vielen Komponen-
ten zu Hauptsätzen oder Satzgefügen verbinden, macht den Wert oder
Unwert unseres Stils in Hinsicht auf die Sprachform aus. Werden wie im
Kapitelbeispiel einzelne Gedankenfetzen ausgestoßen und liederlich zu-
sammengeflickt, so ist dieses Kauderwelsch eben nur vom psychologischen Standpunkt aus ein Satz. Grammatisch gesehen, muß ein Satz eine
fertige, strukturell befriedigende Sprachgestalt haben, er muß «durch-
dacht» sein.
Schließlich liegt im Satz eine dritte Komponente, er hat eine akustische
Form. Da in der Sprache physische und psychische Funktionen par-
allellaufen, wirkt ein Satz mit mangelhafter grammatischer Sprachgestalt
auch physisch-akustisch unvollkommen: er klingt schlecht. Die Schall-
form ist gut, wenn die innere Form stimmt. Falls sich ein Satzgefüge so
schlecht wie das Kapitelbeispiel sprechen läßt, taugt sein grammatischer
Aufbau nichts. Schon aus diesem Grunde sollte man jeden Satz bis zum
Ende laut aussprechen, bevor man ihn niederschreibt.

Übungen

1. Auf der dünnen Erdschicht, die das Gestein in den Niederungen bedeckt, gestattet keine ertragreiche Landwirtschaft.
2. Ich bedaure es, daß Sie der Ansicht sind, Leuten, die Jazz, diese
   Kulturschande, als das Erlebnis unserer Zeit betrachten, in Ihrer
   Zeitschrift und sogar mit Titelbildern Raum geben.
3. Wenn jeder bestrebt ist, in der DJH für Sauberkeit und Ordnung zu
   sorgen, so daß sich die neuen Gäste gleich wohl fühlen, der macht alle
   Befehle, alle bösen Worte überflüssig.
4. Wie habe ich damals Karl May verschlungen! Bis spät in die Nacht
   hinein gelesen und gezwungen, manche Ohrfeige einzustecken.
5. So wie der West-Ost-Eisenbahnverkehr durch die Zweiteilung
   Deutschlands behindert wird, wirkt es sich auch auf den Schiffsverkehr aus.
6. Weil eine Menge Bushaltestellen aufgehoben sind, müssen die Fahrgäste weiter laufen, und noch einige Nachteile.
7. Es herrschen dort unten erträgliche Verhältnisse. Nicht wie in anderen Ländern, von Termiten geplagt usw.

8. Gas ist der Tod, der den Menschen so schnell überfällt, daß er es gar nicht sofort bemerkt, plötzlich ohnmächtig wird, kurze Zeit darauf umfällt und sofort der Tod eintritt.

9. Diese Antwort ist ein großer Anteil an den diffusen Ängsten geschuldet, die in Sachen Computer im Volke umgehen; der Mensch wird sich nur noch eine Zeitlang aus seinen Werkzeugen hervorheben.

10. Als Gegenleistung ist Uran und die Erzeugnisse der Landwirtschaft, weiterhin Stützpunkte.

11. Ich kann es daher gar nicht gewesen sein, daß ich die tote Ratte auf den Portier geworfen haben soll, obgleich mich die Zeugin von hinten beschrieben hat.

12. Seit Verhängung des Kriegsrechtes im Lande wollte Bonn damals schon den abgebrochenen Kontakt mit Westeuropa zu Polen durch diesen Besuch in verbindlicher Form wiederaufzunehmen.

13. Der Polizeihund-Verein in der Kreisstadt bezweckt, die körperliche Ertüchtigung des Menschen durch Leistungs- und Freizeitsport in Verbindung mit dem Hund zu steigern und sie nach sinnvollen Regeln ausbilden.

14. Nur wenige Fürsten widmeten sich besseren Aufgaben zu, als ihre Zeit mit diesen unsinnigen Sitten zu vertrödeln.

15. Wenn sie recht hat, soll ich schweigen, und wenn ich recht habe, soll sie den Mund halten. Bei objektiver Betrachtungsweise muß ich eingestehen, daß das letztere an Vielzahl absolut mit dem erstgenannten Fall nicht Schritt halten kann.

14. Schattenwort

Viele Menschen bewegten sich mit ihren Wintersportgeräten zum Bahnhof.

> Ein Satz wirkt desto schattenhafter, je allgemeiner, unbestimmter die verwendeten Wörter sind. Grundsätzlich ist der mit den treffendsten Begriffen konstruierte Satz am eindrucksvollsten.

Viele Wintersportler strebten mit ihren Schiern und Schlitten dem Bahnhof zu.

Wer schreibt, will dem Leser bestimmte Vorstellungen vermitteln, will ihm rasch und vollständig nachvollziehbare Gedankengänge und Handlungsabläufe vorlegen. Das wird am sichersten erreicht, wenn man sich klar und deutlich ausdrückt. Im allgemeinen rangiert das Konkrete vor dem Abstrakten, der Individualbegriff vor dem weniger präzisen Gattungs- oder Sammelnamen, das kräftig zeichnende Begriffsverb vor dem bedeutungsarmen Flickwort, das Aktiv vor dem weicher profilierten Passiv, der Singular vor dem etwas unübersichtlichen Plural, die wörtliche Rede vor der referierenden, anonymer wirkenden indirekten Rede. Es bedarf keiner Begründung, daß jeder Satz zu verwerfen ist, der den Leser fragen läßt: Was meint der Schreiber eigentlich?
Anderseits ist kein Wort von sich aus stilistisch minderwertig, nicht einmal Vulgäres, wenn es in dem Kontext sinnvoll verwendet wird – es kommt immer auf den Zusammenhang an, in dem das gewählte Wort texterhellend einzusetzen ist. So sind die im Kapitelbeispiel benutzten Ausdrücke *sich bewegen, Menschen* und *Wintersportgeräte* zwar in einer Schilderung, wo eine lebendige, farbenreiche Reportage zu liefern ist, zu unbestimmt und blaß – typische Schattenwörter. In einem anderen Zusammenhang können dieselben drei Wörter stilistisch durchaus angemessen sein. Man denke z. B. an eine biologische Abhandlung: *Im Gegensatz zu allen anderen Lebewesen bewegt sich der Mensch dauernd aufrecht fort.* Desgleichen könnte es in einer Jubiläumsanzeige heißen: *Seit einem halben Jahrhundert ist unsere Firma in Wintersportgeräten führend.* Das Urteil, welche stilistische Qualität einem Begriff zukommt, richtet sich danach, in welcher Weise er in den Sinnzusammenhang eingebunden ist.

Übungen

1. Am Abhang befanden sich unregelmäßig geformte Bäume.
2. Endlich erschienen zwei städtische Angestellte mit ihrem Fahrzeug und brachten die verletzte Passantin in ein Krankenhaus.
3. Weil England sich nicht selbst ernähren kann, ist es gezwungen, lebenswichtige Sachen einzuführen.
4. Schalen von Südfrüchten dürfen nicht in die Futterkübel getan werden.
5. Im Gewässer spiegelten sich die Verkehrsmittel und Gebäude wider.
6. Am Umzug beteiligten sich viele Fahrzeuge. Sie waren geschmückt, und die Leute auf ihnen sangen nette Lieder.
7. Der Eindringling begab sich rasch zum Anwesen des Försters, wobei er unter seinen Kleidern eine Waffe trug.
8. Schnell setzte ich mich in das Gefährt zu meinem Verwandten, und wir fuhren zwischen weiten, landwirtschaftlich genutzten Flächen auf die Vorstadt zu.
9. Ein Handwerker kam und breitete sein Werkzeug aus, um das Behältnis zu reparieren. Die Flüssigkeit rann schon seit geraumer Weile über den neuen Fußbodenbelag.
10. In dem Raume waren interessant geformte Kunstwerke aufgestellt.
11. Den verschwundenen Gegenstand entdeckte eine Angestellte des Hauses zufällig in einem Möbelstück, das ganz oben im Gebäude untergebracht war.
12. Diese possierlichen Tiere saßen in ihren künstlichen Behausungen und spielten friedlich mit allerhand Geräten.
13. Er nahm seine Habseligkeiten auf und suchte sich durch die Menschenmenge einen Weg zu dem Wasserfahrzeug zu bahnen.
14. Kühne Wehrtürme, hochragende Dome, in Gärten liegende Privathäuser, auf engstem Raum über die Anhöhen verstreut: all das verleiht der Stadt einen romantisch-majestätischen Zug.
15. Sein Schuhwerk war unordentlich, und sein wenig gepflegtes Äußeres ließ vermuten, daß er in unangenehmen Verhältnissen lebte.

15. Aussageersatz durch «sein»

Das Epizentrum ist direkt über dem Erdbebenherd auf der Erdoberfläche, wo die zerstörende Kraft am stärksten wirkt.

> Das Hilfsverb «sein» sollte nur dann als selbständiges Prädikat verwendet werden, wenn es soviel wie «sich aufhalten» oder «untergebracht sein» bedeutet.

Das Epizentrum liegt direkt über dem Erdbebenherd auf der Erdoberfläche, wo die zerstörende Kraft am stärksten wirkt.

Die Formen von *sein* dienen entweder dazu, die Tempora oder – mit einem Nomen zusammen – das Prädikat zu bilden: *ich bin gegangen, ich war gekommen, du bist ein Spaßvogel, es ist neun.* Dort ist *sein* Hilfsverb, hier Kopula, in beiden Fällen nur ein Teil des Prädikats; denn andere Wörter müssen hinzutreten, um das Satzglied zu vervollständigen.

Wenn *sein* das Prädikat ersetzt, ist das Hilfsverb zum Satzhauptteil geworden. Im Kapitelbeispiel lautet das unterdrückte Prädikat *liegt* oder – weniger gut – *befindet sich.* In anderen Sätzen mit adverbialen Bestimmungen des Ortes kommen Verben wie *leben, wohnen, tagen, stammen, sitzen, stehen* in Frage. Handelt es sich dagegen um eine von *sein* abhängige Zeitbestimmung, so sind z. B. Wörter wie *durchführen, erfolgen, gelten, herrschen* oder *stattfinden* richtig.

Ist das aussageschwache Hilfsverb *sein* für sich allein Prädikat, besteht der Stilmangel darin, daß ein Schattenwort das Begriffswort verdrängt hat. Anders, wenn die im Satze vorkommende Form von *sein* nicht als Ersatz, sondern als Rest eines Prädikats anzusehen ist. Dann hat der Verfasser das Partizip eines zum Hilfsverb gehörenden Begriffsverbs unterdrückt und der übrigbleibenden Formhälfte, dem Hilfsverb, die Rolle des Prädikats zugewiesen. Sätze mit solchen hilfszeitwörtlichen Halbprädikaten sind leicht zu verbessern: Man ergänzt das Partizip: *Sonst ist der gasbefeuerte Tiegelofen genau wie der mit Koks befeuerte* – hier wäre *konstruiert, eingerichtet* oder *gebaut* einzufügen.

Das Hilfsverb *sein* darf an die Stelle eines Begriffsverbs treten, wenn eine damit verbundene adverbiale Bestimmung größere Bedeutung als das Prädikat hat. Dem Schreibenden ist es dann wichtig, die Frage *wo?* oder *wann?* zu beantworten. In solchen Fällen bedeutet *sein* soviel wie *sich aufhalten* oder *untergebracht sein*: Wir sind die ganze Zeit auf dem Sportplatz gewesen. In der darauffolgenden Nacht werden sie dann auf der Autofähre sein.

Manchmal ist nicht sicher zu entscheiden, welchem der erörterten Typen ein Satz zuzuordnen ist. In Zweifelsfällen ist – wie immer – Freiheit zu lassen.

Übungen

1. Das Orgelkonzert findet in St. Petri statt. Der Beginn ist um 19 Uhr.
2. Der Mittellauf des Sambesi ist zwischen den Staaten Sambia und Simbabwe.
3. An der wurmzerfressenen Haustür war ein Zettel: «Komme gleich wieder!»
4. Der verwilderte Garten ist unmittelbar an einem tiefen, langgestreckten Steinbruch.
5. Wann sind Sie eigentlich zuletzt in Nepal gewesen? – Ich war im Sommer 1988 dort, kurz vor der größten Erdbebenkatastrophe des Jahrhunderts.
6. Vor dem Bett der Alten war ein mottenzerfressenes Bärenfell.
7. Bekommen Sie auch noch eine Massage? – Nein danke, ich bin schon.
8. Ich war gerade erst vierzehn Jahre und mußte doch schon solche Strapazen ertragen.
9. Immer seltener werden in Deutschland die Häuser, auf denen im Sommer ein Storchenpaar ist.
10. Die von Ihnen gelieferten 60 Herrensakkos hatten zwar die abgesprochene Kragenform, waren aber mit viel zu weiter Brust.
11. Sind die Gelder für die Wohnungseinrichtung zusammen – das ist die noch weitverbreitete Meinung –, soll die Ehefrau aufhören mitzuarbeiten.
12. Das Wort «Keeswasser» ist aus dem Bayerisch-Kärntnerischen und bedeutet soviel wie «Gletscherbach».

13. Roald Amundsen, der norwegische Antarktisforscher, war als erster Mensch am Südpol.
14. Ich werde bei euch sein alle Tage, bis an der Welt Ende.
15. Jetzt verließen die achäischen Helden, der schwerbewaffnete Odysseus voran, das hölzerne Pferd, und bald waren sie in allen Palästen.

16. Unpersönliches Passiv

In Bibliotheken wird sich aus naheliegenden Gründen nur leise unterhalten.

> Reflexive Verben bilden kein Passiv, man umschreibt es. Intransitive Verben können nur in das neutrale Passiv gesetzt werden.

Aus naheliegenden Gründen unterhält man sich in Bibliotheken nur leise.
ODER: Aus naheliegenden Gründen darf man sich in Bibliotheken nur leise unterhalten.

Die reflexiven Verben gliedern sich in echte und unechte. Die echten werden stets mit dem Reflexivpronomen *sich* gebraucht: *sich bewerben, sich brüsten, sich entschließen, sich freuen* usw. Die unechten können von *sich* getrennt werden und nehmen dann ein Objekt an: *sich ärgern – jemanden ärgern, sich schneiden – etwas schneiden, sich unterhalten – jemanden unterhalten* (s. Kapitelbeispiel). Weder von den echten noch von den unechten reflexiven Verben gibt es ein unpersönliches Passiv: *es wird sich beworben, es wird sich geärgert, es wird sich unterhalten* – alle diese Formen sind regelwidrig. Das Passiv muß, wie die Änderungen zum Kapitelbeispiel zeigen, umschrieben werden.

Die intransitiven Verben werden ebenfalls in echte und in unechte eingeteilt. Die echten nehmen nie ein Akkusativobjekt an (Frage: wen? oder was?): *dableiben, fehlen, grübeln, reisen, sitzen* usf. Auch von ihnen läßt sich kein persönliches Passiv bilden: *ich werde dageblieben, ihr seid gegrübelt worden.* Die unechten treten bald ohne, bald mit Akkusativobjekt auf. Dazu gehören z. B. die «Küchenwörter» *braten, kochen, sieden, schmoren: das Fleisch brät – ich brate das Fleisch, die Suppe kocht – wir kochen die Suppe.* Dreht man den Satz um, indem man das Objekt zum Subjekt macht, ergibt sich ein richtiges Passiv: *das Fleisch wird gebraten, die Suppe wird gekocht.*

Von den echten intransitiven Verben läßt sich dagegen nur ein neutrales, unpersönliches Passiv bilden: *Jetzt wird dageblieben! Von Jahr zu Jahr wird mehr gereist. Es war sogar geweint worden.* Solche Aussagen sind aber in der Regel nur von Personen möglich. *Aus allen Fenstern wurde gepfiffen und geschrien.* Von den im Urwald lebenden Vögeln und Affen könnte man so nicht sprechen: *Im Urwald wurde gepfiffen und geschrien* – das müßten schon Pygmäen sein.

Die transitiven Verben können unpersönlich verwendet, d. h. in das sächliche Passiv gesetzt werden, wenn die mit dem Subjekt bezeichnete Person nicht bekannt ist oder nicht genannt werden soll: *Es ist mehrfach angedeutet worden, die Eintrittspreise seien zu hoch. Plötzlich wurde an der Haustür Sturm geläutet.* (Vgl. Kap. 34 und Tab. S. 261, Anm. 22 u. 23.)

Übungen

1. Es klingt absurd, aber wo freiwillig aus dem Leben geschieden wird, liegt juristisch auch heute noch ein «Unglücksfall» vor – also wird die Polizei aktiv.
2. Meine Herren! Hier verdiene ich das meiste Geld – also wird sich nach mir gerichtet!
3. Bei der letzten Zwangsversteigerung gab's gestern keine Vorschriften mehr für Mindestgebote: Es durfte diesmal unter der Hälfte des Verkehrswertes geblieben werden.
4. Im Landschulheim wird sich am Nachmittag die Zeit mit Ballspielen, Baden, Sonnen oder Wandern vertrieben.
5. Komme ich abends von der Arbeit, wird sich erst einmal ausgiebig geduscht.
6. Der Busfahrer wartete noch auf die heraneilenden Fahrgäste, also wurde es für uns höchste Zeit – es mußte sich rasch verabschiedet werden.
7. Vom Stadtverkehr abgesehen, kann sogar unter dem Normalverbrauch von 5,8 Litern auf 100 km geblieben werden, wenn der Wagen gleichmäßig gefahren wird.

8. Ich zündete ein Streichholz an, warf einen Blick auf das Schloß und sah gleich, daß hier schon mit einer Kneifzange dabeigegangen worden war.

9. Ich bin entschieden dafür, daß, sobald der Gewinn in unseren Händen ist, sich friedlich darein geteilt wird.

10. Nachdem in der 2. Bezirksklasse bereits die Hälfte der Vorrunde im Punktspielprogramm von den zehn Mannschaften hinter sich gebracht worden ist, absolviert der MTV erst das zweite Spiel.

11. Wird schließlich doch einmal früh zu Bett gegangen, so sind die lieben Mitbürger am nächsten Morgen erst recht nicht munter.

12. Man muß sich wundern, was da alles von sich gegeben wird!

17. Übertreibung

Obwohl die Bargstedter im ersten Tabellendrittel zu Hause sind, spielten sie gestern ganz katastrophal.

Wer übertreibt, macht es sich zu leicht; superlativischer Stil ist in der Regel ungenau, weil er über das Ziel hinausschießt. Wer zu dick aufträgt, überzeugt auch nicht.

Obwohl die Bargstedter zum ersten Tabellendrittel gehören, spielten sie gestern miserabel.

Die Übertreibung ist eng mit der Übersteigerung verwandt. Man sollte Ausdrücke vermeiden, die – ohne daß sie grammatisch als Höchststufe aufträten – dem Sinne nach einen Superlativ vorstellen: *absolut, denkbar, einzigartig, enorm, fabelhaft, ganz, gewaltig, rasend, restlos, riesig, toll, voll und ganz.* Werden diese Begriffe als Attribute zu Wörtern gestellt, die selbst schon eine besonders stark ausgeprägte Eigenschaft bezeichnen, entstehen wie im Kapitelbeispiel Doppelsuperlative: *ganz katastrophal, enorm günstig, fabelhaft klar, unbedingt genial.* Sie entsprechen weder der Logik noch den Grundsätzen des guten Stils.

Beim eigentlich grammatischen Superlativ ist zu beachten, daß adjektivische Zusammensetzungen nur das Grundwort (das zweite Glied) steigern: *die großMÄULICHSTE Behauptung, die kleinMÜTIGSTE Haltung, das neuZEITLICHSTE Verfahren.* Zusammengesetzte Partizipien des Perfekts steigern dagegen gewöhnlich das Bestimmungswort: *die BESTerhaltene Münze, die HÖCHSTbezahlte Berufsgruppe, sein TIEFSTempfundenes Wort.* Schwankenden Gebrauch zeigen die zusammengesetzten Partizipien des Präsens: *schwerWIEGENDERE Gründe* oder *SCHWERER wiegende Gründe, weitGEHENDERE Forderungen* oder *WEITER gehende Forderungen.* Doppelsteigerungen wie *größtmöglichst, meistbietendst, bestinformiertest* u. ä. sind grammatisch falsch. Daß Wörter wie *eigen, einzig, leblos, sämtlich* nicht gesteigert werden können, dürfte bekannt sein. (Vgl. auch Kap. 31 u. 32.)

Mehrere Übungsbeispiele sind Sportberichten entnommen. Sie zeigen, daß ein ganzer Berufsstand – hier der der Sportjournalisten – einen superlativisch durchwucherten Stil zu schreiben pflegt. Zu ihm gehören auch die betont negativen Urteile, wenn sie als vorsätzliche Untertreibung auftreten.

Übungen

1. Auf der Auktion des Kunsthauses Seidensticker wurde auch eine einzigartig fein ziselierte Pike süddeutscher Herkunft versteigert.
2. Das Spiel war unheimlich spannend. Die Begegnung gipfelte zum Schluß zu einem echten Krimi.
3. Der BDH hat es bei 150 Tagessätzen belassen und weitgehendere Strafen als unangemessen zurückgewiesen.
4. Die Veste Coburg ist heute eine der besterhaltenen Burgen Deutschlands.
5. Das ist das einzigste Paar Schuhe, das ich bei Festlichkeiten noch anziehen kann.
6. Der heimische TVG Wunstorf scheint den freien Fall zu üben, denn am Wochenende mußte er gleich fünf Niederlagen in Folge herunterwürgen.
7. Die Japaner haben sich seitdem zum wirtschaftlich führendsten Volk des Fernen Ostens entwickelt.
8. Momentan sind Güldenstern und BSV jedenfalls weit von ihrer

Normalform und gleich Lichtjahre von großen Fußballzeiten entfernt.

9. Große Freude herrschte im Hause Stählin, als Tochter Ruth mitternächtlichst zu ihrem Preisträger vordringen konnte.

10. Der französische Arbeitgeberverband hat es sogar abgelehnt, den schlechtestbesoldeten Angestellten eine Gehaltsaufbesserung zu gewähren.

11. Wir sahen schon von ferne, daß die Fähre restlos überfüllt war, was uns jedoch nicht hinderte, alles aus uns herauszuholen. Fürchterlich froh war besonders meine Oma, als wir noch rechtzeitig angekeucht kamen, denn sie hatte nie im Leben geglaubt, daß wir es schaffen würden.

12. Mit makelloser Weste beendete die 1. Damen-Mannschaft die Saison. Im letzten Spiel bei Komet-Blankenese langte es aber nur zu einem hauchdünnen 9:7-Erfolg.

13. Der Landtagsabgeordnete Fischer bezeichnete den unglaublichen Umfall der CDU als Skandal höchster Potenz.

14. Genau eine Stunde war gespielt, da traf Rudi Völler zum 5:0. Dortmund war stehend k. o. Die Bremer spielten ihren Gast schwindelig. Beim 6:0 hieß der Torschütze wieder Völler, der damit einen lupenreinen Hattrick erzielte.

D. Mehrdeutigkeit

18. Mehrfaches «man»

Die Flugdichte im Frankfurter Luftraum hat so zugenommen, daß man vom Tower aus alle 90 Sekunden abfertigt. Anstatt planmäßig zu landen, zieht man über der Stadt Runde um Runde, und beim Exit wartet man mit verwelkten Blumen in der Hand.

> In benachbarten Sätzen mehrfach gebraucht, läßt *man* den Leser oft ärgerlich innehalten. Er fragt sich, ob mit den zwei oder drei *man* dieselbe Person oder derselbe Personenkreis gemeint sei oder nicht. Falls das unklar bleibt, ist der Satz mit Hilfe der Begriffe neuzuformulieren, die *man* jeweils verschleiert hat.

Die Dichte im Frankfurter Luftraum hat so zugenommen, daß die Fluglotsen im 90-Sekunden-Takt abfertigen. Anstatt planmäßig zu landen, ziehen die Maschinen über der Stadt ihre Kreise, und die beim Exit Wartenden halten verwelkte Blumen in den Händen.

Mit *einer, ein gewisser, irgendwer, jemand* usw. gehört *man* zu den unbestimmten Pronomina. Es bezieht sich wie diese grammatisch auf eine einzelne Person. So wird *man* in vielen Sprichwörtern verwendet: *Wie man sich bettet, so schläft man. Man soll den Tag nicht vor dem Abend loben.* Das mit *man* verbundene Prädikat im Singular meint aber in der Regel nicht eine bestimmte Person, sondern viele, also jedermann.

Das Pronomen vertritt mithin eine Personengruppe. Darin ist *man* den unbestimmten Zahlwörtern *einige, etliche, mehrere, viele* verwandt. Doch sind die Grenzen von *man* viel fließender: *einige, etliche, mehrere* sind relativ wenige Personen, *viele* steht für eine größere Anzahl. Dagegen kann *man* einige oder viele bezeichnen: *Sobald ihr Vater nach Hause gekommen war, setzte man sich zu Tisch. Das allgemeine Wahlrecht war nun eingeführt, und überall diskutierte man die neue Rolle des mündig gewordenen Bürgers.*

Man gehört zu den wenigen deutschen Pronomina, die ungeschlechtlich sind. Als Mehrzahl verstanden, sagt das Wort nicht aus, ob von einer Anzahl Männer oder Frauen oder Kinder die Rede ist, ferner nicht, in welchem Verhältnis die Geschlechter und Altersgruppen zahlenmäßig zueinander stehen. Das ist auch am Kapitelbeispiel erkennbar, wo es freilich nicht so wichtig ist, ins einzelne zu gehen. Steht *man* in aufeinanderfolgenden Sätzen für verschiedene Subjekte, hat der Schreiber das mehrdeutige Pronomen durch Begriffswörter sinnvoll zu konkretisieren.

Übungen

1. In der Stadt hatte man überall Wasserwagen aufgefahren, und man strömte mit Eimern und Kannen herbei, um die Vorräte aufzufüllen.

2. So kam man auf den Gedanken, mit Sägen ausgerüstete Zimmerleute unter der Brücke festzubinden. Wüchse der Druck der Eismassen noch an, so wollte man die provisorischen Holzpfeiler einfach durchschneiden. Vom Ufer aus sah man dem halsbrecherischen Tun neugierig zu.

3. Kurz darauf hörte man die Sirenen aufheulen, und im Fernglas sahen wir, wie man die Trossen loswarf.

4. Ist der Antrag beim zuständigen Amtsgericht gestellt, das Konkursverfahren zu eröffnen, werden alle Vermögenswerte des Schuldners beschlagnahmt. So kann man in kürzester Zeit ein armer Mann werden.

5. Man hatte gewaltige Anstrengungen gemacht, und tatsächlich liegen die Besucherziffern heute weit über denen der ersten achtziger Jahren. Vor allem zu Lehrgängen, Tagungen und Kongressen kommt man gern in diese fremdenfreundliche Stadt.

6. Einsteigen bitte! Man schiebt den Vordermann in den Wagen, während einem der Hintermann mit seiner Aktentasche die Kniekehlen bearbeitet. Man nimmt keine Rücksicht, man stößt und drängt einander vorwärts. Hat man Glück, bekommt man einen Sitzplatz und läßt sich erschöpft nieder. Aber gleich darauf stolpert einer über meine Beine, man tritt auf meine Schuhe. Jeder Anstand scheint ausgestorben.

7. In diesem Gebiet kann man auch Wintersport betreiben. Mehrere Sprungschanzen beweisen, daß man – wenn auch verspätet – mit der Zeit gegangen ist, und zu den Annehmlichkeiten, die man auch hier nicht missen möchte, gehören die Sessel- und Schlepplifte.

8. Man müßte viel Mehl haben, wenn man jedem das Maul stopfen
   wollte.

9. Die Herrscher von Österreich, Preußen, England, Holland und Spanien fühlten sich durch die Französische Revolution bedroht, und so
   schloß man 1793 die Erste Koalition.

10. In der Ferne hörte man dumpfes Poltern. Ob man schon dazu überge-
    gangen ist, die Mauern niederzureißen?

19. Präpositionale Zwei-Deutigkeit

In diesem Moment sollten von dem Satelliten Aufnahmen gemacht wer-
den.

> Präpositionale Satzteile müssen zweifelsfrei erkennen lassen, ob sie
> als Präpositionalobjekt, als adverbiale Bestimmung oder als Attribut
> aufzufassen sind. Das Prinzip der Klarheit verbietet Mehrdeutigkei-
> ten.

In diesem Moment sollte der Satellit Aufnahmen machen. ODER ABER:
In diesem Augenblick sollten Aufnahmen des Satelliten gemacht werden.
Der Satellit sollte in diesem Moment fotografiert werden.

Ein substantivischer Satzteil, der von einer Präposition abhängt, kann
verschiedenen Fügungswert und damit verschiedenen Sinn haben. Als
Präpositionalobjekt hängt er vom Verb ab: *Ich verlasse mich auf Ihre Zu-*
sage. Wir bitten um die Bilanz. Sie hatte nach dem Testergebnis gefragt. Zu
den Präpositionalobjekten rechnet man auch die Ergänzungen im schein-
passiven Satz, die mit *von, durch, seitens* beginnen (vgl. Kap. 37). Als
solche *von*-Ergänzung kann auch die Wortgruppe *von dem Satelliten* im
Kapitelbeispiel angesehen werden. Das Wort *Satelliten* wäre in diesem
Fall das logische Subjekt, und der Satz müßte lauten: *In diesem Moment*
sollte der Satellit Aufnahmen machen (offenbar von der Erde).
Auch als adverbiale Bestimmung ist das präpositionale Satzglied vom
Verb abhängig. Obwohl es dem Sinne nach zum ganzen Satz gehört,
schließt es sich grammatisch eng an das Prädikat an. Dann muß mit *Wo?*
Wann? Wie? Womit? gefragt werden: *Er stand gerade auf der Leiter. Klaus*

erschien erst am späten Abend. Wir werden die Stelle mit Sandsäcken sichern. Manchmal ist es schwer zu entscheiden, ob ein präpositionaler Satzteil als Objekt oder als Umstandsbestimmung zu verstehen ist. In Zweifelsfällen sind beide Auffassungen zu dulden.

Als Attribut ist der präpositionale Satzteil eine nähere Bestimmung zu einem beliebigen Wort, meist zu einem Substantiv, nie zu einem Verb. Die Frage lautet *was für ein? welcher? der wievielte? wessen? Nun treten sie den Weg ins Leben an. Du mußt das Schloß an der Aktentasche reparieren lassen. In diesem Moment sollten Aufnahmen von dem Satelliten gemacht werden.* Was für Aufnahmen sollten gemacht werden? Solche *von dem Satelliten.* Hier ist der *Satellit* nicht mehr Träger einer Handlung, sondern Ziel einer Handlung. Die Wortgruppe *von dem Satelliten* ist Attribut zu *Aufnahmen.*

Bei anderen Sätzen ist nicht genau zu erkennen, ob der präpositionale Satzteil als Umstandsbestimmung oder als Beifügung gelten soll: *So begann ich mich vor dieser Operation am Freitag zu fürchten.* Hat man hier zu fragen: *Vor welcher Operation begann ich mich zu fürchten?* oder aber: *Wann begann ich mich vor dieser Operation zu fürchten?* Als Attribut verstanden, bestimmt das Satzglied *am Freitag* den Zeitpunkt der Operation, während offenbleibt, wann die Furcht eingesetzt hat. Ist dagegen *am Freitag* die adverbiale Bestimmung zu *begann*, wird der Beginn des Sichfürchtens festgelegt, und der Operationstermin bleibt offen.

In Vertragstexten – aber nicht nur dort! – können derartige Doppeldeutigkeiten teuer zu stehen kommen. Im übrigen siehe Kap. 20 u. 21.

Übungen

1. Das Gliederungsschema sollte nach zwanzigfacher Vergrößerung auf dem Spannboden gut sichtbar aufgehängt werden.
2. Da kommt die Botschaft, daß Martin Fernandez de Eniseo ein Schiff ausgerüstet hat, um mit einer neuen Mannschaft seiner Kolonie auf dem Festland Hilfe zu leisten.
3. In jedem der sieben Wahlkreise ist das Wahlergebnis unmittelbar nach der Auszählung durch den Wahlleiter an das Statistische Landesamt weiterzuleiten.
4. Sie, 54 J., möchte im Alter von 49–60 Jahren einen soliden und verständnisvollen Partner kennenlernen. Wer hat Interesse?

5. Der Polizeipräsident hat sich öffentlich dafür entschuldigt, daß auf Bildjournalisten mit vorgehaltenem Presseausweis eingeprügelt worden war.

6. Mir ist unverständlich, wie er diese eidesstattliche Versicherung gemäß § 156 StGB als Meineid entlarven will.

7. Das Kind soll am Dienstagvormittag von einem älteren Mädchen aus der dritten Mittelschulklasse entführt worden sein.

8. Es wird immer schlimmer: Kernkraftgegner blockierten LKW mit Nuklearbrennstäben.

9. Die Österreicher wurden bei Magenta und bei Solferino mit großen Verlusten auf beiden Seiten geschlagen.

10. Gefahr im Verzuge liegt vor, wenn die Anordnung zur Durchsuchung einer Wohnung durch den Richter nicht erst abgewartet werden kann.

11. Rachids jüngstes Kind wurde von einem italienischen Arzt zur Welt gebracht. Bei der Geburt traten Komplikationen auf – der Arzt gab dem Baby kurzerhand den Namen Giuseppe.

12. Insgesamt wurden zwei Zentner Kartoffeln von zehn Abpackbetrieben durch Schälen und Zerschneiden der Knollen überprüft, wobei nur jede fünfte Packung Gnade vor den Kontrolleuren fand.

20. Irreführende Doppelformen

Michael fand die Gruppe besinnungslos auf den Gleisen.

> Sind in einem Satze Doppelformwörter so gestellt, daß der Leser nicht sofort weiß, was gemeint ist, muß das Subjekt nach vorn geholt werden.

Die Gruppe fand Michael besinnungslos auf den Gleisen.

Doppelformen sind Wörter, die als zwei, ja drei verschiedene Beugungsfälle verstanden werden können. *Michael* als endungsloser Name kann Nominativ, Dativ oder Akkusativ sein; *die Gruppe* kann als Nominativ oder Akkusativ aufgefaßt werden, das Wort ist – wie alle weiblichen Substantive – im Nominativ und Akkusativ formgleich.

Weibliche Hauptwörter stimmen auch im Genitiv und im Dativ überein: *der Frau, der Frau*; die sächlichen sind im Nominativ und im Akkusativ wortgleich: *das Kind, das Kind*. Im Plural sind alle Wörter im Nominativ und im Akkusativ doppelförmig: wer? *die Männer, die Frauen, die Kinder* – wen? *die Männer, die Frauen, die Kinder*. Ähnliches gilt für die persönlichen und anderen Pronomina: *sie* und *es* können Nominativ und Akkusativ des Singulars sein, *sie* als Plural ist zugleich Nominativ und Akkusativ usf.

Selbst wer den Erzählzusammenhang kennt, aus dem das Kapitelbeispiel stammt, hält bei solchem Satz inne: Ist *Michael* hier Subjekt oder Akkusativobjekt? Hat er die Gruppe gefunden, oder findet die Gruppe ihn? Aus dem Bericht ist zu entnehmen, daß das Subjekt *die Gruppe* heißt: *die Gruppe fand Michael*.

Doppelförmige Sätze sind außerhalb des Kontextes mehrdeutig, wenn das scheinbare Subjekt im Vorfelde steht. Rückt man statt dessen den Nominativ an den Satzanfang, wird das weiter hinten stehende Doppelformwort ganz von selbst als Objekt begriffen. Bei manchen Doppelformen muß man schon ziemlich genau Bescheid wissen, um den Satz vom Sachverhalte her, z. B. aus dem juristischen oder historischen Tatsachenzusammenhang, richtig zu verstehen.

Übungen

1. Die Höhe des Preises bestimmt in erster Linie das Alter des Wagens.
2. Diese Armee, dem Kaiser von Wallenstein gerade erst zur Verfügung gestellt, schlug Ernst von Mansfeld an der Dessauer Elbbrücke.
3. Nur exogene Deutungsversuche ergeben Analysen der augenblicklichen Lage, die allein Vorgänge im Außenhandel für den beschleunigten Wechsel Aufschwung – Rezession verantwortlich machen.
4. v. François hat das bekannte Wort gesagt: «Viel wird der idealistische Schwärmer Meister Bismarck nicht nützen.»
5. Eine gutgeschulte, unvoreingenommene Bedienung weiß auch die einzelreisende, aber betont anspruchsvolle Touristin zu schätzen.
6. Pollux hat Kastor mehr als sich selbst geliebt.
7. Das von einem bestimmten Autor ersonnene Kunstmärchen zeitigt eine weniger optimistische Weltanschauung.

8. Eine auffällige, starke Erwärmung des Teichwassers bewirkt diese absorbierte Sonneneinstrahlung.

9. Christliche Lehrer durften nach einem Erlaß König Sauds die Kinder saudiarabischer Staatsangehöriger nicht mehr in Anspruch nehmen.

10. Das Unglaubliche ist geschehen: Sämtliche Belegschaftsmitglieder haben die Chefs mehrerer Großfirmen aufgefordert, nach dem Mittagessen zehn Minuten zu schlafen. Grund: Verdauungsschläfchen fördert die Aktivität am Nachmittag.

21. Wen meint das Fürwort?

Mein Vater könnte ja auch deinen Onkel anrufen, denn er hat doch jetzt Telefonanschluß.

> Läßt sich ein Pronomen auf eins von mehreren gleichgeschlechtlichen Substantiven beziehen, ist darauf zu achten, daß der Satz nicht mehrdeutig wird.

Mein Vater hat jetzt Telefonanschluß, deshalb könnte er ja auch deinen Onkel anrufen. ODER (bei umgekehrter Sachlage): *Da dein Onkel jetzt Telefonanschluß hat, könnte er ja auch meinen Vater anrufen.*

In Sätzen dieses Typs nimmt das Pronomen als Subjekt (Nominativ!) eins von zwei Bezugswörtern wieder auf. Beide Nomina haben dasselbe Geschlecht. Kapitelbeispiel: *Vater, Onkel* – beide Maskulina. Der Leser zerbricht sich nun den Kopf, welches Bezugswort der Schreiber mit dem persönlichen (in anderen Sätzen mit dem besitzanzeigenden, dem hinweisenden) Pronomen gemeint hat. *Vater, Onkel – er*: Wer von beiden ist denn *er*, wer hat Telefonanschluß? Hier ist auch mit dem energisch hinweisenden *derselbe* nichts gewonnen. Im Gegenteil, das Demonstrativpronomen, das, richtig gebraucht, «die strenge Identität» kennzeichnet (Duden IV, 468), macht den Leser erst recht stutzig. *Das war der Wagen, den Fritz Gorbansky benutzt hatte, als derselbe aus der Werkstatt zurückkam.* Ist der *Wagen* oder *Fritz Gorbansky* zurückgekommen?

Derart mehrdeutige Sätze müssen so umkonstruiert werden, daß der Leser die beiden zusammengehörenden Wörter (Substantiv und Pronomen) richtig aufeinander bezieht. Das Pronomen verliert seinen doppelten Sinn, wenn es zwischen die gleichgeschlechtlichen Bezugswörter tritt (siehe die Lösungsvorschläge oben).

Übungen

1. Zitternd vor Überanstrengung, besteigt der Greis den Gewölbebau, und die Meister und Gesellen der Bauhütte drunten beten, derselbe möge nur nicht zusammenbrechen.
2. Der Dieseltriebwagen jagte die abschüssige Strecke entlang, und die Wanderer auf der anderen Talseite erkannten – der Fahrer hatte offenbar die Gewalt über ihn verloren. Da fing er zu hüpfen an und sprang, indem er sich aufbäumte, den Bahndamm hinab.
3. Unter der sengenden Hitze Äthiopiens verladen mehrere Männer Weizensäcke in einen Hubschrauber, der sie in die Hungergebiete der Provinz Tigre fliegen soll.
4. Fürst Schwarzenberg läßt den österreichischen König abdanken und schlägt den Großen des Landes vor, sein Neffe solle Nachfolger werden.
5. Gerhard ließ sich mit Heinrich verbinden, weil er glaubte, er habe ihm in der Sache Neues mitzuteilen.
6. Wenn überhaupt, dann läßt das Verfassungswerk nur für ein höchst schwerfälliges Notstandsrecht Raum. Es sieht so aus, als wäre es auf ein sattes, durchaus nichtrevolutionär gesinntes Bürgertum zugeschnitten. Wie die Vorgänge um die Hafenstraße zeigen, müßte es der veränderten Lage angepaßt werden.
7. Man sah von weitem, daß Hans den Anzug seit einer Ewigkeit getragen hatte, und Anna fand, er sah keineswegs elegant aus.
8. Der zerlumpte, scheu um sich blickende Mann bei den Mülltonnen trug einen durchsichtigen Regenumhang, und ich sah deutlich, daß seine Haut stellenweise mit Blut beschmiert war.
9. Fast zweifle ich daran, daß Professor Zenner den Porträtkopf von Picasso überhaupt gekannt hat – er ist in seiner Selbstbiographie jedenfalls nirgendwo erwähnt.
10. Manfred hatte andere Passionen als dieser altmodische, halsstarrige

Baron. Er liebte klassische Musik, klassische Literatur, klassische
Sprachen; er jedoch kümmerte sich um seine Pferde.

22. Wohin mit der Umstandsbestimmung?

*Die Ernährungslage ist dort schwierig, weil 9% des Bodens nur für die
Feldbestellung geeignet sind.*

> Falsch gestellte adverbiale Bestimmungen verändern den Sinn des
> Satzes. Regeln für den Einzelfall gibt es nicht; deshalb ist jedesmal zu
> prüfen, zu welchem Satzteil die nähere Bestimmung gehört.

*Die Ernährungslage ist dort schwierig, weil nur 9% des Bodens für die
Feldbestellung geeignet sind.*

Adverbiale Bestimmungen, die nicht da stehen, wo die Logik es verlangt,
sind meist Adverbien der Art und Weise: *allein, ganz, höchstens, nur,
sogar*, seltener Umstandswörter der Zeit: *bisher, inzwischen, nun, zunächst.* Alle sind als Sinnakzente anzusehen, die, je nachdem wie sie gesetzt werden, dem Satz eine bestimmte Aussagerichtung geben.

Im Kapitelbeispiel könnte das Adverb *nur* sowohl substantivische wie
prädikative Satzglieder unterstreichen:

1. *Nur die Ernährungslage ist schwierig...* (alles andere ist dann nicht
   schwierig). Das Umstandswort ist eine genauere Angabe zum Subjekt
   des Hauptsatzes *Ernährungslage.*
2. *... weil nur 9% des Bodens für die Feldbestellung geeignet sind* (vergli-
   chen mit dem Normalfall, ein sehr kleiner Teil der Bodenfläche). Das
   Adverb bezieht sich auf das Subjekt des Nebensatzes *9% des Bodens.*
3. *... weil 9% des Bodens nur für die Feldbestellung geeignet sind* (nicht
   z.B. auch für die Weidewirtschaft oder andere landwirtschaftliche
   Nutzung). Hier schränkt *nur* das Präpositionalobjekt *für die Feldbestellung* ein.
4. Das *nur* könnte zum Prädikat des Hauptsatzes treten: *Die Ernährungslage ist nur schwierig, weil...* (sie ist nur aus diesem Grunde schwierig).

5. Bei sehr starker Betonung der Wortgruppe *für die Feldbestellung* könnte *nur* schließlich auch das Prädikat des Nebensatzes einschränken: *... weil 9% des Bodens für die Feldbestellung nur geeignet sind.* In diesem Falle wäre *nur* gleichzeitig als nachgestellte adverbiale Bestimmung zu *Feldbestellung* anzusehen – womit das Ergebnis Nr. 3 vorläge.

Man sieht, wie stark die hin und her gerückte adverbiale Bestimmung den Sinnakzent des Satzes verschiebt. Aus Gründen der Logik kommt jedoch nur die Lösung 2 in Frage (siehe Kapitelbeispiel).

Mit dem Adverb *nicht* sollte man besonders vorsichtig umgehen. Wenn jemand Unklarheiten darüber aufkommen läßt, welches Satzglied er verneinen, welches er bejaht wissen will, ergeben sich ärgerliche Mehrdeutigkeiten. *Nicht* spielt in der Stilistik die Rolle wie das Minuszeichen in der Mathematik. (Vgl. Kap. 36.)

Übungen

1. Rektor Prof. Strobel gedachte all derer, die als Arbeitsinvaliden ihr Leben nun fristen.
2. Sie sollten sich einen Wagen kaufen, mit dem Sie nicht gleich im dichten Verkehrsgewühl an die Seite gedrückt werden.
3. Da der größte Teil der Obstbäume von der San-José-Schildlaus befallen war, hielt sein Onkel die Ernte ganz und gar für verloren.
4. Dieser Reisebericht beabsichtigt, nicht nur zu informieren, er will zugleich ermutigen, ähnlich zu handeln, nämlich ohne erhebliche Wenn und Aber ins Vergnügen sich zu stürzen.
5. Wenn ich damals die Flucht Duncans ernst, sehr ernst sogar nahm, so lag das daran, daß ich noch zu jung war, schwankende Charaktere zu begreifen.
6. Da man unsere Bürger belastet, wenn sie in dies Land fahren, dann können nicht die Schweizer bei uns herumfahren, ohne etwas zu zahlen.
7. Nachdem Sie die Kostproben geprüft haben, nehmen Sie gleich die Preise unserer Lachsschnitten am besten unter die Lupe, und Sie werden feststellen, in welch günstigem Verhältnis zueinander Preis und Qualität unseres Erzeugnisses stehen.
8. Ich bin eins der modernsten Bastelbücher, und in mir ist es eine Lust zu blättern.

9. Es gab leider bisher bei uns keine Gelegenheit, diesen großartigen Film zu sehen.
10. Er wischte sich die Nase und sah sich vorsichtig nach allen Seiten in seiner Loge um, ob er durch sein Niesen nicht etwa entrüstete Blicke auf sich gezogen habe.
11. Mir war auch inzwischen eingefallen, daß die Lehre, verbrecherische Anlagen würden vererbt, von dem Italiener Lombroso, einem Psychiater, stammt.
12. Der Huchenfang in der Donau ist höchstens noch erwähnenswert.
13. Von da an ließ Napoleon seine Soldaten völlig nach neuen Methoden ausbilden.
14. Nun rat einmal! Ich habe dir ganz etwas Entzückendes mitgebracht.
15. In diesen Geestgebieten Niederdeutschlands wird Viehzucht hauptsächlich betrieben.

E. Wort- und Satzgliedlücken

23. Wortverstümmelung

Um an ein Autogramm ranzukommen, schlichen die beiden durchs Treppenhaus rauf – aber da hatten sie auch nichts von.

Mit *da-* gebildete Pronominaladverbien dürfen nicht zweigeteilt werden, zweisilbige wie *heran* oder *etwas* nicht verstümmelt werden.

Um an ein Autogramm heranzukommen, schlichen die beiden durchs Treppenhaus herauf – aber davon hatten sie auch nichts. ODER:*Um ein Autogramm zu bekommen, schlichen die beiden durch das Treppenhaus herauf, aber damit erreichten sie auch nichts.*

In der Umgangssprache herrscht – vor allem im niederdeutschen Sprachgebiet – die Unsitte, die Pronominaladverbien *dabei, dafür, dahinter, da-*

mit, dazu usw. auseinanderzureißen und die abgehängte Präposition ans Satzende zu rücken. Die Sprache verfährt hier nach dem Muster der unechten zusammengesetzten Verba: *beibringen – ich bringe es dir bei – da finde ich nichts bei.*

Dieser Ausdrucksfehler tritt in einigen Abarten auf. Beim Schreiben gilt die Trennungsregel, daß zusammengesetzte Wörter nicht nach den Sprechsilben, sondern nach den Sprachsilben zu teilen sind; man schreibt also *dar-an, dar-auf, dar-über.* Beim Sprechen wird aber vor dem *r* getrennt, so als ob die Präposition mit *r* begänne: *da-ran, da-rauf, da-rüber.* Stellt man die zweite Worthälfte ans Satzende, indem man gleichzeitig das adverbiale *da,* zu *d* verstümmelt, davorsetzt, ergibt sich *da-drauf* oder *da-drüber.* Beispiel: *Das war ein interessantes Thema, da hätten wir stundenlang drüber diskutieren können.*

Zu einer Wortverdoppelung kann es kommen, wenn zum Verbum ein Präpositionalobjekt gehört: *sich gewöhnen an, warten auf, klagen über.* Die Präposition *an, auf* oder *über* wird dann als Pronominaladverb wiederholt, meist in verstümmelter Form. So entstehen grobe Ausdrucksfehler: *Hier kommt es auf die Einstellung des lesenden Publikums drauf an.*

Die Umgangssprache neigt aber auch dazu, Endsilben zu kürzen, Vorsilben und Bestimmungswörter wegzulassen. Zweisilber verlieren dabei oft die ganze erste Worthälfte, oder der Wortanfang schmilzt auf einen einzigen Konsonanten zusammen. So wird aus den Adverbien *heraus* und *herein* vielfach *raus* und *rein*: *Ich hol' sie dir raus. Komm nur mit rein!* Natürlich wiederholt sich dieser Vorgang nicht nur bei den anderen Adverbien mit *her-* und *hin-* (*heran, hinan; herauf, hinauf; herüber, hinüber* usf.), sondern auch bei vielen damit gebildeten Verben, wie *heranlocken, heraufziehen, hinüberrufen* o. ä.

Der Zweisilber *einmal* wird allenthalben zu *mal* verkürzt: *Ich bin schon mal dagewesen. Besuch mich doch bitte mal!* Nicht anders ergeht es dem zweisilbigen unbestimmten Pronomen und Numerale *etwas*; wir verstümmeln es zu *was*: *Nein, so was! Hast du was Neues gehört?*

Die realistische Ausdrucksweise läßt Ausnahmen natürlich zu, z. B. wenn jemandes ungepflegte, volkstümliche Sprechweise gekennzeichnet werden soll. In diesem Falle werden die Silben *her-* und *hin-* ausgestoßen, aber der Apostroph wird gesetzt: *'raus, 'naus, 'rein, 'nein*; Ausnahmen: *mal, was.*

Wie *her-* und *hin-* ihrer Wortbedeutung nach richtig zu gebrauchen sind, ergibt sich aus WK 74.

Übungen

1. Ein Boykott hat noch nie ein politisches System beseitigt – auch gegenüber Südafrika kommt da nichts bei raus.

2. Als ihre Vermieterin die beiden rausschmeißen will, nehmen sie sich einen kleinen Vorschuß.

3. Wenn Otto Lilienthal da wirklich Angst vor gehabt hätte, mit seinem Gleitflugzeug abzustürzen, würde er den Erdboden gar nicht erst verlassen haben.

4. So bauten sie eine Rakete, deren Treibladung stark genug war, den künstlichen Mond aus dem Bereich der Erdanziehung herauszutragen.

5. Tscherwiakoff gab sich da nicht mit zufrieden, sondern schrieb dem General einen dritten Entschuldigungsbrief.

6. Wenn ein Schiedsrichter innerhalb 40 Minuten vier Spieler rausstellt, taugen wahrscheinlich weder die Spieler noch der Schiedsrichter was.

7. Frau Blümert redet leise auf ihren Mann ein und sagt: «Darüber solltest du dich gar nicht so aufregen!»

8. Auf der Auktion gab es z. B. einen nagelneuen Schirm, verloren am Tag des Erwerbs, das Preisschild hing noch dran.

9. Längst fällige Modernisierungsmaßnahmen in der Abt. Chirurgie wurden immer wieder rausgeschoben – da ist was Wahres dran.

10. Du hast alles fein säuberlich gezeichnet und alle Maße genau eingehalten, dann gehst du in der letzten Stunde mal raus, und jemand stopft dir den Bogen hinter die Heizung.

11. Während wir das Zelt aufschlugen, liefen die Mädchen ins nächste Dorf und holten schnell was zu essen.

12. Zwei hochaufgereckte Löwen halten das Wappen, aber merkwürdigerweise streckt nur der rechte von ihnen die Zunge raus.

13. Der Kreistagsabgeordnete Brockmann über die «Umfaller» in der Mehrheitsfraktion: «Ich verstehe nicht, warum die während des Rennens die Pferde wechseln und dann runterfallen.»

14. Sie fuhren in die Bucht naus und sahen zu, wie sich die brennenden Häuser im Wasser widerspiegelten.

15. Mein Großvater hatte sich breitbeinig vor die fünfstöckige Mietska-
serne gestellt und zur Mansarde hinaufgerufen: «He, Luise! Schmeiß
mir doch mal den Taler 'runter, der in der Kommode liegt!» Großmutter kannte das schon und pflegte zu antworten: «Komm 'rauf,
Gottlieb! Ich hab' meine Brille verlegt – hol dir den Taler selber!»

24. Unvollständige Bindung

Meine Mutter und Geschwister wollten mich von der Bahn abholen.

> Sind mehrere Substantive als gleichartige Satzteile durch Artikel oder
> Attribute verbunden, ist darauf zu achten, daß keine Bindungslücken
> entstehen.

*Meine Mutter und meine Geschwister wollten mich von der Bahn abho-
len.*

Werden mehrere Substantive als gleichartige Satzteile aneinandergereiht,
kann ihnen ein gemeinsamer Artikel oder eine gemeinsame Beifügung
(als Pronomen, Adjektiv, Partizip usw.) vorantreten, wenn es sich um
dieselbe Person oder Sache handelt: *mein Lehrer und Gönner, der ange-
baute Kohlenkeller und Abstellraum.* Das gleiche gilt für mehrere Substantive im Plural: *in den Treppenhäusern und Fluren, mit allen Büchern
und Zeitschriften.*
In substantivischen Satzteilreihen, deren Glieder teils im Singular, teils im
Plural stehen, verlangt jedes Substantiv sein eigenes, in Genus, Numerus
und Kasus zu ihm passendes Attribut. Im Kapitelbeispiel muß es also
heißen: *Meine Mutter und meine Geschwister wollten mich von der Bahn
abholen.*
Nach diesem Grundsatz ist auch zu verfahren, wenn Satzglieder aneinandergereiht werden, die durchweg im Singular gebraucht sind: *Jede Wohnung besteht aus einem Flur, einer Küche, einem Bad, einem Wohn- und
einem Schlafzimmer.* Allerdings kann man in solchen Fällen die Artikel
streichen, falls die einzelnen Begriffe nicht erweitert sind: *Jede Wohnung
besteht aus Flur, Küche, Bad, Wohnzimmer und Schlafzimmer.* Dagegen
müssen geographische Namen, die einen Artikel bei sich haben, wie *das*

Banat, die Türkei, der Balkan, auch dann mit ihrem Artikel angeführt werden, wenn andere Glieder derselben Reihe ohne Artikel stehen: *Schweden, Österreich und die Schweiz hatten sich für neutral erklärt.* Ländernamen wie *der Irak, der Iran, der Libanon* werden in den Medien (nicht in wissenschaftlichen Texten) fast nur noch ohne Artikel gebraucht.

Übungen

1. Die Grundfaktoren der Wirtschaft sind die Produktion, Handel und Verkehr.
2. Die Kurbelstickerei macht ihnen Freude. Ihre reichen Erfahrungen, Fingerfertigkeit und Geschick kommen der Vielgestaltigkeit der entstehenden Muster zugute.
3. So bekommen die Kinder, davon sind die Jungsozialisten überzeugt, ein falsches Verhältnis zur Gewalt, Tod und Krieg.
4. Die Führer der Rechtsradikalen behaupten, das Wahlergebnis sei auf die fehlende Einsicht und Kritiklosigkeit der Arbeiterwähler zurückzuführen.
5. Freudig erregt, teile ich Ihnen mit, daß ich durch Ihren Briefbund und fabelhafte Organisation einen Partner fürs Leben gefunden habe.
6. Wie man den Motor seines Bootes oder Jacht so rationell wie möglich fährt, zeigt der Verfasser in «Mehr Meilen mit weniger Sprit».
7. Der in Bayern geborene John T. Essberger besaß vor dem Zweiten Weltkrieg eine große Reederei und Flotte mit 29 Schiffen.
8. Es wäre m. E. nicht sinnvoll, alle unsere Geschäftsfreunde und Kunden auf einmal davon zu unterrichten.
9. Mit dem Königsball und Proklamation der besten Schützen erreicht das diesjährige Fest seinen gesellschaftlichen Höhepunkt und Krönung.
10. Rechtsrheinisch finden wir den Schwarzwald, Kraichgauer Hügelland, den Taunus; linksrheinisch die Hardt, das Pfälzer Hügelland und Hunsrück.
11. In neuen, freundlichen Farben zeigen sich außerdem das Gestühl, die Empore sowie die Wände und Decken des Kirchenschiffes.
12. Enttäuschter Stiefvater tötete seine Frau und Tochter.

25. Unterdrückter Infinitiv

Da hieß es, wir müßten nach Kiel und sollten an Bord des Trampschiffs
«Susanna F.».

> Modale Hilfsverben müssen in der Schriftsprache mit dem Infinitiv
> des kontextuellen Begriffsverbs verbunden werden.

Da hieß es, wir müßten nach Kiel fahren und sollten an Bord des Tramp-
schiffs «Susanna F.» gehen. ODER: *Da hieß es, wir sollten uns in Kiel an*
Bord des Trampschiffs «Susanna F.» melden.

Die modalen Hilfsverben *sollen, wollen, können, mögen, dürfen, müssen*
und *brauchen zu* sind abhängige, unselbständige Wörter. Sie geben nur
an, auf welche Art und Weise etwas geschieht: nach eigenem Wunsch und
Vermögen (ich *will*, ich *kann*, ich *mag*) oder nach dem Willen anderer (ich
soll, ich *muß*, ich *darf*), oder man stellt mir etwas frei (ich *brauche*
nur...). Diese Hilfsverben modifizieren die Begriffsaussage. *Wir mußten*
nach Kiel... – mußten wir dahin mit einem nichtgenannten Schiff, mit
dem Auto oder mit dem Zug fahren? Sollten wir an Bord des Trampschiffs
zurückkehren, dort Dienst tun oder Reparaturarbeiten erledigen? Das
Begriffsverb – in Gestalt einer Grundform – ergibt sich aus dem Textzu-
sammenhang und darf auch dann nicht ausgelassen werden, wenn klar ist,
worum es geht. Wenn der fragliche Begriff gerade erst genannt worden
ist, erübrigt es sich meist, ihn zu wiederholen.
Modales Hilfsverb und Begriffsverb verhalten sich wie Bestimmungswort
und Grundwort zueinander. Erst beide zusammen bilden eine vollständige Satzaussage. Die Umgangssprache kann es sich leisten, das Gemeinte nur anzudeuten, die Hochsprache nicht. Die folgenden Übungen
sind manchmal nur mit Phantasie zu erledigen, denn das Richtige ist – der
umgreifende Text fehlt ja – mitunter nur zu erraten.

Übungen

1. Nach Programmschluß gegen Mitternacht durfte das Publikum auf
   die Bühne – zum Tanz bis in den frühen Morgen.
2. München ist die Fremdenverkehrszentrale des Alpenvorlandes; von
   hier aus kann man in alle Teile Bayerns.

3. Vor dem Test braucht keiner Angst zu haben – er besteht aus Aufgaben, die jeder kann.

4. Wie heißt der ideale Club für Männer, Damen und Paare, die gerne mal etwas Besonderes wollen? Na klar, Club Bonny!

5. Wir haben das Aprikosenbäumchen gehegt und gepflegt, aber es will und will nicht.

6. Der Referent für Aus- und Weiterbildung beim VDI weist darauf hin, daß nur für Ingenieure, die in den öffentlichen Dienst wollen, die erforderlichen Kenntnisse festgelegt sind.

7. Auf der Flucht vor der Gestapo emigrierten viele Linksstehende aus politischen oder rassischen Gründen; viele konnten erst nach 1945 nach Deutschland zurück.

8. Tom drehte sich lässig einen Joint, und weil wir neugierig zusahen, fragte er: «Na, wollt ihr auch mal?»

9. Mit psychologischem Fingerspitzengefühl bietet die Regenbogenpresse der Leserschaft, was sie am liebsten möchte.

10. «Maria Schell», hieß es damals in einer Bild-Zeitung-Kritik, «die Spezialistin edler Seelenwallungen, durfte wieder einmal ganz aus sich heraus.»

11. Auf dem geschnitzten, hübsch bemalten Wegweiser stand ganz einfach: «Wer muß, kann dort.»

12. Torjäger Hartmann mußte schon nach 14 Minuten mit einem Knöchelbruch ins Krankenhaus, die Elf war geschockt und verlor.

26. Ausgefallenes Hilfsverb

Meine Braut ist aus Amberg, aber schon vor einem Jahr von dort weggezogen.

Hat das Hilfsverb in einem Satz mehrere Funktionen, muß es auch mehrfach gesetzt werden. Ergeben sich störende Wortwiederholungen, konstruiert man den Satz um.

Meine Braut stammt aus Amberg, aber sie ist schon vor einem Jahr von dort weggezogen. ODER: *Meine Braut ist in Amberg geboren, aber schon vor einem Jahr von dort weggezogen.* ODER: *Meine Braut ist von ihrem Geburtsort Amberg schon vor einem Jahr weggezogen.* ODER: *Der Geburtsort meiner Braut ist Amberg, aber dort wohnt sie schon seit einem Jahr nicht mehr.*

Die Hilfsverben *haben, sein* und *werden* erfüllen zwei grundsätzlich verschiedene Aufgaben:
1. Sie helfen, wie ihr Name sagt, die zusammengesetzten Tempora bilden: *sie ist weggezogen, sie war weggezogen, sie wird wegziehen.* Außer dem Aktiv im Präsens und im Imperfekt benötigen die gebeugten Verbformen ein Hilfsverb. (Vgl. Tab. Kap. 60.)
2. *Sein* und *werden* treten ebensohäufig als Kopula auf, d. h., das Prädikat ist zweiteilig: zum Verb tritt ein Nomen: *Er ist Elektroingenieur, sie wird Laborantin* (Hilfsverb mit Substantiv). *Das Wetter wird schön* (Hilfsverb mit Adjektiv). *Wir werden acht sein* (Hilfsverb mit Numerale). Das Partizip des Perfekts von *werden* heißt dann nicht *worden*, sondern *geworden* (vgl. Kap. 60 u. Tab. S. 260f, Anm. 3).

Gehören zwei im Wortlaut gleiche, der grammatischen Funktion nach aber verschiedene Hilfsverben zu den Satzaussagen desselben Satzes, müßten eigentlich beide stehenbleiben. Kommt man dieser Regel nach, ergeben sich durchweg Sätze mit Wortwiederholungen – offenbar der Grund, warum eins der Hilfsverben einfach gestrichen wird –, aber das ist ebenfalls zu beanstanden: *Herr Türkheim ist befördert worden und jetzt Verwaltungsamtmann.* Erstes Prädikat: *ist befördert worden*; zweites, vervollständigtes Prädikat: *ist Verwaltungsamtmann.* Das Hilfsverb *ist* müßte auch das zweitemal eingefügt werden: *Herr Türkheim ist befördert worden und ist jetzt Verwaltungsamtmann.* Die störende Wortwiederholung fällt weg, sobald man den Satz umkonstruiert: *Herr Türkheim ist zum*

Verwaltungsamtmann befördert worden. ODER: *Herr Türkheim ist jetzt /
seit kurzem Verwaltungsamtmann.* Ähnlich: *Fräulein Anrehm wird die
Handelsschulprüfung bestehen und Anfängerin bei Hertling & Berg.*
Prädikate: *wird bestehen* und *wird Anfängerin* (Hilfsverb – Kopula). Um-
bildung ohne Wortwiederholung: *Fräulein Anrehm wird die Handelsschulprüfung bestehen und bei Hertling & Berg eine Stelle bekommen.*
Verschiedenartige Satzaussagen kreuzen sich im Hilfsverb eines mehrgliedrigen Satzes, wenn das Hilfsverb in der einen nur die zusammengesetzte Zeit herstellen hilft, während es in der anderen begrifflich ein Voll-
verb vertritt. *Ich habe kein Geld bei mir: haben* = tragen, mit sich führen.
Ihr habt zuviel Zeit: haben = verfügen über. *Du hast eine elektrische
Schreibmaschine: haben* = besitzen. Das gleiche gilt von *sein: Der Brief ist
im oberen Schubfach: sein* = liegen, sich befinden, aufbewahrt werden,
untergebracht sein. *Die Schiene war aus Aluminium: sein* = bestehen aus,
angefertigt sein aus. Kapitelbeispiel: *Meine Braut ist aus Amberg:* hier
bedeutet *sein* soviel wie *stammen, gebürtig sein, geboren sein.* Der Satz ist
stilistisch wenig ansprechend, weil das *ist* einmal ein Begriffsverb ersetzt
(*stammen*), im Nebensatz dagegen bloß als Kopula fungiert: *ist aus
Amberg, ist weggezogen.* Die Verbesserungsvorschläge zeigen, wie umgeformt werden könnte.
In den bisher angeführten zusammengezogenen Sätzen war das Subjekt
für beide Prädikate dasselbe. Überschneiden sich in dem einen, stehenge-
lassenen Hilfsverb zwei Prädikate mit je einem besonderen Subjekt, dann
fällt die Unterdrückung des anderen Hilfsverbs noch mehr auf: *Die Stra-
ßenecken müßten übersichtlicher und in den Wohngegenden viel mehr
Bäume sein. Max hat nun sein Geld bekommen und Ingrid schön den
Mund zu halten. Wieder wurde geklingelt und Frau Hansen kreidebleich.*
In der Kürze liegt wirklich nicht immer die Würze!

Übungen

1. Ich hatte Grimms Märchen immer wieder gelesen und auch an
   Freunde ausgeliehen; jetzt wurde das Buch neu eingebunden und
   wieder wirklich schön.
2. Die Monarchin hatte keine Angst vor der asiatischen Grippe und sich
   deshalb auch nicht impfen lassen. Kein Wunder, daß das nicht gut-
   ging.

3. Der kontrastreiche Gegensatz von Licht und Schatten ist für uns kein Übel mehr, sondern zu einem Faktor der Bildgestaltung geworden.

4. Jeder Junge hatte ein blankgeputztes Fahrrad, das Zelt und das Zubehör auf dem Gepäckträger befestigt, und los ging die Reise.

5. Kempten, in das Tal der Iller eingebettet, ist der wirtschaftliche und kulturelle Mittelpunkt des Allgäus, aber auch als Industriestadt bekannt.

6. Ich hatte erst 120 Mark gespart und nur noch zwei Monate Zeit, so daß ich mich zu fragen begann, ob sich der langgehegte Wunsch überhaupt noch erfüllen lasse.

7. Der beinahe schon gefährlich angewachsene Luftverkehr wird die Entfernung zwischen den Kontinenten und Ländern der Erde immer weiter schrumpfen lassen und so zum Mittel einer globalen Integration.

8. Die Kassiererin wurde nach drei Stunden durch ein Ehepaar, das die Hilferufe gehört hatte, von ihren Fesseln befreit und anschließend sofort die Polizei alarmiert.

9. Die Genossenschaften sind seit jeher eine wichtige soziale Organisation gewesen und in Hinblick auf die großen Erfolge ihrer Arbeit mit starkem Selbstbewußtsein erfüllt.

10. Nach dem Zweiten Weltkrieg wandelte sich das Schicksal Indonesiens: Die Japaner waren in die Flucht geschlagen und die Holländer wieder zu Hause – Niederländisch-Indien war frei.

27. Zusammengezogene Redewendungen

Jetzt schöpfte die Karawane Wasser und wieder Hoffnung.

> Verschiedene Redewendungen mit dem gleichen Verb dürfen nicht zusammengezogen werden, wenn die eine im wörtlichen, die andere im übertragenen Sinne zu verstehen ist.

Jetzt schöpfte die Karawane Wasser, und alle begannen wieder zu hoffen.
ODER: *Sobald die Karawane auf Wasser gestoßen war, regte sich neue Hoffnung.*

Zu Stilblüten dieser Art kommt es, wenn sich jemand besonders kurz ausdrücken will: Zwei Satzteile oder ganze Redewendungen stimmen im Prädikat überein – warum sollte man dann die Satzaussage zweimal setzen! Und außerdem – Wortwiederholungen sind nach Kap. 30 ja sowieso zu vermeiden. Mißverstandene Stilgrundsätze ergeben grobe Stilverstöße: Zwei Redeteile – einer wörtlich, der andere im übertragenen Sinne gemeint – werden kurzgeschlossen: *Wasser schöpfen, Hoffnung schöpfen – Wasser und Hoffnung schöpfen*. Die «Prädikatersparnis» führt zu schiefen Konstruktionen. Also sind auch solche Sätze wie dieser als Stilblüten zu registrieren: *Der Mond stand am Himmel und Christian schweigend in der Haustür*. Grammatisch sind das zusammengezogene Sätze, weil sie einen Satzteil gemeinsam haben.

Aussagegehalt und Ausdrucksweise liegen bei den Übungssätzen auf niedrigem Niveau. Hier hilft nur eine mutige, aber sinnbewahrende Neuformulierung.

Übungen

1. Mareile warf den Möwen schnell die letzten Erdnüsse und dann das Bodenfenster zu.
2. Für weibliche Azubis der neunziger Jahre des vorigen Jahrhunderts lautete eins der vielen Gebote: Schmucksachen und schiefe Absätze dürfen wir im Geschäft nicht tragen.
3. Die beiden Angesäuselten schworen einander Freundschaft, fest zusammenzuhalten, immer am selben Strange und bald auf dasselbe Zimmer zu ziehen.
4. Nur wenige Kilometer von der vielbesungenen Nordseeküste müssen sich die Münchener wie Fische auf dem Trockenen vorgekommen sein, und man kann sich vorstellen, wie dem Manager Uli Hoeneß der Schreck in die Glieder und er selbst aus der Haut fuhr.
5. Alle diese jungen Leute werden noch einmal dem Gesetz ins Gehege und dann ins Gefängnis kommen.
6. Sie fand sich, hieß es, mit der Trennung und er sie mit Schloß Malmaison ab.
7. Auf diese unverschuldete Weise bekam mein neuer Faltenrock einen ziemlich langen Riß und ich zu Hause Schläge, bald darauf aber meinen Lieblingspudding; denn meine Mutter hatte inzwischen eingesehen, daß ich keine Schuld gehabt hatte.

8. Weder Lampen- noch Premierenfieber seiner Sänger können Hertel aus der Ruhe bzw. die Tonreinheit der chorischen Darbietungen ins Wanken bringen.

9. So nahmen denn alle Soldaten meiner Kompanie ihre am Straßenrand niedergelegten Waffen und die Verfolgung der Fliehenden wieder auf.

10. Welch schwacher Redner! Zwei, drei Zwischenrufe genügten, ihn völlig aus dem Konzept und in Verlegenheit, das kampflustige Publikum jedoch zum Lachen zu bringen. Nach einer halben Stunde hatte dieser Demosthenes den roten Faden völlig und seine Nerven ganz und gar verloren.

28. Verschrobene Aussagekopplung

Da fiel ihr das Buch aus der Hand, der Kopf auf den Tisch und die Lampe um.

> Enthalten mehrere Prädikate das gleiche Verb in verschiedener Bedeutung, so kann es nicht nur ein Mal gesetzt werden. Um Fehler der Wortwiederholung zu vermeiden, verwendet man sinnverwandte Begriffe.

Da fiel ihr das Buch aus der Hand, der Kopf schlug auf den Tisch, und die Lampe stürzte um.

Im echten zusammengezogenen Satz beziehen sich mehrere Satzteile derselben Art oder mehrere vollständige Sätze auf einen gemeinsamen Satzteil: *Er streicht und lackiert die Türen* (zwei Prädikate, dasselbe Subjekt). *Er liest die Zeitung und sie die Illustrierte* (mehrere Subjekte, dasselbe Prädikat). *Er begießt und sie schneidet die Dahlien* (zwei vollständige Sätze mit demselben Objekt). *Er stand und sie saß auf dem Balkon* (vollständige Sätze mit derselben adverbialen Bestimmung).

Sätze wie das Kapitelbeispiel sehen wie zusammengezogene Sätze aus, sind es aber nicht. Sie entstehen, wenn zu den Prädikaten des mehrgliedrigen Satzes derselbe Stammbegriff gehört: *Da fiel ihr das Buch aus der Hand, der Kopf fiel auf den Tisch, und die Lampe fiel um.*

Die zugrundeliegende Verbindung stimmt in den Prädikaten ganz oder teilweise überein: *fallen, fallen, umfallen*. In dieser ursprünglichen Form sind alle drei Hauptsätze formal und inhaltlich klar voneinander unterschieden, aber *fallen* hat als Prädikat jedesmal seine spezifische Bedeutung.

Die verschrobene Aussagekopplung kommt in drei Typen vor:

1. Das eigentlich mehrmals unverändert zu wiederholende Verb bedeutet jeweils etwas anderes: *das Buch fällt aus der Hand, der Kopf fällt auf den Tisch* (*fallen, fallen*).

2. Das Wort ist gleichzeitig Grundbegriff in einer unechten Zusammensetzung: *Der Kopf fällt auf den Tisch, die Lampe fällt um* (*fallen, umfallen*).

3. Verschiedene unechte Zusammensetzungen haben das gleiche, im Vorfeld stehende Grundwort: *Die Lampe fiel um und der Alten etwas ein* (*umfallen, einfallen*).

Das in solchen Fällen korrekte Verfahren bringt den Stilfehler der Wortwiederholung mit sich; darum sind Sätze mit verschrobenem, gekoppeltem Prädikat mit synonymen Verben umzubauen.

Übungen

1. Meine Tür steht Ihnen jederzeit offen und meine Bibliothek gern zur Verfügung.

2. Das Volk zog vor diesem merkwürdigen Fürsten zwar ehrerbietig den Hut, aber, wenn er vorübergegangen war, über ihn her.

3. Das Gewitter tobte über der Kapelle, die Uhr schlug gerade zwei und der Blitz in den Turm ein.

4. Der Richter gibt dem Festgehaltenen die Gründe der Festnahme bekannt und Gelegenheit, Einwendungen zu erheben.

5. Wenn die runde Scheibe kreist, legen Sie den Tonarm auf und sich selbst genießerisch in den Sessel zurück.

6. Gero sah dem Chow-Chow ziemlich ähnlich und – fast Schnauze an Schnauze – schwanzwedelnd an.

7. «Mach jetzt», knurrte Billy seine Frau verdrossen an, «die Vorhänge auf, die Betten, den Ofen an und wenigstens ein bißchen Ordnung im Haus!»

8. Karola hatte mehrere Glas Gurken ein- und die Küchenschränke mit neuem Papier ausgelegt.

9. Eine Anzahl 10–12jähriger Jungen spielte Ball und dem argwöhnisch zuschauenden Pedell bisweilen einen Streich.
10. Auch führte der Monarch statt der Dreifelderwirtschaft den Fruchtwechsel und bald Kartoffeln sowie Lupinen ein.

F. Satzgliedüberschuß

29. Umständlich

Kommt es zu einem Zusammenstoß zwischen einer Kaltluft- und einer Warmluftfront, was sich immer wieder einmal ereignet, so ergibt sich als Folge die Tatsache, daß sich Niederschläge bilden.

> Jeder Satz muß von überflüssigem Beiwerk befreit werden. Alles, was sich von selbst versteht und schon einmal deutlich gesagt worden ist, sollte gestrichen werden. Vgl. Kap. 30.

Stößt eine Kaltluft- mit einer Warmluftfront zusammen, fallen Niederschläge. ODER: *Niederschläge entstehen, wenn eine Kaltluftfront mit einer Warmluftfront zusammenstößt.*

Der kategorische Imperativ der Stilistik lautet nicht: Drücke dich so kurz wie möglich aus! – sondern: Entscheide dich stets für die beste Formulierung, mache aber nicht mehr Worte als nötig! In diesem dialektischen Einerseits – Andererseits liegt der richtige Maßstab für guten Stil.
Wie das Kapitelbeispiel zeigt, haben gewisse Leute große Mühe, Überflüssiges wegzulassen. Sie schlagen sich ehrlich mit den Sätzen herum, aber einiges wird zwei- und dreimal gesagt. Entgegen der Stilregel zu Kap. 30 werden manche Wörter wiederholt, und vieles, was sich für den Normaldenkenden von selbst versteht, wird hin und her gedreht, als ob tiefgründige Gedanken zu offenbaren wären. Man fühlt förmlich, wie sich zur Weitschweifigkeit neigende Mitmenschen abquälen, um ihre Gedanken zu ordnen und einigermaßen lesbar abzufassen.

Wer sich schwertut, sich aufs Wesentliche zu beschränken, dem sei emp-
fohlen, sich von vornherein auf die Hauptsache, den Kerngedanken, zu
konzentrieren. Man muß sich fragen: Gehört das, was ich jetzt schreiben
will (oder ins unreine geschrieben habe), unbedingt zur Sache? Muß jedes
Wort stehenbleiben? Oder kann ich mich kürzer fassen, kann ich streichen, anders und straffer formulieren? Guter Stil ist das Resultat gedank-
licher Disziplin, nicht das Ergebnis rhetorischer Berechnungen.

Übungen

1. Mein Portemonnaie hat rechteckige Form. Seine Länge beträgt
   10,4 cm und die Höhe 7,1 cm. Die Stärke kommt auf 1,4 cm, wenn
   sich das Portemonnaie in ungefülltem Zustand befindet.

2. Das Klima ist das Wetter im Durchschnitt mehrerer Jahre. Man rechnet zirka 30 Jahre. Es sind aber immer die letzten 30 Jahre, die in
   Frage kommen.

3. Durch eine Anordnung des Königs wurden drei Äcker abwechselnd
   bestellt. Auch mußten die Bauern immer andere Früchte auf den Äk-
   kern anbauen. Niemals durften in zwei aufeinanderfolgenden Jahren
   die gleichen Feldfrüchte in den Boden gebracht werden.

4. Der Übergang des Meeresbodens vom Schelfmeer zur Tiefsee ist wegen des meist vorhandenen Faktums eines Steilabfalls gewöhnlich
   recht schroff.

5. Die Aufgliederung nach männlichen und weiblichen Lehrlingen im
   Buchhandel ergibt, daß mehr als drei Viertel aller Lehrlinge weib-
   licher Herkunft sind.

6. Die ersten Tage der Sommerferien waren nun verbracht. Ich hatte sie
   verlebt, wo ich alle meine Ferien zu verbringen pflege, d. h., daß ich
   sie dort zubrachte, wo meine Eltern zu Hause sind, nämlich auf dem
   Dorfe.

7. Man kann ohne weiteres sagen, daß, was den landwirtschaftlichen
   Bestand an Rindern betrifft, der Statistik nach die USA und Australien einen Vorsprung vor allen westeuropäischen Ländern besitzen.

8. Als die Regierungen aufgefordert werden, ihre Truppen auf den
   Reichsverweser zu vereidigen, widersetzen sich einige dieser Auffor-
   derung. Es sind Preußen und Österreich, die Widerstand leisten.

9. Auch die politischen Ereignisse in den Jahren vor Ausbruch des

Zweiten Weltkrieges, die sich förmlich überstürzten und Entwicklungen von wahrhaft geschichtlichem Ausmaß, um diesen Ausdruck einmal zu gebrauchen, binnen kürzester Frist herbeiführten, haben trotz aller äußeren Erfolge ihren Ursprung teilweise in einer Verkennung der geschichtlichen Lehren.

10. Der Jumbo-Pilot Yoshio Iwao hegt die Vermutung und deutet darauf hin, daß zum bekannten Schaden am Seitenruder noch dazukam, daß auch das Höhenruder nicht mehr funktionierte, wie er meint.

11. Ihm wurde seitens der zwei Unbekannten eine Wolldecke über den Kopf geworfen, und anschließend wurde er in ein Auto, das schon bereitstand, hineingeschoben.

12. Die Zeit, in der ich mir eine Brieftasche zulegen mußte, liegt noch gar nicht so weit zurück. Als Junge von 16 Jahren bekam ich einen Personalausweis, und da hätte ich mir eigentlich auch eine Brieftasche anschaffen müssen. Jedoch diese kam erst zwei Jahre später. Als Junge schleppte ich immer allerhand Sachen in den Hosentaschen mit mir herum, so auch meinen Personalausweis. Dieses Tragen des Personalausweises ohne Hülle in der Hosentasche machte ihn bald unansehnlich und fast unleserlich. Ich faßte also den Entschluß, mir eine Brieftasche zu kaufen. Das Schicksal wollte es jedoch, daß ich, bevor ich eine Brieftasche hatte, meinen Personalausweis verlor. Meine Mutter schalt sehr, und ich kaufte mir für den neu ausgestellten Personalausweis eine Brieftasche. Wenn ich aber sage «Brieftasche», so stimmt das nicht ganz, denn es handelte sich um eine Hülle für einen Reisepaß.

30. Wortwiederholung

Zusätzlich zu der ursprünglichen Tagesordnung hatte der Rat einen zusätzlichen Beratungspunkt aufgenommen.

> Gleichklingende Wörter oder Wortteile sollten in kurzen Abständen nur dann wiederholt werden, wenn die betreffenden Begriffe erforderlich sind, einen wichtigen Sachverhalt eindeutig zu benennen.

Zu der ursprünglichen Tagesordnung hatte der Rat einen zusätzlichen Beratungspunkt aufgenommen. ODER: *Der Rat hatte der Tagesordnung einen weiteren Beratungspunkt hinzugefügt.*

Andere Völker, wie z. B. die Franzosen, finden nichts dabei, wenn in einem kurzen Absatz mehrmals das gleiche Wort vorkommt. Hauptsache, der Autor versteht es, sich völlig klar auszudrücken. Uns Deutschen ist diese Art von clarté nicht der einzige Richtwert für guten Stil. Wir sind anspruchsvoller, wir verlangen, daß ein Text in der Ausdrucksweise oder Schreibart nicht nur klar, sondern auch abwechslungsreich ist.
Schon in der Schule weist der Deutschlehrer darauf hin, daß ein Aufsatz wenig taugt, wenn er auf Wortwiederholungen aufbaut und deshalb konturlos, blaß und langweilig wirkt. Beim Lesen eintönig gehaltener Texte läßt die Aufmerksamkeit bald nach, während eine abwechslungsreiche Diktion anregt und mitgehen läßt. Falls also ein Wort oder eine Redewendung im Ohr des «Empfängers» nachklingt und schon wieder verwendet wird, ohne im Sachzusammenhang dringend erforderlich zu sein, sollten derartige Echowörter ausgesondert und durch andere, synonyme (d. h. bedeutungsgleiche oder -ähnliche) ersetzt werden. Synonymen-Wörterbücher leisten dabei gute Dienste.
Das Verbot, Gleichklingendes in kurzen Absätzen zu wiederholen, darf – wie alle Stilgrundsätze – jedoch nicht sklavisch befolgt werden. Es gibt Schriftsätze, die derartige Wiederholungen nicht nur zulassen, sondern geradezu unumgänglich machen. Man denke z. B. an juristische Texte. Mit voller Absicht – nämlich um jeden Zweifel auszuschließen – bedient man sich desselben Begriffs, wenn nötig, immer wieder, zwei-, drei-, viermal in einem Absatz. Unsere Gesetzgeber gehen mit diesem Grundsatz oft recht sorglos um (siehe Übungsbeispiel Nr. 1).
Als poetisches und rhetorisches Gestaltungsmittel kann die bewußte Wie-

derholung gleicher Wörter und Wendungen sehr eindrucksvoll sein. Die Satzreihe oder die großangelegte Periode gibt den dafür passenden Rahmen ab: *Tapfer ist der Löwenzwinger, tapfer ist der Weltbezwinger, tapf'-rer, wer sich selbst bezwingt.* Der mehrfache Gebrauch des gleichen Begriffs dient hier der Steigerung (Anaphora). Oder man denke an Ernst Moritz Arndts berühmten Periodenbau: *Wo dir Gottes Sonne zuerst schien; wo dir die Sterne Gottes zuerst leuchteten, wo seine Blitze dir zuerst seine Allmacht offenbarten: da ist deine Liebe, da ist dein Vaterland!*

Für die Praxis des nüchternen Alltags kommt diese Ausdrucksweise naturgemäß nur selten in Frage, obwohl nicht übersehen werden darf, daß die Form der steigernden, intensivierenden Wiederholung einer mehr emotionalen, leidenschaftlichen Diktion sehr entgegenkommt.

Übungen

1. Der § 7 des Versammlungsgesetzes lautet: «Jede öffentliche Versammlung muß einen Leiter haben. Leiter der Versammlung ist der Veranstalter. Wird die Versammlung von einer Vereinigung veranstaltet, so ist ihr Vorsitzender der Leiter. Der Veranstalter kann die Leitung einer anderen Person übertragen. Der Leiter übt das Hausrecht aus.»

2. Da stellt sich die bange Frage «Kann der Ligist diese kritische Situation meistern?» Diese Frage wird nach bangen Minuten mit einem klaren Ja beantwortet.

3. Nachwuchsprobleme hat das Kindertheater denn auch nicht, aber ganz ohne Lampenfieber der Kleinen geht es bei den Aufführungen auch nicht.

4. In den Hauptpostämtern der beiden Städte können Telebriefe aufgegeben werden. Einzelheiten zur Übermittlung von Telebriefen erfahren die Postkunden an den Schaltern für Telebriefe.

5. Wenn die Schnittfläche eines Cox Orange etwa ein Drittel weiße Fläche aufweist, dann gilt der Apfel als reif.

6. Es kommt zu einer einstweiligen Verfügung – ihr Pferd darf nicht starten. Die Ehefrau – das spätere Opfer – läßt es dennoch starten.

7. Erst nach 20 Minuten kamen die Platzherren besser ins Spiel, ohne aber zwingende Tormöglichkeiten zu erspielen. Zu viele Einzelaktionen ließen keine zwingenden Spielzüge zu.

8. Gut satiniertes Papier nimmt die Farbe des Druckspiegels gut auf; es hat aber auch den Vorzug, nachträglich gut mit verschiedenfarbiger Tinte beschrieben werden zu können.

9. Der Angehörige eines Staates verliert die Staatsangehörigkeit in diesem Staate mit der Aufnahme in einen anderen Staat.

10. Das Feuer griff rasch auf das hölzerne Treppenhaus des Hauses über und verbreitete sich rasch über alle Räume des Hauses.

11. Der Drücker gab zu: «Die meisten sind Rentner und alte Leute, die unterschrieben haben – selbst Leute, die kaum noch sehen können, unterschreiben.»

12. Der neue Flügel soll verstärkt für Konzerte im 1. Stock des Gebäudes genutzt werden. Für ein Konzert des Kammerorchesters in verstärkter Besetzung stockte der Ausschuß den Veranstaltungsetat zusätzlich auf.

31. Zweimal gesagt

Unser Kreis hatte damals schon doppelt soviel Kraftfahrzeuge wie in den Friedenszeiten vor dem Kriege.

> Drückt ein Satzglied aus, was schon gesagt worden ist, ergibt sich eine Tautologie (griech.: tautón légein = dasselbe sagen). Das Zuvielgesetzte ist zu streichen.

Unser Kreis hatte damals schon doppelt soviel Kraftfahrzeuge wie vor dem Kriege. ODER: *Unser Kreis hatte schon damals doppelt soviel Kraftfahrzeuge wie in der Vorkriegszeit.*

Besonders oft stößt man auf tautologische Attribute und Umstandsbestimmungen. Im Kapitelbeispiel ist die adverbiale Bestimmung *in den Friedenszeiten* eine Tautologie, weil das folgende Attribut *vor dem Kriege* den Sachverhalt *Friedenszeit* voraussetzt (angezeigt durch die Präposition *vor*). Der Begriff *Frieden* ist also nicht zu gebrauchen, das Attribut wird Umstandsbestimmung. Wiederholt die Beifügung mithin einen Begriff, der zur Definition des Bezugswortes gehört, muß einer der beiden Satzteile wegfallen oder geändert werden.

Ferner begegnen uns tautologische Umstandsbestimmungen als Satzteile gleichen Grades. Der Schreibende hat sie offenbar in dem Bestreben nebeneinander gesetzt, sich so genau wie möglich auszudrücken: *Besinnungslos und ohne Bewußtsein lag sie auf dem Mittelstreifen. Wir haben ausschließlich nur noch Orient- und Berberteppiche am Lager.*

Als tautologisch sind auch adverbiale Bestimmungen zu bezeichnen, die ein wesentliches Merkmal der im Verb ausgedrückten Vorstellung wiedergeben. In diesem Falle ist ein zum Begriffsfeld des Prädikates gehörender Gedanke in Gestalt der Umstandsbestimmung ein zweites Mal vorhanden: *Rasch eilten sie zu ihrem Jeep und starteten.* Solche adverbialen Satzglieder läßt man einfach weg: *Sie eilten zu ihrem Jeep und starteten.* Auch mißverstandene Fremdwörter führen leicht dazu, etwas doppelt zu sagen: *Meine neu renovierten Festsäle werden Freitag wiedereröffnet.* Da *renovieren* soviel wie *neu herrichten* oder *erneuern* bedeutet, muß *neu* weggelassen werden. Im Zweifelsfalle sehe man im Duden oder in einem Fremdwörterbuch nach, was das Wort im Deutschen bedeutet.

Übungen

1. Die Hunnen drangen unter Attila bis nach Frankreich vor, wo sie 451 auf den Katalaunischen Feldern erfolgreich besiegt wurden.
2. Hitler riß ohne gesetzliche Grundlage auch die dritte Form der staatlichen Gewalt an sich: Indem er den Stabschef der SA, Ernst Röhm, ohne vorherige Anklage und ohne Prozeß erschießen ließ, warf er sich zum Obersten Richter auf.
3. Jedes kleine Härchen wirft seinen Schatten.
4. Die Untersuchung des Wracks der 1912 auf der Jungfernreise im Nordatlantik gesunkenen Titanic dürfte die einzige gute Chance sein, die Ursache der Eisbergkatastrophe nach so langer Zeit heute noch zu klären.
5. Aristoteles, mit 41 Jahren der pädagogische Erzieher Alexanders des Großen, ging neun Jahre später nach Athen, um bald danach die Peripatetische Philosophenschule zu gründen.
6. Sie, 26 J., möchte einen netten Partner bis 28 J. für gemeinsame Freundschaft kennenlernen. Zuschr. m. Bild an Chiffre XYZ.
7. Trotz aller Vorsichtsmaßnahmen ereignete sich bei der Sprengung

des seither als Möbellager benutzten ehemaligen Luftschutzbunkers ein unvorhergesehener Zwischenfall.

8. Die kirchlichen Friedenswochen sind auf eine gemeinsame Vereinbarung des Bundes der Evangelischen Kirchen der DDR und dem Rate der EKD von 1979 zurückzuführen.

9. Die neue Filiale der Kreissparkasse sucht zu möglichst baldigem Antritt eine weibliche Fachkraft mit beendeter Banklehre und mehrjähriger Berufserfahrung.

10. Vor zehn Jahren lernte ich dies freundliche und selbstbewußte Bergvolk das erstemal kennen, und immer wieder zieht es mich seitdem hierher.

32. Zusätzliches Hilfsverb im Infinitivsatz

Diese Vorrichtung gestattet es, den Bremsweg wesentlich verkürzen zu können.

> Das im Infinitiv stehende modale Hilfsverb mit «zu» muß gestrichen werden, wenn es das gleiche wie das Prädikat im Vordersatz oder ein anderes Wort ausdrückt. Oft verführt «können» zur Sinnverdoppelung.

Diese Vorrichtung gestattet es, den Bremsweg wesentlich zu verkürzen. ODER: *Mit dieser Vorrichtung kann man den Bremsweg wesentlich verkürzen.*

Die modalen Hilfsverben geben an, auf welche Art und Weise etwas geschieht: *dürfen* sagt, daß etwas erlaubt ist; *können* bezeichnet das In-der-Lage-Sein zu etwas; *müssen* läßt ein Handeln als notwendig erscheinen; *sollen* besagt, daß etwas auf Anraten oder auf Anordnung erfolgt; *wollen* drückt aus, daß der Vorgang dem eigenen Wunsch, dem eigenen Antrieb entspringt. Da wir uns oft nicht begnügen, zu sagen, daß etwas geschieht, verwenden wir bei vielen Gelegenheiten modale Hilfsverben, weil sie die Umstände anzeigen, unter denen etwas vor sich geht (sie könnten deswegen gut «Umstandswörter» heißen).

Haben wir es mit Infinitivsätzen zu tun, dann besteht das infinite Prädikat in der Regel aus drei Bestandteilen: dem *Aussageverb*, dem *zu* und dem *modalen Hilfsverb*; beide Verben stehen im Infinitiv, Kapitelbeispiel: *verkürzen zu können*.

Diese Aussageweise ist richtig, wenn das Prädikat des Vordersatzes – seltener ein anderes Anschlußwort – nichts enthält, was zum Begriffe des modalen Hilfsverbs im Nebensatz gehören könnte. Ein Stilfehler entsteht, wenn der Vordersatz eine mit dem modalen Hilfsverb verbundene Vorstellung vorwegnimmt (bei umgekehrter Sachlage: wiederholt), so daß derselbe Gedanke zweimal erscheint. Dann nehmen wir das Hilfsverb aus dem Nebensatz heraus, und das übrigbleibende *zu* wird vor den Infinitiv des Aussageverbs gestellt. Im Kapitelbeispiel gibt das Prädikat des Hauptsatzes *gestattet* an, daß uns eine gewisse technische Vorrichtung in die Lage versetzt, den Bremsweg wesentlich zu verkürzen, was genausoviel bedeutet, wie daß man den Bremsweg mit dieser Vorrichtung wesentlich verkürzen *kann*. Zu sagen, *es sei gestattet, den Bremsweg verkürzen zu können*, heißt denselben Tatbestand zweimal behaupten, denn was *können* ausdrückt, ist mit *gestatten* schon gesagt. (Vgl. Kap. 31.) – Eine andere Möglichkeit, die Tautologie zu umgehen, zeigt die zweite oben angegebene Lösung: Das konjugierte modale Hilfsverb übernimmt die Rolle des Prädikats, indem es an die Stelle des Vollverbs tritt.

Übungen

1. Der Mieter hat das Recht, seine im Vertrag festgelegten Rechte auch auf diese Weise wahren zu dürfen.
2. Besonders die mittelständische Industrie erwartet von den Ingenieur-Absolventen, daß sie in der Lage sind, die verschiedenen Systeme zu beurteilen und gegebenenfalls in einer Firma einführen zu können.
3. Mit der Verlängerung auf ein halbes Jahr wollte das IOC den Olympia-Veranstalter in die Lage versetzen, sich frühzeitig auf den Teilnehmerkreis einstellen zu können.
4. Der Jubel des Nordlichterteams galt aber auch der Möglichkeit, mit seinem Sieg in die nächsthöhere Spielklasse aufsteigen zu können.
5. Im Brief des Bundespräsidenten an die Jubilarin hieß es: «Nur wenigen Menschen ist es vergönnt, auf ein Jahrhundert zurückblicken zu können – auf Kaiserreich, Weimarer Republik und Drittes Reich, zwei Weltkriege und 40 Jahre Bundesrepublik.»

6. Alles könnte schiefgehen, denn Hussein braucht nur genötigt zu sein, des eigenen Machterhalts wegen den Radikalen im arabischen Lager nachgeben zu müssen.

7. Skorpion: Nehmen Sie die Hilfe des Partners an! Sie sind jetzt nicht in der Lage, einen Alleingang riskieren zu können!

8. Dann wäre jedermann so sicher gestellt, daß er sich nicht mehr gezwungen sähe, dauernd daran denken zu müssen, wie er die tausendfältigen Bedürfnisse des Alltags befriedigen könnte.

9. Den Willen, an den Spielen in Barcelona teilnehmen zu wollen, hatten die Ostblockstaaten gleich nach der Supershow von Seoul mit ihrem Medaillenregen für die Sportler von jenseits der Oder-Neiße-Linie bekundet.

10. Ich entschuldige mich deshalb für das ungehörige Verhalten unseres Generalagenten in aller Form bei Ihnen und bedaure sehr, an den peinlichen Folgen so gar nichts ändern zu können.

11. Sind Namen, Adressen, Fremdwörter oder Kunstwörter zu diktieren, so ist es oft erforderlich, buchstabieren zu müssen.

12. Nach langem Hin und Her erhielt der Stipendiat – ein junger Professor für vergleichendes Privatrecht aus Finnland – die Erlaubnis, sich im Lesesaal einen festen Arbeitsplatz einrichten zu dürfen.

33. Überdeutliche Komposita

Eine der wichtigsten Zukunftsaufgaben der Bundesbahn ist der Bau von Hochgeschwindigkeitsstrecken.

In überdeutlichen Zusammensetzungen ist ein Begriff zu streichen; meist ist das Bestimmungswort überflüssig.

Eine der wichtigsten Aufgaben der Bundesbahn ist der Bau von Hochgeschwindigkeitsstrecken. ODER: *Die Bundesbahn muß in Zukunft vor allem Hochgeschwindigkeitsstrecken bauen.*

An übergenauen (pleonastischen) Zusammensetzungen sind ein Haupt- und ein Nebenbegriff zu unterscheiden. Der Hauptbegriff liegt in dem Grundwort, also dem zweiten Teil des Kompositums, während das vorgeschaltete Bestimmungswort den Nebenbegriff darstellt: bei *Zukunftsaufgabe* ist *Aufgabe* der Hauptbegriff, *Zukunft* der davorgesetzte Nebenbegriff. Grundwort und Bestimmungswort drücken keineswegs dasselbe aus, so daß es nicht gleichgültig ist, welches von beiden Wörtern gestrichen wird; vielmehr akzentuiert der Nebenbegriff eine Vorstellung, die mit dem Grundbegriff vorgegeben ist. Der Begriff *Aufgabe* schließt den Begriff *Zukunft* ein, denn unter einer Aufgabe verstehen wir ja nichts anderes als «etwas zur späteren Erledigung Aufgegebenes».

Ähnlich ist es bei pleonastischen Adjektiven und Partizipien. Auch hier sagt das Grundwort etwas aus, was der Nebenbegriff hervorheben will. Man denke an Ausdrücke wie *formschön* und *preisgünstig*. Das gleiche gilt schließlich von pleonastischen Verben, wie *zurückerstatten, durchklären, nachfolgen* usw. Häufig genügt schon eine überflüssige Silbe, um einen Pleonasmus entstehen zu lassen: *Zeugen benennen, jemandem etwas aufoktroyieren* u. dgl.

Übungen

1. Wer sich über diese Grundprinzipien der praktischen Fotografie bereits Klarheit verschafft hat, ist den Neuanfängern im Kursus weit voraus.
2. Kein Mensch ist imstande, diese Menge fetter Fische zu verkonsumieren, er wäre denn ein Eskimo.
3. Es wäre natürlich sehr angenehm, wenn Sie sich bereitfänden, diese Vorbedingungen anzunehmen oder aber den strittigen Paragraphen 16 Abs. 4 abzuändern.
4. Ich stimme mit meinem Vorredner im großen und ganzen überein, vor allem auch darin, die Spezialfragen sollten ruhig hier im Plenum durchgeklärt werden.
5. Nach dem Preissturz bei Fernsehern und Videogeräten kaufen Sie in unserem Technischen Kaufhaus preisgünstiger denn je zuvor.
6. Was aber den Vorwurf der verleumderischen Beleidigung anbetrifft, so halte ich daran fest.
7. Bei mehr Eigeninitiative hättest du das gleiche erreichen können.
8. Je schwächer die Jahrgänge der ganz Alten werden, desto mehr schwindet die Rückerinnerung an diese schreckliche Zeitepoche der deutschen Geschichte.

9. Niemand sollte mehr zu behaupten wagen, die physikalische Behandlungstherapie gehöre zu den Sonderprivilegien gewisser Spezialärzte!
10. Ich frage mich nur, wie es denn kommt, daß gerade solche Leute die Leistungen unseres Gesangschores zu bekritisieren wagen, die keine oder nur sehr wenig Ahnung von klassischer Vokalmusik haben.
11. Um Ihnen keine unnützen Ausgaben zu verursachen, lege ich Porto für die Rückantwort bei.
12. Allerdings ist es schon dagewesen, daß besonders leicht ansprechbaren Medien derartige Befehle einsuggeriert worden sind.

34. «Es» als zweites Subjekt

Es muß dann eine Änderung der Statuten erfolgen.

> Die Verdoppelung des Subjekts durch das Pronomen «es» sollte in der Gebrauchsprosa unterbleiben. «Es» darf auch nicht mit dem zurückverweisenden «das» verwechselt werden.

Dann muß eine Änderung der Statuten erfolgen. BESSER: *Dann müssen die Statuten geändert werden.*

Über das hier zu behandelnde *es* ist die Linguistik als Sprachtheorie bis heute nicht zur Ruhe gekommen; für eine praxisorientierte Stilschule als Arbeitsbuch sind die gelehrten Kontroversen unergiebig. Halten wir uns deshalb an folgendes:
Es ist ein substantivisch gebrauchtes, nichtabgeleitetes Personalpronomen wie *ich, wir, wer, man* u. ä. In älterer Zeit war es auch Genitiv, wovon noch gewisse Redensarten zeugen; *es gewohnt sein, es leid sein, es überdrüssig sein, es wert sein* usw. Als Akkusativ weist *es* gern auf einen vollständigen oder unvollständigen Ergänzungssatz hin: *Ich verstehe es durchaus, daß er Genugtuung fordert. Ich liebe es, früh aufzustehen.* In beiden Fällen kann *es* ebensogut wegfallen.
Viel häufiger kommt *es* als Nominativ vor. Seinem Fürwortcharakter entsprechend, vertritt *es* dann ein anonymes Subjekt: *es schneit, es mißlingt, es klingelt, es heißt.* Diese unpersönliche Ausdrucksweise wurde früher

nur auf Naturvorgänge angewendet. Heute bedient man sich gern des unpersönlichen Passivs, wenn man den Handlungsträger nicht nennen will: *Es wird durchgearbeitet! Es ist behauptet worden, daß*... Mit dem verdecktgehaltenen Subjekt könnte *es* etwa heißen: *Ihr sollt durcharbeiten! Der «Spiegel» hat behauptet, daß*... (Vgl. Kap. 37.)

Das im Nominativ stehende *es* braucht das logische Subjekt nicht zu ersetzen – *es* kann als zweiter, bloß grammatischer Satzgegenstand dazutreten. Dichter wählen oftmals ein unbetontes *es* als Versanfang, weil sie für einige Versmaße eine unbetonte erste Silbe brauchen. Der Satz hat dann, formal gesehen, zwei Subjekte, zwischen die meist das sinnbestimmende Prädikat tritt: *Es irrt der Menschen, solang er strebt.* So auch im Volkslied: *Es blies ein Jäger wohl in sein Horn.* Der Dichter kann sogar ein Subjekt im Plural mit *es* verbinden. *Es blasen die Trompeten, Husaren heraus!* Als rhythmisch erforderliche Senkung ist *es* hier eher ein bloßes Füllsel als ein vollwertiges Satzglied.

Schließlich vertritt das Nominativ-*es* auch Subjektsätze als vollständige Nebensätze oder als Infinitivsätze. Allerdings muß ein Satz dieser Art dem *es* folgen, so als ob *es* nicht Subjekt, sondern nur Deutewort wäre: *Es war ein überraschendes Ergebnis, daß nur 6,81 auf 100 km verbraucht worden sind. Es ist für jedermann eine Bürgerpflicht, zu wählen.* Weniger schleppend: *Überraschenderweise wurden nur 6,81 auf 100 km verbraucht. Zu wählen ist heute für jedermann Bürgerpflicht.*

Steht der Satz mit dem logischen Subjekt in Spitzenstellung, sollte er mit *das*, nicht mit *es* zusammengefaßt werden: *Glaubt einer, er könne sich den Forderungen der Gesellschaft entziehen, so ist es ein Irrtum.* Richtig: *... so ist das ein Irrtum.* Verbal: *Wer glaubt, er könne sich den Forderungen der Gesellschaft entziehen, der irrt.* Die veränderte Konstruktion beeinträchtigt den Sinn des Satzes nicht, vielmehr verdeutlicht sie seine innere Struktur. Das Pronomen *es* sollte also nicht zurückverweisend oder zusammenfassend gebraucht werden. (Vgl. WK 38.)

Übungen

1. Es wird, wie alljährlich, der Wintersportzug Kirchberg – Kitzbühel auch an der Station beim Kalswirt halten.
2. Es läßt sich mit diesem Wagen auch bei schlechtem Wetter ein hoher Reisedurchschnitt erzielen.

3. Der große Brand von 1842 hatte fast die ganze Altstadt zerstört. Es waren darum kaum bedeutende Baudenkmäler stehengeblieben. Im Zweiten Weltkrieg wurde Hamburg zu 50 % zerbombt, so daß es nach dem Wiederaufbau ein ganz anderes Aussehen erhalten hat.

4. Kennst du das Haus? Auf Säulen ruht sein Dach, es glänzt der Saal, es schimmert das Gemach.

5. Weil die Gebirge und die Hochtäler fast völlig abgeholzt worden sind, wirkt es sich jetzt nachteilig auf das Klima aus.

6. In Westasien benutzt man das Dromedar auch dann als Reittier, wenn es sehr kalt ist, denn es schadet den Tieren nicht.

7. Es kann aufgrund einer zu geringen Ventilatorleistung eine Verstopfung der kastenförmigen Abluftführung durch den Staub auftreten, den es aus dem Paketverteilerraum zu entfernen gilt.

8. Es wächst der Mensch mit seinen größren Zwecken.

9. Bis in die Zeit der Französischen Revolution hinein war es die Pflicht des Vaters, für seine Söhne und Töchter möglichst früh den passenden Ehepartner zu suchen. Deshalb war es keine Seltenheit, daß ein 12jähriges Mädchen mit einem 14jährigen Jungen verheiratet wurde. Dabei spielte es keine Rolle, ob sich die Kinder leiden mochten oder nicht. Erst nach und nach ist es kanonisches Recht geworden, die Legalität einer Ehe an dem Grundsatz «Consensus fecit matrimonium» – Die gegenseitige Zustimmung begründet eine Ehe – zu messen. Von den sieben Sakramenten ist es die Ehe, die nicht vom Priester gespendet wird – die Kontrahenten spenden einander das Sakrament mittels des ersten Beilagers. Im Protestantismus gibt es nur zwei Sakramente, die Taufe und das Abendmahl.

10. Auch wenn viele Cuxhavener es nicht wissen, ist es Tatsache, daß das Strandrestaurant «Alte Liebe» seinen Namen auf das Schiff «Olivia» zurückführt, das dort einmal gestrandet ist.

11. Monreal liegt nicht etwa, wie viele denken, in Frankreich oder in Spanien, es ist vielmehr einer der kleinen Eifelorte im oberen Elztal.

12. Wenn es ihr fester Wille ist, eure Silberhochzeit zum Fest des Jahres hochzuspielen, sollte es dein Bestreben sein, ihr in Ruhe klarzumachen, daß Hoffart des Lebens eine der sieben Hauptsünden ist, und zwar deren allererste.

35. Entbehrliches «ein»

*Da die Voralpenflüsse ein starkes Gefälle haben, macht man die Wasser-
kraft der Energiegewinnung nutzbar.*

> Der unbestimmte Artikel «ein» kann nicht beliebig gesetzt oder weg-
> gelassen werden; häufig ist «ein» das Zeichen stilistischer Unsicher-
> heit. Feststehende Wendungen sind darauf zu prüfen, ob sie her-
> kömmlicherweise mit oder ohne «ein» gebraucht werden.

*Da die Voralpenflüsse starkes Gefälle haben, macht man die Wasserkraft
der Energiegewinnung nutzbar.* ODER: *Die Voralpenflüsse haben starkes
Gefälle; deshalb baut man an ihnen Wasserkraftwerke.*

Das Wörtchen *ein* kann unbestimmter Artikel, Numerale oder unbestimmtes Pronomen sein: die Wohnung – eine Wohnung; eine Wohnung –
zwei, drei, vier Wohnungen; ich werde schon noch *eine* finden – nämlich
irgendeine. Vor dem Substantiv steht *ein* z. B. in bestimmten bildlichen
Ausdrücken und in vielen Sprichwörtern: *ein Auge zudrücken, jemandem
ein Bein stellen. Was ein Häkchen werden will, krümmt sich beizeiten. Auf
einen großen Klotz gehört ein grober Keil.* Andere feste Verbindungen
stehen ohne *ein*: Rache nehmen, Raum gewinnen, Urlaub einreichen,
Zuflucht suchen. Im Kapitelbeispiel ist *ein* unangebracht.
Merkwürdigerweise trifft man auf das überflüssige *ein* vorwiegend in
Schriftsätzen junger Leute. Man sollte erwarten, daß die sonst so sicher
auftretende Jugend mit ihrer Neigung zu überspitzter Ausdrucksweise
das profilauflösende, teigig wirkende *ein* von selbst vermiede, wo es wie
ein Weichmacher wirkt. Oft ist das eingeschobene *ein* nur das Zeichen
stilistischer Verlegenheit.
Das unbestimmte Numerale *kein* in *ein – nicht* aufzuspalten ist meist abwegig. Zwar ist *kein* dem Namen nach ein unbestimmtes Zahlwort, dem
Sinne nach jedoch ein genaues, manchmal schroff wirkendes und darum
als unangenehm, ja peinlich empfundenes Satzglied. Wo *kein* in *ein – nicht*
zerlegt ist, läßt sich oft ein dreifacher Stilmangel erkennen: Erstens dient
diese Ausdrucksweise dem unbestimmten Stil (*ein*); zweitens ist sie Zeichen des negativen Stils (*nicht*); drittens ist mit dem ans Ende gerückten
Adverb häufig ein Wortstellungsfehler verbunden, weil mit dem falsch
gestellten Umstandswort ein Satzteil näher bestimmt wird, der mit *nicht*
gar keine Verbindung hat. (Vgl. Kap. 22.)

Anders natürlich, wenn nicht das Substantiv, sondern ein Verb (das Prädikat) negiert ist. Dann haben wir es bei *nicht* mit einer selbständigen nähe-
ren Bestimmung zu tun: *Hier hat ein Mann, der Zeitschriften vertreiben
wollte, nicht vorgesprochen. Eine Beleidigung hatte der Fraktionssprecher
damit nicht ausdrücken wollen.*

Übungen

1. Vor allem sollten Schlafmittel nicht regelmäßig eingenommen werden, weil sie sonst zu einer Sucht führen können.
2. Im Mahnverfahren hat der rechtzeitig eingelegte Widerspruch praktisch eine aufschiebende Wirkung; der Amtsrichter ist nämlich gezwungen, einen Termin zur mündlichen Verhandlung anzuberau-
men.
3. Leider hat er bisher eine passende Gelegenheit noch nicht gefunden,
den Rezensenten seines Buches persönlich zu sprechen.
4. Danach besteht ein Widerspruch zwischen der Verordnung und dem
Wortlaut des Gesetzes nicht.
5. Eine der marxistischen Thesen sagt, die kapitalistische Welt werde
sich durch einen ständigen Produktionsschwund von selbst auflösen.
6. Seit Freitag sind die Alpenpässe wieder schneefrei und im großen
ganzen in einem guten Zustand.
7. Kann eine bestimmte Person als Täter oder Teilnehmer an einer
Straftat nicht ermittelt werden, so ist das Verfahren einzustellen.
8. Der Pressesprecher legte einen großen Wert darauf, die gegensätz-
lichen Positionen der Unterhändler ausführlich darzustellen.
9. Die Höhen des Spessarts weisen seit dem Mittelalter einen reichen
Waldbestand auf.
10. Auch damals war der Feldhauptmann Kapek der einzige, der aus der
gefährlichen Lage einen Ausweg wußte.
11. Der Lederriemen gibt der ganzen Tasche einen festen Halt.
12. Er glaubte sogar, daß schwärmerisch veranlagte junge Menschen
eher einen festen Halt nötig haben als Jugendliche, die unkompliziert
sind und hausbacken denken.

36. Doppelte Negation

*Die PLO bestreitet energisch, für den Sprengstoffanschlag nicht verant-
wortlich zu sein.*

> Zwei Negationen ergeben eine Bejahung. Nach Verben, die selbst
> schon negierenden Sinn haben, muß «nicht» wegfallen, wenn die im
> Verb ausgedrückte Negation erhalten bleiben soll.

*Die PLO bestreitet energisch, für den Sprengstoffanschlag verantwortlich
zu sein.*

Die doppelte Verneinung ergibt bejahenden Sinn, so z. B. wenn *nicht* vor
Adjektiven oder Adverbien steht, die mit der Vorsilbe un- gebildet sind:
nicht ungewöhnlich, nicht unvorteilhaft, nicht unwirksam (in der Umgangssprache *nicht unflott, nicht unübel* u. ä.).
Die Paarung *nicht – un-* ist anwendbar, wenn eine an sich positive Aussage
relativierend eingeschränkt wird oder wenn Negatives einen positiven
Akzent erhält: *Das Medikament ist trotzdem nicht unwirksam gewesen.
Heute ist es nicht mehr unvorstellbar, daß die Supermächte ihre Atomwaf-
fen verschrotten.* Im allgemeinen sind solche Umschreibungen jedoch
überflüssig; sie besagen das gleiche, was das doppelt negierte Verb ausdrückt: *Es wäre nicht unerfreulich, wenn du dich wirklich bessertest* = Es
wäre erfreulich, wenn du dich bessertest. *Es ist nicht unwahrscheinlich,
daß die Marsexpedition eines Tages zustande kommt* = Wahrscheinlich
kommt die Marsexpedition eines Tages zustande.
Bei Substantiven tritt *ohne* an die Stelle von *un-. Meine Bemühungen sind
nicht ohne Erfolg geblieben* heißt soviel wie: Meine Bemühungen haben
einen gewissen Erfolg gehabt. *Ich habe nicht ohne Grund danach gefragt*
= Ich habe meine Gründe gehabt, danach zu fragen. Oder: *Betragen:
nicht ohne Tadel*, also: Betragen in gewisser Hinsicht tadelnswert.
Daneben gibt es Verben, die selbst schon verneinenden Sinn haben: *abra-
ten, bedauern, befürchten, bestreiten* (Kapitelbeispiel), *bezweifeln, sich
hüten, leugnen, unterbinden, vereiteln, warnen* usf. Läßt man auf ein solches Wort *nicht* folgen, bekommt der Satz positiven Sinn. Die im Verb
liegende Verneinung bleibt erhalten, wenn *nicht* entfällt. Im Kapitelbeispiel will die PLO sagen, sie habe mit dem Attentat nicht das geringste zu
tun. Daher kann es nur heißen, wie oben berichtigt ist.

Übungen

1. Der Papst hatte den Erzbischof nachdrücklich gewarnt, den vier Priestern keineswegs die Bischofsweihe zu erteilen.
2. Schon am Vormittag hatte es Sturmwarnung gegeben; trotzdem ließen sich die drei Surfer nicht davon abhalten, ihren Plan aufzugeben, nach Lokrum zu starten.
3. Weil das Wort «Nummer» mit Doppel-m geschrieben wird, zögern viele, «numerieren» nicht mit einfachem m zu schreiben.
4. Obwohl der Boden viel zu lehmig war, wollte Hermann nicht darauf verzichten, keine Spargelbeete anzulegen.
5. Das ausgeraubte Ehepaar handelte am Tatort äußerst umsichtig und unterließ nichts, damit die Spuren auf keinen Fall verwischt würden.
6. In der BRD ist das Berufsbeamtentum verfassungsrechtlich abgesichert; es sollte aber ausgeschlossen sein, daß unfähige Beamte nicht ohne viel Umstände entlassen würden.
7. Karin hatte nicht schnell genug als Au-pair-Mädchen nach Portland kommen können – bald aber verging kein Tag, an dem sie nicht unter Heimweh gelitten hätte.
8. Ohne gesetzliche Grundlage darf niemand – zum Beispiel kein Musiker – daran gehindert werden, sich persönlich frei zu entfalten.
9. Bei Kurzsichtigkeit ist das Auge unfähig, entfernte Gegenstände nur unscharf auf der Netzhaut abzubilden.
10. Nicht ohne tiefe Erregung hatte ich Hannos Abschiedsbrief gelesen.
11. Was eine Satire ist, läßt sich nicht unschwer definieren: Sie ist eine in künstlerischer Form dargebotene Verspottung menschlicher Schwächen und Laster. Vor allem die Satiren Wilhelm Buschs, Shaws, Voltaires und Gogols sind nicht unamüsant zu lesen.
12. Daß die Freiheit auch in kapitalistischen Ländern grundsätzlich bedroht ist, wird niemand leugnen wollen.

G. Satzgliedtausch

37. Scheinpassiv

Auch das Bild «Lachender Kavalier» ist von dem holländischen Maler Frans Hals gemalt worden.

> Ist aus einem Satz zu ersehen, wer oder was handelt, sollte das Prädikat in das Aktiv gesetzt werden. Das gilt auch von passivischen Sätzen ohne logisches Subjekt, wenn sie von Tatsachen sprechen, die sich auf einen großen Personenkreis beziehen.

Der holländische Maler Frans Hals hat auch das Bild «Lachender Kavalier» gemalt.

Der Engländer liebt das Passiv, der Deutsche schreibt besser im Aktiv. Wer sich passivisch ausdrücken will, sollte sich fragen: Wird dem Subjekt etwas zugefügt? Geht es um ein Erdulden? Erleidet hier das Subjekt etwas? Wenn ja, ist die Leideform richtig gewählt, denn sie drückt aus, daß jemandem etwas widerfährt, daß er das Ziel oder das Opfer einer Tat oder ungünstiger Verhältnisse ist. Anderenfalls widerstreiten die grammatischen Verhältnisse den «wirklichen».

In allen scheinpassivischen Sätzen gehört das Prädikat grammatisch zum Scheinsubjekt. Kapitelbeispiel: *Das Bildnis... ist gemalt worden*, Scheinsubjekt: *Bildnis*. Das eigentliche Subjekt ist zum Präpositionalobjekt degradiert worden: *von dem holländischen Maler Frans Hals*. Frage ich nach dem logischen Subjekt: «Wer hat gemalt?» und forme ich den Satz dementsprechend um, dann decken sich die grammatischen Verhältnisse mit den logischen – es entsteht ein Satz mit klarer innerer Form.

Das Scheinpassiv ist eine Abart der Verhältniswörterei. Zu jedem dieser Sätze gehört eine Präposition: immerzu geschieht etwas *von, durch, mittels, seitens*. In vorwiegend passivisch abgefaßten Texten wimmelt es dann von Stellen mit *wurde von, wurde durch, wurde mittels* (womit gleichzeitig eine ganze Serie von Wortwiederholungsfehlern einhergeht). Präpositionen sind immer stilistische Warnsignale.

Grammatisch korrekter, von der inneren Form her gesehen aber schlimmer ist es, wenn Sätze mit intensiv aktivischem Sinn das logische Subjekt nicht einmal erwähnen. Bei diesem «Passiv der großen Zahl» handelt es sich um bedeutungsvolle Ereignisse, um epochale Entwicklungen, um Aktionen, die für viele Menschen, manchmal ganze Völker zum Schicksal geworden sind – aber wir erfahren nicht, wer dafür verantwortlich ist. *Anfang 1933 wurden alle Gewerkschaften verboten; das gesamte Vermögen der deutschen Arbeiterorganisationen, ja sogar die Alters- und Versorgungskassen wurden beschlagnahmt.* Da es die Älteren miterlebt und die Jüngeren es im Geschichtsunterricht gelernt haben, weiß jeder, wie die anonyme Wahrheit mit den Subjekten *Hitler* und *Geheime Staatspolizei* eindeutig ausgedrückt werden kann.

So wichtig für die Stilbildung die Frage «Aktiv oder Passiv?» ist und so konsequent zu untersuchen ist, ob an Stelle des Passivs nicht besser das Aktiv verwendet werden sollte, so falsch wäre es zu fordern, das Aktiv womöglich immer zu gebrauchen. Das ergäbe eine ganz einseitige Ausdrucksweise, die wirklichkeitsfremd wäre. Das Passiv ist aber nur dort sinnvoll, wo das grammatische Subjekt tatsächlich Gegenstand oder Opfer eines Tuns ist. Es gibt aber auch Fälle, in denen es gar nicht möglich ist, den Täter zu nennen, nicht einmal Scotland Yard könnte es sofort: *Gestern nacht ist schon wieder in einer Richmonder Villa eingebrochen worden.*

Ferner lassen es diplomatische Zwänge und die politische Taktik oft ratsam erscheinen, die rein passivische Ausdrucksweise anzuwenden; obwohl man das logische Subjekt kennt, bleibt es ungenannt: *Aus informierten Kreisen wird berichtet...* – Auch die Wissenschaft bedient sich des reinen Passivs, wenn es Gesetze und Regeln zu formulieren gilt, wofür die erläuternden Abschnitte dieses Buches zahlreiche Beispiele bieten. – Schließlich ist die passivische Schreibweise auch dort angebracht, wo das Subjekt belanglos ist, wie auch dann, wenn der Vorgang wichtiger als die Person ist.

Übungen

1. Seitens des Angeklagten wurde in seinem letzten Wort erklärt, die Tat werde von ihm bereut; trotzdem wurde der Spruch des Schwurgerichtes durch ihn teilnahmslos entgegengenommen.
2. Der Rhein-Marne-Kanal ist von den Ingenieuren wegen der Zaberner Steige durch einen Tunnel geführt worden.

3. Isis wurde von seiten der Ägypter als höchste Gottheit verehrt.
4. Auf Grund der Friedensverträge von Paris (10.2.47) wurden die Italiener sämtlicher Ansprüche aus ihren Besitzungen in Libyen, Tripolis, Abessinien, Eritrea, Somaliland und auf dem Dodekanes für verlustig erklärt.
5. Die gesamte Dresdener Altstadt wurde im Februar 1945 von amerikanischen und englischen Bombern eingeäschert.
6. Von den rund 150 Sechstkläßlern werden z. Z. Handzettel verteilt, um darauf hinzuweisen, daß am Donnerstag morgen von ihnen Altpapier jeder Art gesammelt und anschließend an einen Händler verkauft wird.
7. In diesen und anderen Fällen, die zur Verhandlung anstehen, werde seitens der Kläger davon ausgegangen, der Staat habe nicht seine Pflicht erfüllt.
8. In Leipzig, der größten Stadt Sachsens, wurden durch die Kaufleute schon im 15. Jh. die weltbekannten Messen abgehalten.
9. Art. 25 der alten Reichsverfassung lautete: «Im Falle der Auflösung des Reichstages müssen innerhalb eines Zeitraumes von 60 Tagen nach derselben die Wähler und innerhalb eines Zeitraumes von 90 Tagen der Reichstag versammelt werden.»
10. Bei Waterloo wurden die französischen Truppen von einem englischpreußischen Heer vernichtend geschlagen.
11. Ihre Bestellung auf 6 Pflugschare, Typ 4c, wird unsererseits noch in dieser Woche erledigt.
12. Große Flächen- und vor allem Waldbrände werden heute erfolgreich aus der Luft bekämpft.
13. Nach dem Abitur, das Ralf mit der Durchschnittsnote 1,2 bestand, wurde Medizin studiert, 1974 das Examen abgelegt, 1976 mit Stefanie Hochzeit gefeiert und 1977 die Praxis vom Vater übernommen, die noch heute von ihm geführt wird.
14. Nur von Brandstiftern wird im Wald geraucht!
15. Zwei Bäuerinnen im Alter von 55 und 56 Jahren wurden von aus den Angeln gehobenen Scheunentoren in Gölenkamp und Steinau erschlagen. Die schweren Tore waren durch Windböen aus ihren Führungen gerissen worden.

38. Attribut statt Hauptbegriff

Im dritten Kapitel des Romans wird er richtig spannend.

> Tritt der Hauptbegriff des Satzes als Attribut und gleichzeitig als pro-
> nominaler Satzteil höherer Art auf, so ist das Attribut in einen Satzteil
> ersten oder wenigstens zweiten Grades zu verwandeln.

Im dritten Kapitel wird der Roman richtig spannend. ODER: *Der Roman
wird im dritten Kapitel richtig spannend.*

Diese Regel klingt ein bißchen akademisch; trotzdem kann sie jeder verstehen. Subjekt und Prädikat sind Satzglieder ersten Grades, Objekt und
adverbiale Bestimmung heißen Satzglieder zweiten Grades, während die
Beifügung als Satzglied dritten Grades bezeichnet wird (sie antwortet auf
die Fragen was für ein? welcher? der wievielte? wessen?).

Das Attribut spielt, funktional gesehen, eine untergeordnete Rolle im
Satz, denn jedes Glied außer dem Prädikat kann ein Attribut an sich
ziehen. Das Attribut ist der «gefügigste Satzteil», weshalb der Sinn des
Satzes nur selten von einem Attribut abhängt. Aus diesem Grunde widerspricht es der inneren Form der Rede, wichtige Begriffe attributiv zu verwenden.

Im Kapitelbeispiel ist das aber geschehen. Das Wort *Roman* ist Satzglied
dritten Grades, nämlich Attribut zu dem Ausdruck *Kapitel*. Das relativ
sinnleere Wort *er* nimmt dagegen den Platz eines Satzteils ersten Grades,
nämlich des Subjekts, ein. Wer oder was wird spannend? – *er*. Wie die
meisten Pronomina bekommt das Fürwort *er* seinen Sinn erst von dem
Substantiv, «für» das es steht. Der Satz wird richtig, wenn wir auf die
Frage «Wer oder was ist spannend?» mit *Roman* antworten können. Das
Kapitelbeispiel ist dementsprechend umgebildet worden: das Subjekt ist
jetzt *Roman*.

Schlimmer ist es, wenn ein wichtiger Begriff die Form eines abgeleiteten
Adjektivs annimmt: *Beruht eine Freiheitsentziehung nicht auf richterlicher
Anordnung, so ist unverzüglich seine Entscheidung herbeizuführen.* Aus
des Richters ist *richterlich* entstanden, und darauf bezieht sich *seine*! Der-
artig verhunzte Sätze müssen umformuliert werden: *Ist jemand festgenommen worden, so hat der Richter unverzüglich zu entscheiden, ob die
Freiheitsentziehung zu Recht besteht.*

Übungen

1. Durch das große Gefälle der Voralpenflüsse sind sie sehr reißend.
2. Die Aufgabe des Kriminalkommissariates in der Großstadt macht es zu einer soziologischen Gruppe mit ganz bestimmten Merkmalen.
3. Es ist anzunehmen, daß mit der Fertigstellung der Umgehungsautobahn diese bereits veraltet sein wird.
4. Man beschließt, gemeinsam ein Heer aufzustellen, um im Falle eines Angriffs darauf vorbereitet zu sein.
5. Trotz aller staatsbürgerlichen Freiheiten darf er sie nicht schrankenlos ausnutzen.
6. Isis wurde im Lande der Ägypter als ihre höchste Göttin verehrt.
7. Eichendorffs schlesische Lieder haben dasselbe mit romantischem Lichte vergoldet.
8. Einer der Hauptfehler Barjavels, welcher ihn zu so schiefen Urteilen führt, liegt gewiß darin, daß er nebensächlichen Fehlern viel zuviel Bedeutung beimißt.
9. Auch die Atmosphäre der Erde wird das drohende Unheil nicht von ihr abwenden können, denn das Ozonloch in ihr wird immer größer.
10. Erstaunt verlangsamen sich die Schritte der Gäste, als sie sich nahen, zu gratulieren.
11. Alle drei städtischen Parks zeigen, daß sie es verstanden hat, mit sparsamsten Mitteln etwas wirklich Schönes zu schaffen.
12. Aus dem stark verringerten Erdabstand zum Mond könnte sogar geschlossen werden, daß sie ihre Bahn verläßt.

39. Beifügung statt adverbialer Bestimmung

Am Bodensee wird eifrige Fischzucht betrieben.

> Die adverbiale Bestimmung gehört immer zum Prädikat, das Attribut dagegen nie. Eine Umstandsbestimmung kann also nicht einfach gegen eine Beifügung ausgewechselt werden und umgekehrt.

Am Bodensee wird eifrig Fischzucht betrieben.

Die adverbiale Bestimmung gehört zum Verb (ad-: lat. zu!), mithin zum
Prädikat, denn jedes gebeugte Begriffs- oder Hilfsverb ist unweigerlich
Glied dieses Satzteils. Nach der Umstandsbestimmung wird immer so gefragt, daß das Prädikat des zu analysierenden Satzes auch das Prädikat
der Frage ist: *Wie geht Fritz? – Fritz geht schnell.* Also ist *schnell* Umstandsbestimmung der Art und Weise zu *geht*. *Warum wird Max Schlosser? – Max wird deshalb Schlosser.* Das Wort *deshalb* ist Umstandsbestimmung des Grundes zu *wird Schlosser*.

Wer diese Methode, zu fragen, nicht beherrscht, kann im Zweifelsfalle
nicht feststellen, ob der betreffende Satzteil syntaktisch richtig behandelt
ist. Der folgende Satz hätte z. B. nicht stehenbleiben dürfen: *Ein solches
Revolverblatt kann nicht behaupten, es gebe dem Leser politisch Anregungen.* Hier beantwortet *politisch* nicht die Frage «*auf welche Art und Weise
gibt das Blatt Anregungen?*»; es gibt ja nicht Anregungen auf *politische
Art und Weise* – wohl aber könnte es *politische Anregungen* oder *Anregungen auf dem Gebiet der Politik* geben. Das Wort *politisch* ist hier ein Attribut, keine adverbiale Bestimmung.

Besonders häufig wird die Umstandsbestimmung mit der Beifügung verwechselt. Das Attribut kann zu allen Satzteilen außer dem Prädikat treten, also zum Subjekt, zum Objekt, zur adverbialen Bestimmung und zu
einem anderen Attritbut. *Ein schöner Tag brach an* (Subjekt). *Er öffnete
den nächsten Brief* (Objekt). *Wir wollten schon gestern kommen. Du
hast mich nicht wenig erschreckt. Die Kiste steht noch immer im Flur.*
(Umstandsbestimmungen.) *Das ist eine recht ansprechende Lösung*
(Attribut zum Attribut). Als Adverbiale kann nur der Satzteil bezeichnet
werden, der unmittelbar vom Prädikat abhängt.

Das Kapitelbeispiel ist also falsch. Wäre das Adjektiv *eifrige* wirklich ein
Attribut, so müßte es sich auf das Grundwort des folgenden Objektes
beziehen und auf die Frage antworten: «*Was für eine Zucht wird am Bodensee betrieben?*» Eine *eifrige Zucht* gibt es nicht. Nicht das Wort *Zucht*,
sondern das vollständige Prädikat gehört in die Zergliederungsfrage hinein, und das Fragewort heißt *wie*. *Wie wird die Fischzucht am Bodensee
betrieben?* Antwort: *Am Bodensee wird eifrig Fischzucht betrieben.*

Übungen

1. Frankreichs Regierungen waren nach 1945 nur begrenzt in der Lage, eine politische Tätigkeit zu entfalten.
2. Auf Betreiben der Geschädigten wurden erneute Verhandlungen angesetzt.
3. Die bayerische Steinindustrie beschäftigte sich auch mit dem stellenweisen Abbau von Marmor.
4. Für die kleinen «Leser von morgen» möchte die Bibliothekarin nicht nur gelegentliche Veranstaltungen anbieten, sondern ein altersgemäßes Programm von längerer Dauer erarbeiten.
5. In den gewaltigen Höhen der Stratosphäre weht ein dauernder Westwind.
6. Mit der beabsichtigten Verpflichtung des spanischen Nationalspielers ist ein rechtzeitiger Schritt in die richtige Richtung getan worden.
7. Eine Zeitlang schien es, als sollte es wegen der polnisch-sächsischen Auseinandersetzungen zu einem abermaligen Kriege kommen.
8. Auf den Werften sind die Männer schon fleißig bei der Arbeit. Laut höre ich ihre wuchtigen Hammerschläge auf die eisernen Platten.
9. Dieses Zerwürfnis zwischen Vater und Sohn ging so weit, daß der Alte den immer störrischer werdenden jungen Mann auf öffentlicher Straße zu züchtigen begann.
10. Der gestern festgenommene 44jährige Hausbewohner wurde von der Polizei überführt, weil er gleich mehrmals anonyme Brände gemeldet hatte. Ein Stimmenvergleich brachte der Polizei dann Gewißheit.
11. Die «Deutsche Edelkatze NRW» bietet im nächsten Monat die Gelegenheit zu einer erstmaligen, umfassenden Sonderschau, auf der die neue Züchtung vorgestellt wird.
12. Bekannte Fleischwarenfabrik sucht Vertreter für den Raum Köln – Düsseldorf. Es soll sich um eine eingearbeitete Fachkraft handeln, welche die gleichzeitige Einrichtung eines Auslieferungslagers für drei konkurrenzlose Artikel mitübernimmt.

40. Mißverstandenes «durch»

*Durch die starke Industrialisierung des ganzen Gebietes ist es erforderlich
geworden, auch das Straßen- und Eisenbahnnetz weiter auszubauen.*

Mit der Präposition «durch» können adverbiale Bestimmungen des
Mittels und des Ortes gebildet werden (wodurch?, wohindurch?), nicht
aber Umstandsbestimmungen des Grundes, der Folge und der Zeit.

*Infolge der starken Industrialisierung des ganzen Gebietes ist es erforderlich
geworden, auch das Straßen- und Eisenbahnnetz weiter auszubauen.
ODER: Da das ganze Gebiet stark industrialisiert worden ist, muß auch das
Straßen- und Eisenbahnnetz weiter ausgebaut werden.*

Keine andere Präposition ist an so vielen Ausdrucksfehlern schuld wie
durch. Sehr oft wird *durch* mit *infolge* und *wegen* verwechselt. *Durch* ist
richtig verwendet, wenn das damit verbundene Substantiv das Mittel oder
das Werkzeug angibt, mit dem etwas bewirkt wird. Der Satzteil antwortet
dann auf die Frage *womit? wodurch?*: *Durch Wechselbäder regt man den
Kreislauf an.*
Die im Kapitelbeispiel genannte Industrialisierung des Gebietes ist sicher
nicht das Mittel, die Verkehrswege auszubauen, sondern daß sie ausgebaut werden müssen, ist die Folge der Industrialisierung. Müssen wir
warum? weshalb? weswegen? wieso? fragen, kann *durch* nicht verwendet
werden.
Wegen ist anwendbar, wenn aus dem Kontext zu erkennen ist, daß es sich
bei der Grund-Folge-Beziehung um ein Vorzeit- oder um ein Nachzeitverhältnis handelt: *Wegen meiner Reise nach Villach komme ich erst am
Freitag zu euch.* Dagegen muß *infolge* stehen, wenn das Ereignis, mit dem
gewisse Konsequenzen verbunden sind, zeitlich früher liegt. Das Wort
kann also nur im Rahmen der Reihe: Begründendes Ereignis – spätere
Folge benutzt werden. Außerdem muß das mit *infolge* verbundene Substantiv dem Sinne nach einen Vorgang ausdrücken, sonst ist der Satz
falsch.
Die Präposition *durch* bezeichnet ferner eine Bewegung durch etwas hindurch. Das Wort leitet dann eine adverbiale Bestimmung des Ortes auf
die Frage *wohindurch?* ein: *Wir mußten uns einen Pfad durch das Farn-
kraut bahnen.*

In temporaler Bedeutung sollte *durch* nicht gebraucht werden. Auf die Frage *wie lange?* darf im Deutschen ein der Zeitbestimmung nachgestelltes *über* stehen, aber auch nur, wenn es sich um einen geschlossenen Zeitraum ohne Zahlwort handelt: *Ich werde die Ferien über bei meinem Stiefvater bleiben.* Sonst steht der bloße Akkusativ: *Fast zwei Stunden habe ich auf die Paddler gewartet.* Oder wir haben den Akkusativ mit nachgestelltem *lang* zu setzen: *Sie hatte sieben Wochen lang das Bett gehütet.*

Merke: Alle adverbialen Bestimmungen mit *durch*, auch die richtigen, fördern die Hauptwörterei.

Übungen

1. Durch das kalte, regnerische Wetter beschlossen wir, abends in die «Kammerspiele» zu gehen.
2. Die Sonne brach durch die blaugrauen Wolken und tauchte den vereisten Abhang in mattschimmerndes Licht.
3. Die Meteorologische Station Prof. Michalskijs muß durch das ganze Geophysikalische Jahr aus eigenen Beständen leben.
4. Erst wenige Wochen vorher hatte seine Mutter durch einen sog. ärztlichen Kunstfehler sterben müssen – was Wunder, daß er sich vor seiner eigenen Operation so fürchtete.
5. Durch die Atmungsfähigkeit des Holzes findet ein natürlicher, dauernder Luftaustausch statt. Das bewirkt, daß schwankende Luftfeuchtigkeit in den Räumen, deren Wände und Decken mit Paneelen verkleidet sind, vom Holze aufgefangen wird. Dadurch kann es auch bei ungünstigen Verhältnissen kaum zu Schwitzwasserbildung kommen.
6. Die Wintergerste mußte im Kreisgebiet zum Teil sehr feucht eingebracht werden; dadurch war die Qualität nach Auskunft der Agrarexperten erheblich gemindert.
7. Durch die bevorstehenden Sommerferien können wir Ihre beiden Zimmer nicht nochmals durch eine ganze Woche freihalten.
8. Durch die Kontrollen der Polizeibeamten – sie fanden Bolzenschneider, Krähenfüße, Äxte, Messer und Seile – waren viele WAA-Gegner nicht mehr rechtzeitig zur Kundgebung gekommen.
9. Als ich um die Ecke bog, erwischte ich Magda, wie sie durchs Schlüsselloch in Hannys Zimmer lugte.

10. Durch das ganze Jahr brodelte das von stürmischen Winden immer
    von neuem aufgewühlte Wasser um die öden Klippen, um die lang-
    sam versinkenden Felsen.
11. Sie verehrte ihn, wie schwärmerisch veranlagte junge Mädchen nun
    einmal zu verehren pflegen; dadurch bemerkte sie nicht, daß seine
    Komplimente ironisch gemeint waren.
12. Als der Vorsitzende des Schwurgerichtes die Angeklagte ermahnte,
    nun endlich die Wahrheit zu sagen, fiel die Bäuerin durch einen Herz-
    anfall von der Bank.
13. Zu oft versuchten die Hanseaten, durch die Mitte zum Erfolg zu kom-
    men, rannten sich dabei immer wieder fest und nahmen dadurch un-
    nötige Ballverluste in Kauf.
14. Durch zweimaliges Streichen mit Karbolineum erreichen Sie, daß
    Ihre Zäune und Wäschepfähle nicht vorzeitig morsch werden.
15. In ihrer Verwirrung seien sie nicht von der Giftwolke weg, sondern in
    sie hineingelaufen. Durch das allgemeine Durcheinander sei das Aus-
    maß der Katastrophe ungeheuer vergrößert worden.

41. Genitiv-Ersatz

Das Auto von meinem Paten ist gestohlen worden.

Für den Genitiv des Besitzes sollte nicht «von» mit dem Dativ gebraucht werden; «von» bezeichnet aber ein Herrschafts- oder Urhe-
berverhältnis.

Das Auto meines Paten ist gestohlen worden.

Der deutschen Sprache droht die Gefahr, den Genitiv zu verlieren.
Kap. 40 hat schon gezeigt, daß Präpositionen, die den Genitiv verlangen –
wegen, infolge, mittels –, mit einem *durch* plus Akkusativ umgangen werden. Ähnlich jetzt: Der Genitiv des Besitzes wird immer seltener angewandt. Wir sagen kaum noch *die Petition meines Vaters, an der Grenze des
Gehölzes*, wir bilden den Genitiv der männlichen und sächlichen Sub-
stantiva nicht mehr mit *-s*, sondern setzen vor das endungslos gebrauchte
Hauptwort im Dativ ein *von*: *die Petition von meinem Vater, an der Grenze*

vom Gehölz. Der Genitiv-Ersatz *von* unterdrückt – fast ohne Ausnahme – das Endungs-*e*: *das rechte Bein vom Küchentische, an der Ecke von dem Platze*, das gibt es kaum noch. Hier wird das Bestreben deutlich, überhaupt ohne Endung auszukommen. Man scheut sich vor dem Genitiv-*s* genauso wie vor dem Dativ-*e*. Eine gründlichere Analyse der Sprachentwicklung würde ergeben, daß mancher Deutsche gar nicht mehr das Gefühl hat, einen Dativ zu bilden, wenn er sagt: *der Chef von meinem Sohn, der Einband von dem Album* – für viele Mitbürger sind *Sohn* und *Album* gewissermaßen Wörter im Nominativ, vielleicht auch eine Art unveränderlicher Wörter, die mit Hilfe von Präpositionen «gebeugt» werden.

Das Besitz- oder Eigentumsverhältnis wird mit dem reinen Genitiv ausgedrückt. Das Auto *gehört* dem Paten, also ist es *das Auto des Paten*. Die auf die Zischlaute -*s*, -*ß*, -*tz*, -*x*, und -*z* auslautenden Namen (Personen- und geographische Namen) dürfen statt des Genitivs die Präposition *von* benutzen: *die Schuhe von Hans, die «Rättin» von Grass, eine Komposition von Quantz, das «Kapital» von Marx, die «Deutschstunde» von Lenz*. Ein Endungs-*s* wäre nach den Zischlauten nicht zu hören. Der Apostroph in *Hans' Schuhe, Grass' «Rättin», Quantz' Komposition, Marx' «Kapital», Lenz' «Deutschstunde»* wäre zwar für das Auge eine Hilfe, nicht aber für Zunge und Ohr: *Michael Schomers' «Giftig, ätzend, explosiv» schildert Tanklaster-Transporte* – wir hören nicht heraus, daß *Schomers'* ein Genitiv ist.

Wenn dagegen ausgedrückt werden soll, daß jemand die Herrschaft über ein Gebiet (Stadt, Bezirk, Land, Territorium) ausübt, sprechen wir nicht vom *Vierfürst Galiläas* oder *vom Kaiser Amerikas*, sondern nennen den Potentaten *Vierfürst von Galiläa* und *Kaiser von Amerika*, als wollten wir darauf hinweisen, daß die Inhaber öffentlicher Gewalt ihre Herrschaftsgebiete nicht nur «besitzen», sondern darin Macht über Land und Leute haben: *Auch der Kurfürst von Mainz erließ solche Kleiderordnungen.*

Ferner dient die Präposition *von* dazu, die geistige Urheberschaft zu kennzeichnen, wenn vor dem Titel des betreffenden Werkes nicht gut der Genitiv des Verfassernamens stehen kann. Richtig heißt es zwar *Goethes Faust* oder *Wagners Meistersinger*, aber nicht *Graham Greenes «Das Herz aller Dinge»* oder *Roald Dahls «Sophiechen und der Riese»*. Dafür tritt besser die Reihung Titel – *von* – Verfassername ein. *Er empfahl mir «Das Ende einer Feigheit» von Jürgen Fuchs.* – Ganz zu verwerfen ist der Genitiv-Ersatz in Form der Possessivpronomina: *Karl seine Ohren, Klara ihre Füße.*

G. Satzgliedtausch

Die Adverbien der Richtung wie *oberhalb, unterhalb, seitlich, östlich* usf. sind mit dem Genitiv zu konstruieren, wenn ein Substantiv mit bestimmtem oder unbestimmtem Artikel folgt: *oberhalb der Brücke*, nicht *oberhalb von der Brücke*; *außerhalb einer Stadt*, nicht *außerhalb von einer Stadt*. Falls der Artikel aber fehlt und der Genitiv nicht zu erkennen ist, darf *von* verwendet werden: statt *innerhalb vierzehn Tagen* kann stehen *innerhalb von vierzehn Tagen*, richtiger *binnen vierzehn Tagen*.

Übungen

1. Christian Dietrich Grabbe sein bekanntes Lustspiel heißt «Scherz, Satire, Ironie und tiefere Bedeutung».
2. Island liegt nur wenig südlich von dem Polarkreis.
3. Auch ich bewunderte die sportliche Leistung von Boris Becker. Der Erfolg von ihm in Wimbledon war ja auch für die Geschichte des deutschen Sports einmalig.
4. Die Grünen-Abgeordnete forderte, der Gewissensentscheidung einen höheren Rang als der Durchsetzung von militärischen Interessen einzuräumen.
5. In den meisten modernen Staaten ist der Präsident gleichzeitig Befehlshaber von den Streitkräften.
6. Das hämische Lächeln von dem Chauffeur machte auf mich den Eindruck, als freute er sich, mich angefahren zu haben.
7. Schon lange steckt die Idee zu diesem Projekt im Hinterkopf von Dieter Klar, der als gebürtiger Frankfurter nach der Bundeswehrzeit bei uns hängengeblieben ist.
8. Die feierliche Eingangsformel von einem politischen Dokument heißt Präambel.
9. Das Prädikat «Wertvoll» ging an den deutschen Spielfilm «Gratwanderung» von Barbara Kappen.
10. Den Kern vom Frankenreich bildeten die Gebiete am Mittel- und Niederrhein.
11. Wir standen mit der schwerverletzten Katze vor der Tür, und endlich öffnete uns die Frau von einem der Tierärzte.
12. Die Einnahme Byzanz' ist sicher eine der großen historischen Stunden, in denen sich das Schicksal von ganzen Generationen entscheidet.

13. Die Zügel von den schweißtriefenden Pferden in der einen Hand, einen groben Stock in der anderen, kam der Kutscher von dem Gespann keuchend den Berg herauf.
14. Meiner Großtante ihre selbstgestrickten Kleider fallen immer ziemlich bieder aus.
15. In diesem Herbst fiel es ihr wieder auf, daß die Blätter von der Buche vor ihrem Haus nicht alle gleichzeitig denselben Farbton annehmen – vielmehr zeigt das Blattwerk von diesem einen Baum ein Spektrum von Grün, Grünbraun, Rostrot, Orange, Ei- und Hellgelb.

42. Berührung – wirklich oder bildlich?

Ihr Jammer schnitt mich ins Herz.

> Antwortet ein Verb der Berührung auf die Frage wohin? mit der Bezeichnung eines Körperteils, dann steht das Personalobjekt im Akkusativ, falls das Verb im ursprünglichen Sinne zu verstehen ist. Der Begriff, der die Person bezeichnet, ist in den Dativ zu setzen, wenn das Verb bildlich gebraucht wird.

Ihr Jammer schnitt mir ins Herz.

Zu den Verben der Berührung (einer meist schmerzhaften Berührung!) gehören Wörter wie *beißen, brennen, schlagen, stoßen, treten* usw. Sie werden in zahlreichen Redewendungen mit einem Teil des äußeren oder inneren Menschen in Verbindung gebracht, und zwar als Umstandsbestimmung des Ortes auf die Frage wohin?: *ins Gesicht, unter die Augen, auf den Zahn, hinter die Ohren, auf die Schulter, in die Seele* usf.
Die Stilistiker sind sich im wesentlichen darin einig, daß das von dem Verb der Berührung abhängende Objekt der Person in den Akkusativ zu setzen ist, wenn das Verb bzw. der ganze Satz wörtlich aufgefaßt werden soll: *Der Barbier schnitt mich ins Kinn. Die Biene stach die Imkersfrau ins Ohrläppchen.*
Ist die Redewendung dagegen sprichwörtlich gemeint, so soll die von der «Berührung» betroffene Person im Dativ stehen: *Der Bratenduft stach*

dem Kater in die Nase. Der Qualm schlug der Magd ins Gesicht. Im Kapitelbeispiel schneidet der Jammer nicht eigentlich ins Herz; das Wort *schneiden* ist in symbolischer Bedeutung gebraucht, also muß es heißen: *Ihr Jammer schnitt mir ins Herz.*

Diese Regel sollte nicht allzu konsequent angewandt werden. Es gibt einige Fälle, in denen der Sprachgebrauch schwankt. (Kap. 64 ff.) Man denke nur an Ausdrücke wie *die Feinde aufs Haupt schlagen* oder *jemanden vor den Kopf stoßen.* Hier müßte eigentlich der Dativ stehen, denn beide Wendungen haben heute übertragene Bedeutung. Warum der Stilduden die bildlich gemeinte Redewendung *jemandem auf den Fuß treten* im Sinne von *beleidigen* richtig mit dem Dativ angibt, beim wörtlichen Gebrauch aber Dativ und Akkusativ gestattet, leuchtet nicht recht ein. Schon um den bedeutungsmäßigen Unterschied zu betonen, sollte nur *jemanden (tatsächlich) auf den Fuß treten* anerkannt werden.

Redensarten, in denen der Körperteil durch ein Kleidungsstück ersetzt ist – es sei an *Schleppe* oder *Schlips* erinnert – gehören eigentlich nicht hierher. Derartige Wendungen richten sich jedoch nach der o. a. Regel; sie haben immer bildlichen Sinn: *jemandem auf die Schleppe* oder *auf den Schlips treten* = sie oder ihn beleidigen, ihr oder ihm zu nahetreten.

Übungen

1. Du schneidest dich nur ins eigene Fleisch, wenn du nicht fristgerecht kündigst.
2. Irma meint beim geringsten Tadel, man wolle sie auf die Schleppe treten.
3. Beim Treppensteigen hält der rücksichtsvolle Mitbürger Stöcke, Schirme und andere lange Gegenstände senkrecht, sonst könnte er den hinter ihm gehenden Leuten ins Auge stechen.
4. Wenn sich eine französische Familie verabschiedet – sei es daheim, sei es auf der Straße –, küßt jeder jedem auf die Wange.
5. Die Menge warf mit Steinen, und einer traf den Botschafter ans Kinn.
6. Ich sehe ja, wie dich das flotte Kostüm ins Auge sticht – geh hin und kauf es dir!
7. Herr Birnbaum atmete erleichtert auf und steckte sich erst einmal eine Zigarre ins Gesicht.

8. Plötzlich sprang der betrunkene Spanier auf und schlug dem Grenzwächter mit einer Weinflasche über den Schädel.

9. Oh, entschuldigen Sie bitte, daß ich Sie auf den Schuh getreten habe,
   der Bus fährt auch zu unruhig.

10. Schweig still und fall deine Kolleginnen mit deinem Gejammer nicht
    auf die Nerven!

11. Manchmal trieben schon Schneeschauer übers Feld, und der Wind
    schnitt einen ins Gesicht, aber nach Hause ging von uns Jungen kei-
    ner. Erst wenn das Feuer aus trockenem Kartoffelkraut niederge-
    brannt und der letzte geröstete Erdapfel mit klammen Fingern ge-
    schält und genußreich verspeist war, dachten wir ans Nachhausege-
    hen.

12. Ein 15jähriger Australier wurde vor Moana Beach von einem Hai
    angefallen. Der Junge berichtete, er habe dem Hai auf die Nase ge-
    schlagen und versucht, ihm in die Augen zu stechen – schließlich sei er
    entkommen.

43. Verben des Übergangs

*Durch meine Unterschrift erlaube ich meinem Sohn Mike, in dem VfB von
1907 einzutreten.*

> Verben des Übergangs, verbunden mit einer adverbialen Bestimmung
> des Ortes im Dativ, bezeichnen einen erreichten Zustand; folgt eine
> Umstandsbestimmung im Akkusativ, handelt es sich um einen Vor-
> gang.

*Durch meine Unterschrift erlaube ich meinem Sohn Mike, in den VfB von
1907 einzutreten.*

Verben des Übergangs drücken aus, daß sich eine Person oder ein Ding
auf ein Ziel zu bewegt oder an ihm angelangt ist, sich mit ihm vereinigt
oder von ihm schon aufgenommen ist. Personen treten z. B. einem Verein, einer Gruppe, einem Zirkel bei; Gegenstände werden auf, hinter
oder vor einem zweiten befestigt oder anderswie mit ihm vereinigt oder in
ihn hineingegeben. Wörter des Übergangs sind also Verben wie *eintreten,*

*eintragen, sich niederlassen, verschwinden, einziehen, einfügen, auf- oder
einkleben, anschrauben* usw. Zu der mit dem Verb verbundenen Angabe
des Ortes gehört eine der folgenden Präpositionen: *an, auf, hinter, in,
neben, über, unter, vor* und *zwischen*, also eine derjenigen, die auf die Frage
wo? mit dem Dativ, auf die Frage wohin? mit dem Akkusativ antworten.

Folgt auf das Verb des Übergangs eine Umstandsbestimmung des Ortes im
Akkusativ, wird in der Regel angezeigt, daß der Vorgang beginnen soll
oder bevorsteht, gerade abläuft oder noch andauert. Dagegen ist das Verb
mit dem Dativ zu verbinden, wenn die Tätigkeit beendet, das Ziel der
verbindenden Handlung erreicht oder ein Zustand eingetreten ist.

Da im Kapitelbeispiel der Beitritt des Sohnes zwar beabsichtigt, aber
noch nicht vollzogen ist, folgt auf *eintreten* eine Ortsbestimmung im Akkusativ: *Mike darf in den VfB eintreten.* Ob das Verb des Überganges
einen Bewegungsablauf oder eine nicht mehr veränderbare Lage vor-
stellt, ist mitunter Auffassungssache. Im Zweifelsfalle ist wie immer
Freiheit zu lassen.

Übungen

1. Den Verstärker können Sie auch in dem ältesten Gerät dieses Typs
   einbauen.
2. Ich würde dich gern in unserer Laienspielgruppe aufnehmen, denn
   wir sind um schauspielerisch interessierte Kinder recht verlegen.
3. Die Unterteile beider Schnappschlösser sind mit je vier Kupfernieten
   auf die zwei Vordertaschen befestigt.
4. Ich kam gerade hinzu, als der Beschuldigte das Seil ergriff, um das
   Mädchen an dem Beifahrersitz festzubinden.
5. Eine innere Stimme führte mich geradewegs in das moorige Erlen-
   wäldchen, und dort fand ich das Fohlen – es war schon bis zur Mähne
   in den Morast versunken.
6. Als die Sonne hinter die bewaldeten Hügel verschwunden war,
   machte sich Klingsor auf und ging zur Hütte zurück.
7. Die Verkäufer willigen darin ein, und der Käufer beantragt, daß die
   Eigentumsveränderung in das Grundbuch eingetragen wird.
8. Obwohl die Hakenkupplung kräftig genug ist, die Zugkraft der
   Lokomotive aufzunehmen, ist aus Sicherheitsgründen zwischen alle
   Wagen noch eine lose hängende Kupplung angebracht.

9. Der Bremer und der Moskauer Museumsdirektor kamen schließlich überein, auch die Ikone «Die Himmelfahrt des Propheten Elias» als farbige Abbildung in dem Gottorfer Katalog einzufügen.

10. Wenn so ein alter Seelenverkäufer die Reede verläßt und, aus tausend Löchern prustend, in dem Hafen einläuft, sagen die Seeleute an der Pier: «Na, ist das Urteil immer noch nicht vollstreckt?»

H. Gekreuzte Ausdrücke und Redewendungen

44. Paarige Konjunktionen

Die Unterschiede in der Fangstatistik sind darauf zurückzuführen, weil es in der Ostsee weniger Fischarten als in der Nordsee gibt.

> Paarige Konjunktionen sind feststehende, formelhafte Gebilde. Das erste Glied kann nicht durch ein beliebiges zweites weitergeführt werden.

Die Unterschiede in der Fangstatistik sind darauf zurückzuführen, daß in der Ostsee weniger Fischarten vorkommen als in der Nordsee.

Es gibt einfache Konjunktionen: *als, daß, wenn,* mehrgliedrige Konjunktionen: *als ob, auf daß, wenn auch,* und paarige: *dadurch – daß, insofern – als.* Wörter der ersten und zweiten Art stehen im Nebensatz. Geht der Nebensatz voraus, steht die Konjunktion am Anfang des ganzen Satzgefüges: *Obwohl es mit der atomaren Abrüstung noch viele Probleme gibt, sind sich die Weltmächte nähergekommen.*

Zu den Schmerzenskindern der Stilistik gehören die paarigen Konjunktionen. Sie bestehen aus zwei selbständigen, häufig weit voneinander entfernten Teilen. Der erste hat seinen Platz im Hauptsatz: *Das ist dadurch entstanden..., Das ist damit zu erklären..., Sie wird sich darüber freuen..., – daß...* Diese *da*-Wörter heißen auch Deutewörter, weil sie auf die zweite Satzhälfte hindeuten. Je näher sie dem Satzanfang stehen, desto größer ist ihre überbrückende, das Satzgefüge verbindende Kraft. Auch *insofern* gehört hierher. Paarige Konjunktionen müssen formelhaft gebraucht werden. Die Ergänzung zu den Deutewörtern heißt immer *daß*. Auch wenn dieserart Sätze kausalen Sinn haben, darf die erläuternde (zweite) Konjunktion nicht *da* oder *weil* heißen. (Siehe hierzu das Kapitelbeispiel.) Ganz falsch wäre ein *dadurch, daran, darüber – indem*. Zu *insofern* gehört immer *als*, zu *je* tritt *desto* oder *um so*.

Geht der mit einer Konjunktion beginnende Nebensatz dem Satzganzen voraus, soll der Hauptsatz nicht mit einem entgegenstellenden oder folgernden *so* angeführt werden: *Obzwar der Starrezensent den «Wendekreis des Krebses» von Henry Miller verriß, so wurde das Buch doch zu einem Weltbestseller.* Das *so* ist hier zu streichen. Beginnt dagegen ein Satzgefüge mit einem in Spitzenstellung stehenden konjunktionslosen Nebensatz, wird der Hauptsatz gern mit *dann* oder *so* angefügt: *Sickern von den überdüngten Feldern große Mengen Nitrate ins Grundwasser, dann können Naturbrunnen nicht mehr lange gebraucht werden.*

Übungen

1. Die Leistung unserer Bogenschützenabteilung ist insofern beachtlich, als daß nur 30 Aktive dieser Sparte angehören.
2. Wie sehr sich der Postmeister zu seinem Nachteil verändert hatte, erkannte ich daran, indem mich der ehemals so heitere, aufgeschlossene Mann jetzt mürrisch, ja feindselig begrüßte.
3. Das vor etwa 150 Jahren erfundene Saxophon unterscheidet sich auch insofern von der Klarinette, weil es aus Blech ist.
4. Die auffällige Ähnlichkeit der beiden Mädchen rührt daher, da sie eineiige Zwillinge sind.
5. Da Warzen von einem Virus hervorgerufen werden, so können sie als ansteckende Krankheit bezeichnet werden.
6. Streiken die Dolmetscher oder fällt die Elektronik der Übersetzungsanlage aus, so endet auch der Kongreß.
7. Während der Steinpilz im glatten Röhrenlager weißlichgrüne Poren hat, so zeigt der häufig mit ihm verwechselte Gallenröhrling ein kissenartig nach unten verdicktes Röhrenlager mit rosalila Poren.
8. Man kann die Nutzung der Braunkohle dadurch rationalisieren, in-

dem man die brennbaren, volkswirtschaftlich allein interessierenden Bestandteile in das leicht zu transportierende Gas verwandelt.

9. Nach dem Ersten Weltkrieg brach das Zeitalter der Massen insofern an, als sich nun auch der dritte Stand mit allen Formen des öffentlichen Lebens vertraut machte.

10. Da die 60- bis 70jährigen Männer – in der Regel noch Gewohnheitsraucher – etwa 8mal sooft an Lungen- und Bronchialkrebs erkranken wie die gleichaltrigen, meist nicht rauchenden Frauen, daher muß vermutet werden, daß Nikotingenuß im allgemeinen stark krebsfördernd wirkt.

11. Der Wahn, es könne ein Perpetuum mobile konstruiert werden, kommt daher, daß sich Laien mit Problemen beschäftigen, die längst als unlösbar erkannt worden sind.

12. Daß das Quecksilber im Fieberthermometer nicht ohne kräftiges Herunterschütteln zurückfließt, ist dadurch bedingt, weil das enge Glasröhrchen mit einer Einschnürung versehen ist.

45. Beugung nach unbestimmtem Zahlwort

Solange das Frostwetter anhält, werden keine neue Lawinen zu Tal gehen.

Nach «alles» und «keine» sind beigefügte Adjektiva und Partizipien schwach zu deklinieren, sie gehen also auf *-en* aus. Die übrigen im Plural stehenden unbestimmten Zahlwörter werden stark gebeugt (Endung: *-e*).

Solange das Frostwetter anhält, werden keine neuen Lawinen zu Tal gehen.

Wie die untenstehende Übersicht zeigt, sind nach *alle* und *keine* die vier Kasus des Plurals mit der schwachen Endung zu versehen: *alle mutigen Männer, aller mutigen Männer, allen mutigen Männern, alle mutigen Männer*; auch *keine* verlangt immer *-en*. Auf *beide*, *manche* und *sämtliche* wie auch auf die Pronomina *welche* und *solche* folgt gewöhnlich das beigefügte Wort mit der Endung *-en*: *Sämtliche dort aufgeführten Kalorienwerte*

beziehen sich auf 100-g-Mengen frischer Nahrungsmittel. Viele Deutsche
sehen die starke Deklination schon als falsch an und schreiben nicht *man-*
che mutige Männer, mancher mutiger Männer, sondern: *manche mutigen*
Männer, mancher mutigen Männer. Der Schreibende kann hier wählen.
Ähnlich ist es bei der folgenden Gruppe unbestimmter Numeralia im Plural: *andere, einige, einzelne, etliche, gewisse, mehrere, verschiedene, viele,*
wenige und beim Pronomen *folgende.* Auch hier ist es schon erlaubt,
überall die schwache Endung zu verwenden: *andere unartigen Kinder,*
einiger anwesenden Mitarbeiter, einzelner unbewiesenen Fälle statt eben
andere unartige Kinder, einiger anwesender Mitarbeiter, einzelner unbe-
wiesener Fälle. Man sollte nach den zuletztgenannten unbestimmten
Zahlwörtern das starke *-e* wenigstens im Nominativ und im Akkusativ
beibehalten. Noch kein Grammatiker hat die Alleinherrschaft der schwachen Deklination zum Dogma erhoben. Ob die Feststellung des Dudens
«... im Nominativ und Akkusativ fast nur noch in der starken Form» eine
erfreuliche Wahrheit oder ein frommer Wunsch ist, mag der sprachbeflis-
sene Mitbürger, seine Zeitgenossen belauschend oder Zeitgenössisches
lesend, selbst beurteilen. (Siehe auch Abschnitt K, S. 173 ff.)

immer -en	meist -en	Nominativ u. Akkusativ besser -e
alle, keine	beide, manche, sämtliche (solche, welche)	andere, einige, einzelne, etliche, mehrere, verschiedene, viele, weitere, wenige (folgende)

Übungen

Entspricht der Satz dem, was heute üblich ist? Was darf auch geschrieben
werden? Was ist falsch?

1. An der Loire, dem größten Flusse Frankreichs – er ist über 1000 km
   lang –, liegen viele malerische und z. T. historisch bedeutenden
   Schlösser (Chambord, Blois, Amboise u. a.).
2. Es gibt mehrere nach der Antriebsart zu unterscheidenden Typen von
   Lokomotiven: die alte Dampflok, die meist mit Diesel betriebene
   Brennstofflok und die mit Strom arbeitende Elektrolok.
3. 1837 erfand Samuel Morse den ersten Telegraphen. Einige unbrauch-

baren Modelle hatte er kurzerhand zur Seite geräumt, doch das letzte begründete seinen Ruhm und führte ein neues Zeitalter des Nachrichtenwesens herauf. Alle fixe Jungen und Mädchen sollten das Morsealphabet lernen, alle sollten es beherrschen.

4. Disteln gelten als Unkraut; aber etliche besonders schönen und seltenen Arten, wie die silbrige Gebirgsdistel und die blaublühende Stranddistel, stehen unter Naturschutz.

5. Wie der Sachverständige bestätigt, sind manche vorgelegte Mexikomarken echt, aber die meisten weichen in der Farbe stark ab.

6. Die Nattern sind die artenreichste Familie der Schlangen. Sie bringen keine lebende Jungen zur Welt, sondern der Nachwuchs schlüpft aus Eiern.

7. Chemische Prozesse lassen aus dem Saft des Schlafmohns das Heroin und das Morphium entstehen; beide weltweit konsumierte Drogen machen psychisch und physisch abhängig.

8. Herrscht in einer Gemeinde ein vielseitiges politisches Leben, bleiben den Männern und Frauen, vor allem an den Wochenenden, nur wenige freie Stunden.

9. «Nahost» ist die Bezeichnung für verschiedene nordostafrikanischen Länder, für die Türkei und Israel.

10. An diesem Vorgebirge kann man binnen vierundzwanzig Stunden sämtliche auf der Beaufortskala eingetragene Windstärken erleben.

46. Ausdrucksverwechslung

Bald nachdem Amerika entdeckt worden war, gelangte der Ostseehandel mehr und mehr ins Hintertreffen.

> Hüten Sie sich vor Ausdrucksverwechslungen! Achten Sie darauf, daß die Stelle des richtigen Ausdrucks nicht durch ein ähnlichklingendes Wort eingenommen wird!

Bald nachdem Amerika entdeckt worden war, geriet der Ostseehandel mehr und mehr ins Hintertreffen.

Oft genügt eine falsche Silbe, eine falsche Präposition, einen Satz stilistisch zu verderben. *Die Wirkung der Bomben war ungeheuer – fast die gesamte Altstadt verbrannte in einem Feuersturm.* Sie *verbrannte* nicht, sondern *brannte nieder.*

Ähnlichlautende Stammsilben verführen dazu, einzelne Wörter und ganze Redensarten zu verwechseln. So ist es auch dem Verfasser des Kapitelbeispiels ergangen. Die Redensart heißt nicht *ins Hintertreffen gelangen*, sondern *ins Hintertreffen geraten.* Das Versehen ist wahrscheinlich entstanden, weil *geraten* und *gelangen* in drei Stücken übereinstimmen: im Stammselbstlaut *a*, in der Vorsilbe *ge-* und in der Endung *-en.*

Ein verkehrtes Fremdwort wirkt immer peinlich. Wer Bescheid weiß, zieht seine Schlüsse aus dem «Irrtum». Man sollte sich also nicht mit einem «Ach, es wird schon stimmen» beruhigen, sondern lieber einmal mehr nachschlagen. In den meisten Fällen genügt der Rechtschreibduden. Sehr zu empfehlen: Stilistisch interessierten, wohlmeinenden Freunden vortragen, was man geschrieben hat.

Übungen

1. Die Stelle im Klärwerk hatte die Stadt ausgeschrieben; unter 20 Bewerbern erhielt Uwe Buhl den Zuschlag.
2. Vorher war sogar behauptet worden, der allzu eifrige Reformer sei aus dem Zentralkommuniqué ausgeschlossen worden.
3. Die Eltern haben nach den Bestimmungen des BGBs für die standesgemäße Unterhaltung ihrer Kinder zu sorgen.
4. In den Ställen stehen ungemolken die Kühe, einige brüllen hin und wieder schmerzhaft.
5. Die Synode habe erklärt, sagte Dr. Hess, es sei unablässig, daß in Nicaragua jede militärische Einmischung unterbleibt.
6. Stellt die Gewerkschaft an den Arbeitgeberverband etwa zu hohe Anforderungen?
7. Endlich griff die Platzmannschaft laufend an, und schließlich tobten um Strafraum und Tor der Füssener die verbittertsten Kämpfe.
8. In Schweden sind nur 9 %, in Finnland nur 7 % des Bodens landwirtschaftlich nutzbar.
9. Im Zusammenhang mit der Verkehrsberuhigung machen die Anwohner sogar einen deutlichen Rückgang des Straßenlärms geltend.

10. Erstaunlich, mit welcher Akribie der Radweg den Norden Wiens vermeidet.

11. Wenn die OPEC damit droht, den Ölexport zu drosseln, um die Preise hochzutreiben, wirkt das weltwirtschaftlich jedesmal schockierend.

12. Tief atmeten wir die gewürzte Luft ein, die vom Meer herüberwehte.

13. Auch die Gemeinderatsmehrheit war gegen diesen Schritt des Gemeindedirektors empört.

14. Deshalb mußten wir die Hoffnung begraben, den berühmten romanischen Dom von Gurk zu besichtigen.

15. Daß die City-Bahn nicht von City zu City fährt, gesteht die DB als Manko zu.

47. Ungleichartiges verbunden

Die dänische Industrie besteht auch heute noch vorwiegend aus importierten Rohstoffen.

> Will man Wörter verschiedener Kategorien miteinander in Verbindung bringen, ist dafür zu sorgen, daß keine Aussagelücke entsteht.

Die Produkte der dänischen Industrie bestehen auch heute noch vorwiegend aus importierten Rohstoffen. ODER: *Die dänische Industrie verarbeitet auch heute noch vorwiegend importierte Rohstoffe.*

Werden mehrere Ausdrücke ähnlicher Bedeutung unter einen gemeinsamen Oberbegriff gebracht oder aufzählend nebeneinandergestellt, darf sich kein logisch andersgearteter Begriff dazwischendrängen: Abstraktes darf nur an Abstraktes, Konkretes nur an Konkretes anschließen. Sätze wie die folgenden sind also falsch: *Die elektrischen Lokomotiven sind vorteilhafter als andere Energiearten.* ODER: *Die nationale Eigenart der Spanier ist stolz, würdevoll, höflich, religiös.* Derartige Sätze sind fast immer aufzulösen und so umzuformen, daß Gleichartiges mit Gleichartigem korrespondiert. Im ersten Beispiel muß es anstelle von *als andere Energiearten* heißen *als die mit anderen Energiearten angetriebenen*, das zweite muß umgeformt werden: *Stolz, Würde, Höflichkeit und Religiosität sind Grundzüge des spanischen Nationalcharakters.*

Abstrakta können auch nicht gemessen oder gewogen oder sonstwie mittels konkreter Angaben bestimmt werden. So geht es beispielsweise nicht an, zu sagen: *Die Größe der Platte ist 10 cm lang und 6,5 cm breit.* Nur die Platte, nicht die Größe ist mit dem Zentimetermaß zu messen. Richtig lautet der Satz: *Die Platte ist 10 cm lang und 6,5 cm breit.*

Das Kapitelbeispiel bringt die Begriffe Industrie und Rohstoffe in falsche Beziehung. Das Verb *besteht* will glauben machen, die Rohstoffe seien Bestandteile der Industrie, die Industrie baue sich aus Rohstoffen auf. Der Sammelbegriff *Industrie* ist ein Abstraktum und kann überhaupt nicht aus etwas Materiellem *bestehen*. So eng die Begriffe *Industrie* und *Rohstoffe* in unserer Anschauung auch miteinander verknüpft sein mögen – logisch betrachtet, liegen sie auf verschiedenen Ebenen. Werden beide Begriffe durch dasselbe Prädikat verbunden, hat man eine vermittelnde dritte Größe einzuführen, einen konkreten Mittelbegriff, auf den die Aussage *besteht* zutrifft. Das ist hier der Begriff *Produkte* – sie bestehen *aus Rohstoffen*. Besser lautet der Satz wie bei ODER angeführt.

Übungen

1. Die Dörfler weisen ausdrücklich darauf hin, daß auswärtige Wagen (auch geschmückte Fahrräder und Handwagen) gerngesehene Gäste sind.

2. Formen der Freiheitsentziehung: Verhaftete, vorläufige Festnahme, Inverwahrungnahme, Sistierte.

3. Stiftung Warentest hat 1350 Waren und Dienstleistungen untersucht: Spiegelreflexkameras, Teppichfußböden, Blutdruckgeräte, aber auch Versicherungen, Möbelspediteure, Heiratsinstitute, Altenheime und die Leistungen der Reisebüros.

4. Die Arbeitgeber der Stadt weisen darauf hin, daß Überstunden gegenwärtig nicht höher, sondern eher niedriger seien als sonst.

5. Die Schafzucht Australiens ist von größter Bedeutung, weil die Wollgewinnung einer der wichtigsten Exportartikel ist.

6. Für die Automation ist höchstqualifizierte Facharbeit nötig, und diese bildet wiederum eine Berufsgruppe für sich.

7. Dieser großartige Hektarertrag kann aber nur erzielt werden, wenn

bessere Sorten gezüchtet und die Produktionsmittel gesteigert werden.

8. Die schillernden Staranwälte aus den USA wittern einen einträglichen Sensationsprozeß und hinterlassen bei der potentiellen Klientel einen eher unguten Beigeschmack.

9. Nachdem Donizetti den «Don Pasquale» vollendet hatte, überfiel ihn eine Gehirnerkrankung, die nach und nach in völlige geistige Umnachtung überging.

10. Nebenprodukte der Kohleverarbeitung am Rhein sind Teer, Benzol und die chemische Industrie.

11. Der Dreißigjährige Krieg setzte sich aus mehreren Einzelkriegen und wechselnden kriegführenden Parteien zusammen.

12. Beim Beruf des Entsorgers ist Vielseitigkeit gefragt: Vom Schweißen, Beckensäubern, Reparaturarbeiten, Kontrolle von Meßgeräten bis hin zur Laborarbeit muß alles erledigt werden, was in einem modernen Klärwerk anfällt.

13. Der Inhalt einer Sonate wird meistens aus vier Sätzen gebildet, die in der Folge: schnell – langsam – schnell – schnell angeordnet zu sein pflegen.

14. Wer eine dieser Somalikatzen kauft, verrät Exotik und Sensibilität.

15. Vor allem Arbeiter und Großfamilien haben Grund zur Klage: «Entweder ist die Butter begrenzt oder schon ausverkauft.»

48. Widersprüchlich

In diesen Bettelbriefen an die Lottomillionärin haben die Leute das Blaue vom Himmel geflunkert.

> Wenn zwei Satzglieder, die zusammen den Sinn eines Satzes bestimmen sollen, einander widersprechende Bedeutung oder voneinander abweichenden Sinn haben, wird die Behauptung paradox.

In diesen Bettelbriefen an die Lottomillionärin haben die Leute das Blaue vom Himmel gelogen. ODER ABER: *All diese Leute haben in ihren Bettelbriefen an die Lottomillionärin geflunkert.*

Stilfehler dieser Art erweisen sich als Sonderform der Ausdrucksverwechslung. Die in Kapitel 46 besprochenen ergeben zwar ungenaue, fehlerhafte Aussagen, aber sie sind nicht eigentlich widersinnig. Die Ausdrucksverwechslung führt zu ungeschickten, schiefen Formulierungen, der paradoxe Satz hingegen verbindet logisch Unvereinbares miteinander. *Das Blaue vom Himmel lügen* besagt als umgangssprachliche Redewendung svw. *ohne Hemmungen die unmöglichsten Dinge behaupten*; wer *flunkert*, hält sich zwar auch nicht an die Wahrheit, aber derartige Lügen sind harmlos. Das Kapitelbeispiel will beides auf einmal ausdrücken. Da jedoch *in grober Weise lügen* etwas anderes als *schwindeln* ist, entsteht ein innerer Widerspruch. Man muß sich für das eine oder das andere entscheiden, vor allem dann, wenn eine der Teilaussagen als feste Redewendung auftritt. Es geht immer um ein Entweder-Oder.

Übungen

1. Stundenlang gießt es in Strömen, als wir am Westufer des Sees aus dem Motorboot steigen.
2. Zur alljährlichen Pferdesegnung in Heiligkreuz kamen heuer 97 Pferde von weit her, zum Teil aus Kimratshofen.
3. Dabei guckt er auf dem Prospektfoto mit seinem Mephistobart und seiner dunklen Brille irritierend dämonisch.
4. Die Teilnehmer an einer Kreuzfahrt sind noch imstande, sich den abenteuerlichen Schönheiten mitternächtlicher Fjorde hinzugeben.
5. Die Kassetten haben ihre Verbreitung in seichten Videotheken gefunden.
6. Schließlich wurde die Farbe des Pfundes 1960 ganz grün.
7. Wie steht Tucholsky heute – 50 Jahre nach seinem Tode – da?
8. Jetzt stößt das Auge gegen den sechs Meter hohen Deich, der in diesen Tagen wie eine graue Wand vor Frau Petersens Fenster liegt.
9. Fallschirmspringer werden dem Bürgermeister den Schlüssel zum Rathaus der Partnerstadt aus der Luft überreichen.
10. Jedes gute Textilgeschäft ist mit Trauerkleidung versorgt, so daß man sich umgehend damit eindecken kann.
11. Die endlos repetierte Lebens- und Fleischeslust seiner Bilder scheint für gewisse Menschen eine unerträgliche Herausforderung zu sein.

12. Die beiden Baccara-Damen heizten mit ihren Oldies derart ein, daß das Publikum für einen Moment ganz außer Fassung war und die Blumenberge sich nur so türmten.
13. Zur Zeit strömen doch noch etliche Anhänger des Sektenführers Bhagwan Shree Rajneesh nach Berlin.
14. Die Polizei stellte den Dieb, nachdem sich der Fahrer in der Bremervörder Straße überschlagen hatte.

49. Verquickte bildhafte Redewendungen

Deine Chancen kannst du dir selbst an den fünf Fingern ausmalen.

> Ein grober Stilfehler entsteht, wenn eine Redewendung abgebrochen und mit dem zweiten Teil einer anderen zu Ende geführt wird.

Deine Chancen kannst du dir an den fünf Fingern ausrechnen. ODER: *Deine Chancen kannst du dir selbst ausmalen.*

Der bildhaften Redewendung bedient man sich gelegentlich, wenn ein Gedanke anschaulich ausgedrückt werden soll. Freilich: Vergleiche (und Gleichnisse in Erzählform) beweisen nichts. Die bildhafte Redewendung muß formal in Ordnung sein, sie muß die geschlossene innere Form wahren. Wenn der Redner in der Hitze des Gefechts einmal Redewendungen ähnlichen Inhalts koppelt, eine mit der anderen kreuzt, ist das noch zu verzeihen. Beim Schreiben sollte es nicht vorkommen, daß zwei Bilder durcheinandergeraten.

Sätze wie die folgenden dürften in keinem Manuskript stehenbleiben: *Der Staatsanwalt wollte den Gewaltverbrecher unschädlich machen und auf den Galgen bringen.* Hier handelt es sich nicht um den Stilfehler der Ausdrucksverwechslung (Kap. 46), sondern zwei Redensarten sind zusammengezogen worden: *jemanden aufs Schafott bringen, jemand an den Galgen bringen: jemanden auf den Galgen bringen* – immerhin ein abartiges Vorhaben, hier treibt einer mit Entsetzen Scherz. Oder: *Wenn der Künstler ganz zurückgezogen lebt, gräbt er sich den Lebensnerv ab.* Hier sind die bildhaften Ausdrücke *das Wasser abgraben* und *den Lebensnerv durchschneiden* miteinander vermengt worden.

Stilfehler dieses Typs kommen meist so zustande, daß das Subjekt oder ein anderer wichtiger Satzteil mit dem Prädikat der zweiten Redewendung verbunden wird. Auch das Kapitelbeispiel ist so entstanden. Das als Akkusativobjekt fungierende *sich etwas an den fünf Fingern ausrechnen* (wen? oder was?) ist von dem Prädikat *sich etwas ausmalen* abhängig gemacht worden, woraus der obige Satzbastard hervorgeht. Solche Überblendungen zweier Bilder sind der Grund für mehr oder weniger ärgerliche oder lächerliche Stilchimären.

Übungen

1. Getreu dem journalistischen Motto «Wir sind für euch dabeigewesen» plätschert leichte Kost an uns vorüber.
2. Es ward nun aber höchste Zeit, das heiße Eisen der Rentenreform über die parlamentarischen Hürden zu bringen.
3. Dieser Leitsatz steht auch im gesellschaftlichen Bereich auf äußerst schwankenden Füßen.
4. So schickte man sie als Sündenböcke in die Wüste, auf ihrem Rücken kreuzten die Großmächte die Klingen.
5. Wollte doch das Auge des Gesetzes die harmlosen, gutwilligen Bürger nicht so forsch an die Kandare nehmen!
6. Wenn uns die Opposition ermuntert, wir sollten etwas für die Paßstraßen tun, so trägt sie offene Türen nach Athen.
7. Schmeling hatte recht daran getan, die Boxhandschuhe an den Nagel zu hängen, bevor es zu spät war.
8. Wenn der Ehemann betrunken nach Hause kommt, lohnt es sich meistens nicht, seinen tauben Ohren eine Gardinenpredigt zu halten.
9. Die Hauptschuldigen in diesem Prozeß laufen wahrscheinlich noch frei umher und haben den weniger Verdächtigen längst mit klingender Münze den Mund verstopft.
10. Zu viel Eiweiß, zu viele Fette, zu viel Zucker – wenn die Anhänger der sogenannten bürgerlichen Küche nur einsehen wollten, daß sie sich ihr Grab vorzeitig mit den Zähnen schaufeln!

Normalerweise ist unsere Sprache ...

...der Schlüssel, mit dem wir uns anderen Menschen öffnen. Ihre Fülle an Ausdrucksmöglichkeiten kann erste Kontakte herstellen und die Beziehung von Mensch zu Mensch vertiefen. Anspruchslosere Zeitgenossen stört ein Mangel an Sprachkultur kaum. Für sie ist es lediglich ein Schönheitsfehler.

Anders ist es beim Umgang mit Zahlen und Geld. Da sollte man sich möglichst keine Fehler leisten.

50. Erweitertes Bestimmungswort

Ich war von den angriffslustigen Mückenstichen ganz zerstochen.

> Das Attribut eines zusammengesetzten Substantivs muß sich auf dessen Grundwort beziehen.

Die Angriffslust der Mücken war so groß, daß ich ganz zerstochen war. ODER*: Die Mücken waren derart angriffslustig, daß ich ganz zerstochen war.* ODER*: Die angriffslustigen Mücken hatten mich ganz zerstochen.*

Der Stilfehler ist uralt, er ist anscheinend nicht ausrottbar. Im Kaiserreich geisterte die *mittlere Beamtentochter* durch die Heiratsannoncen, in den zerstörten Städten suchte ein *teilweise möblierter Wohnraumberechtigter* ein Zimmer, und heute steht irgendwo *die weltweite UN-Feuerwehr* zwischen den Fronten. Stilfehler dieser krassen Art sind zwar seltener geworden, aber die Fehlkonstruktion überlebt – die der Presse entnommenen Übungssätze zeigen es.

Der Fehler ist überall der gleiche: Die Attribute wollen das Bestimmungswort, also den ersten Teil der Komposita näher beschreiben. Das geht im Deutschen nicht – das Attribut muß sich auf das Grundwort beziehen, also auf den an letzter Stelle stehenden Begriffsteil, auf *die Beamtentochter, den Wohnraumberechtigten, auf die Feuerwehr*. Das Grundwort ist nicht nur für das grammatische Geschlecht, sondern auch für jede Art Beifügung maßgebend. Wie man sich behelfen kann, ohne den ganzen Satz zu ändern, zeigen die *angriffslustigen Mückenstiche* des Kapitelbeispiels.

Titel machen von dieser Regel eine gewisse Ausnahme. Ausdrücke wie *das Französische Strafgesetzbuch, der Münchener Stenografenverein* oder *die Sozialpädagogische Fachoberschule* gelten als richtig. Die Vorgängerin dieses Buches, die *Deutsche Stilschule*, hat bis zur 5. Auflage unbeanstandet ebenfalls das Privileg wahrgenommen. Bei derartigen Namen und Titeln paßt das Attribut oft ebensogut zum Grund- wie zum Bestimmungswort.

Kap. 55 zeigt, daß sich der Attributsatz aus dem entsprechenden Satzteil, der Beifügung, entwickelt hat. Attribut und Attributsatz sind richtig, wenn sie auf die Fragen *was für ein? welcher? wessen? der wievielte?* antworten. Deshalb darf sich der Attributsatz nur auf das Grundwort eines zusammengesetzten Substantivs beziehen. So kann es also im richtigen Deutsch keinen *Selbstverteidigungskursus, der waffenlos angewandt wird* geben, sondern nur einen *Kursus «Waffenlose Selbstverteidigung»*.

Übungen

1. Immer wieder versuchten die SS-Wachen die politische Willensbrechung der KZ-Häftlinge.
2. In Mariendorf gab es damals zahlreiche Karpfenzüchtereien, die zur Weihnachtszeit in ganz Deutschland verkauft wurden.
3. Als Kurt Edelhagen zum Jazzprofessor an der Musikhochschule ernannt wurde, triumphierten die modernen Musikfreunde.
4. Ein unterhaltsames Buch oder ein Kinobesuch, in dem ein nicht zu ernster Film gezeigt wird, dürfte dann die richtige Entspannung sein.
5. Das sonst so flache Landschaftsbild wird hier und da von einem eiszeitlichen Höhenrücken bedeckt.
6. Anschließend wurden noch die beiden Busdepots gezeigt, die für den Verstärkerbetrieb bereitgehalten werden.
7. Krachende Revolverhelden! Bezaubernde Frauen! Rücksichtsloser Kampf gegen die Unterwelt und Happy-End!
8. Die Kohleförderung, die in Mittel- und Südengland gewonnen wird, dient vorwiegend der Ausfuhr.
9. Alleinstehende Arztwitwe möchte charakterfesten Herren zwischen 35 und 45 kennenlernen.
10. Gemeinsame lange Wochenendgestaltung wünscht seriöser Herr (Sportler) mit guterzogener Dame bis Ende Zwanzig.
11. Im Archiv des Grundbesitzervereins gibt es Unterlagen genug, aus denen hervorgeht, daß in jenem Jahrzehnt ein mehrstöckiger Hausbesitzer praktisch ein armer Mann war, wenn hoch zu verzinsende Hypotheken, Lastenausgleichsabgaben und laufende Reparaturkosten auf ihm ruhten.
12. Infolge dieses reichgegliederten Küstenbesitzes Norwegens sind im Laufe der Jahrhunderte Dutzende kleiner und großer Häfen entstanden.

I. Syntaktische Mängel

51. Schwieriges «um zu»

Er war nach Paris gereist, um dort nach acht Tagen schwer zu erkranken.

> Der richtige Infinitivsatz mit «um zu» enthält ein zweites Prädikat
> zum Subjekt des Obersatzes. Der mit «um zu» verbundene Infinitiv
> umschreibt in der Regel einen vorsätzlich herbeigeführten Sachver-
> halt.

Er war nach Paris gereist, erkrankte dort aber nach acht Tagen schwer.

Beim *um-zu*-Satz ist zunächst darauf zu achten, daß das Subjekt des
Obersatzes auch das logische Subjekt des Infinitivsatzes ist. Wird die
Nennformgruppe z. B. von einem Akkusativ abhängig gemacht, ergibt
sich schiefer Sinn. Das gleiche gilt für die mit *ohne zu, statt zu* und *anstatt
zu* gebildeten Infinitivsätze: *Ohne zu platzen, kann der LKW-Besitzer
unsere Bunaschläuche bis zu 4,5 atü aufpumpen. Statt das Los zu erneuern, nahm es der Papierkorb auf.*
Um-zu-Sätze sind verkappte Finalsätze und wollen im allgemeinen ausdrücken, daß die betreffende Tätigkeit beabsichtigt ist: *Ich fahre nach
München, um die Antiquitätenmesse zu besuchen.* Das Fahren ist Mittel
zum Zweck des Besuches. Infinitivsätze sind also nicht geeignet, Handlungen wiederzugeben, die als bloße Folge aufzufassen sind. Das Kapitelbeispiel zeigt, worum es geht: Der *um-zu*-Satz drückt eine Folge aus,
keinen vorsätzlich herbeigeführten, zweckhaften Zustand. Deutlicher
tritt die sinnwidrige Konstruktion an Sätzen wie dem folgenden zutage: *Max stieg in den Keller, um sich beide Beine zu brechen.* Andere
Sätze dieser Konstruktionsart berichten von einer Handlung, die mit
der vorausgehenden Satzaussage nichts zu tun hat oder zu ihr inhaltlich in Gegensatz steht und insofern eine Inkonsequenz oder Überra-
schung ausdrückt: *Ein letztes, gigantisches Feuerwerk, und die Band
verabschiedet sich, um für zwei Zugaben wieder auf die Bühne zu
kommen.*
Schließt ein Infinitivsatz mit *um zu* an einen Obersatz an, dessen Prädikat
im Passiv steht, ergibt sich ein Stilfehler, falls dem Vordersatz das logische

Subjekt fehlt, m. a. W., wenn nicht gesagt wird, wer handelt, welches Subjekt hinter der im vorausgehenden Satz mitgeteilten Tatsache steht: *Erfahrungen werden gemacht, um sie später nutzbringend anzuwenden.*

In Sätzen wie dem Kapitelbeispiel wimmelt es von Stilblüten; aber man braucht das Kind nicht gleich mit dem Bade auszuschütten. Man könnte gut von «irrealen Zwecksätzen» sprechen. Es handelt sich um eine besondere Form von elliptischen, also Auslassungssätzen, die sich in der Neuformulierung um ein nichtausgesprochenes *als ob* aufbauen. Aber Vorsicht, die unfreiwillige Komik liegt in der Nähe!

Übungen

1. Anstatt die garantierten Agrarmindestpreise in der EG zu annullieren, wird das Kilo Butter für 45 Pf in die UdSSR verkauft.
2. Seine Mutter brachte ihn, um Hütejunge zu werden, zum Lechnerbauern, und sie tat es, um einen Esser weniger am Tisch zu haben.
3. Mit dem Evangeliar Heinrichs des Löwen verhält es sich wie mit einem Kometen. Seit 1175 taucht es immer wieder einmal unverhofft auf, zieht einen breiten Schweif von Publicity nach sich, nur um dann ebenso überraschend wieder zu verschwinden.
4. Eine ganze Industrie – die Camping-Industrie – arbeitet für die naturwütige Großstadtbevölkerung, um in ihren Ferien komfortabel und doch preiswert leben zu können.
5. Um die Produkte des Landes auszuführen, durchzieht ein dichtes Straßen-, Autobahn- und Eisenbahnnetz das Gebiet.
6. Schließlich fing der Zahnarzt an, in Montanwerten zu spekulieren, freilich nur, um sich damit endgültig zu ruinieren.
7. Die Bedingungen waren für uns beide durchaus annehmbar; denn um eine längere Reise ins Ausland zu machen, hatten wir ja längst nicht Geld genug.
8. Im Hippodrom auf St. Pauli ritten die blutigsten Anfänger seinerzeit, ohne zu bocken und auszuschlagen, auf den lammfrommen, biertrinkenden Gäulen.
9. Die Lawine donnerte wenige Meter an unserer Hütte vorbei zu Tal, ohne von den gewaltigen Schneemassen irgendwie beschädigt zu werden.

10. Fanny ist nach dem langen Krankenhausaufenthalt noch viel zu schwach, die beiden Koffer selbst zur Bahn zu tragen.

11. Um die 30 T-Träger zu liefern, muß die unbefestigte Zufahrtstraße zu dem Baugrundstück unbedingt mit Eisenplatten belegt werden.

12. Gestempelte Marken werden ins Wasser gelegt, um sich von der Postkarte oder dem Briefumschlag von selbst zu lösen.

13. Der Komponist Robert Schumann unternahm mit 46 Jahren wegen eines beginnenden Gehirnleidens einen Selbstmordversuch, um zwei Jahre später in einer Heilanstalt zu sterben.

14. Anstatt die Freibeuterei in der Nordsee, die sie drei Jahre lang betrieben hatten, um Stockholm im Dänisch-Schwedischen Kriege mit Lebensmitteln zu versorgen, einzustellen, fingen die Hamburger die Anführer der Vitalienbrüder und richteten sie hin.

15. Ohne mit der Wimper zu zucken, bohrte sich das Schwert des Samurai in dessen Eingeweide.

52. «Zu» genügt

Es gibt verschiedene Methoden, um ein Referat gut vorzubereiten.

> Der Infinitivsatz wird mit einfachem «zu» gebildet, wenn er Attributivsatz ist.

Es gibt verschiedene Methoden, ein Referat gut vorzubereiten.

Wie in Kap. 51 gezeigt, hängt der übliche *um-zu*-Satz von einem Verbum ab, das eine Absicht oder ein Begehren ausdrückt: *Der Bundestag beschloß gewisse Steuererleichterungen, um die Konjunktur zu beleben.* Nach Substantiven hingegen haben Infinitivsätze im allgemeinen beifügenden Sinn, d. h., der Nennformsatz antwortet wie ein Attributsatz auf die Fragen was für ein? oder welcher?: *Jetzt wäre die beste Gelegenheit, Hausputz zu machen.* Solche Infinitivsätze sind Begriffsergänzungen zu einem Substantiv im Vordersatz. Der attributive Infinitivsatz sollte nur mit *zu*, nicht mit *um zu* gebildet werden.

Das Wort *brauchen* ist noch nicht zum reinen Hilfsverb abgesunken, es verlangt eine Infinitivgruppe mit *zu*. Wer brauchen ohne zu gebraucht,

braucht bekanntlich brauchen gar nicht zu gebrauchen. Sätze wie *Du brauchst mich heute abend nicht abholen* oder *Darauf braucht ihr euch wirklich nichts einbilden* sind höchstens in der Umgangssprache akzeptabel. In beiden Sätzen fehlt *zu*.

Umgekehrt darf der Schriftsteller in gehobener Sprache gelegentlich ein bloßes *zu* setzen, wo eigentlich *um zu* stehen müßte: *Nun kamen die Frauen Venedigs mit Kannen und Krügen, Wasser zu holen. Er eilte herbei, zu helfen.* (Da *zu* hier soviel wie *um zu* bedeutet, darf das Komma beim einfachen Infinitiv nicht fehlen.)

Viele Deutsche scheinen vor *zu*-Sätzen Angst zu haben, sonst wichen sie dem *zu* nicht aus und ersetzten es durch *und*, so daß ein zusammengezogener Satz entsteht, also ein Satz mit einem Subjekt und zwei Prädikaten: *Diese Leute machen den großen Fehler und agitieren, anstatt zu diskutieren. Er war so liebenswürdig und fuhr sie nach Hause.* Richtig: *Diese Leute machen den großen Fehler zu agitieren, anstatt zu diskutieren. Er war so liebenswürdig, sie nach Hause zu fahren.* Die Umgangssprache hält sich nicht an diesen Stilgrundsatz; die *und*-Form ist daher zu dulden – zu empfehlen ist sie nicht.

Übungen

1. Bei einem schweren Verkehrsunfall auf der B 73 hatte die Feuerwehr gestern alle Mühe, um zwei Turnierpferde heil zu bergen.
2. Mit Teilzahlungen braucht sich ein Gläubiger nicht einverstanden erklären.
3. Das Prinzip der Gewaltenteilung wurde mit dem Gedanken verwirklicht, um der absolutistischen Willkür ein für allemal den Boden zu entziehen.
4. Fundsachen-Versteigerungen sind oft eine gute Gelegenheit, um etwas günstig zu erwerben, was man gerade mehr oder weniger dringend braucht.
5. Viele kamen, den heiligmäßigen Eremiten zu ehren und zu beschenken.
6. Alle modernen Staaten haben dem Bürger eine Möglichkeit eingeräumt, um sich mit Bitten oder Vorschlägen an die zuständigen Stellen oder an die Volksvertretung zu wenden.
7. Sei doch so gut und bring mir eine Illustrierte mit.

8. Neben dem rein sportlichen Programm stand den Teilnehmerinnen noch ausreichend Zeit zur Verfügung, um die Stadt Karlshamm und deren Umgebung zu erkunden.

9. Die wirksamste Methode, um die Autofahrer zum Tritt auf die Bremse zu veranlassen, ist nach Meinung der Experten der Straßenumbau (Anlage z. B. von Engstellen).

10. Sie erriet sofort, was er sagen wollte: Der kürzeste Weg, um nach Hause zu kommen, sei nicht der durch den Struensee-Park.

11. Zu lieben, nicht zu hassen, sind wir da.

12. Den Verwendungszweck der neuen Geräte auch im Ausland bekanntzumachen ist das Ziel des Kollektivs um Genossen Dr. Becker.

13. Glauben Sie, daß Gustav Adolf nur in der Absicht gelandet war, um seinen bedrängten Glaubensbrüdern zu helfen?

14. Die Purpurschnecke ist ein Raubtier, das auch in der Nordsee vorkommt. Sie knackt die Muscheln wie Nüsse auf, um sie auszusaugen. Der aus ihrer Schleimdrüse gewonnene Farbstoff ist von alters her dazu bestimmt, um Stoffe rot zu färben.

15. Das Wetter wurde besser, und nun nahte die Zeit, um zu ernten.

53. Mißlungener Partizipialsatz

Von einem Nagel aufgeschlitzt, wechselte Karl den linken Hinterreifen aus.

Der Partizipialsatz muß sich auf das Subjekt des Obersatzes beziehen. Ist der Partizipialsatz von einem Akkusativ abhängig, darf ihm der verkürzte Satz nicht vorausgehen.

Ein Nagel hatte den linken Hinterreifen aufgeschlitzt; Karl wechselte ihn deshalb aus. ODER: *Da der linke Hinterreifen von einem Nagel aufgeschlitzt war, wechselte Karl ihn aus.*

Der Partizipialsatz ist ein elliptischer (verkürzter) Haupt- oder Nebensatz, also ein auf die inhaltlich wichtigsten Bestandteile zusammengeschmolzener, ehemals vollständiger Satz. Vom Satzkern fehlt das Subjekt, vom Prädikat ist der gebeugte Teil weggefallen, und nur der ungebeugte Teil, das Partizip, ist erhalten geblieben. Die Ellipse *von einem*

Nagel aufgeschlitzt hat als vollständiger Satz gelautet: *da er von einem Nagel aufgeschlitzt worden war.*

Beim unechten Partizipialsatz fehlt sogar das Partizip, nämlich das verkürzte Prädikat: *Vor Kälte ganz blau, konnte die Alte nicht einmal den Schlitten ziehen.* Mit dem hinzuzudenkenden Partizip *gefroren* ergibt sich der vollständige Nebensatz: *da sie vor Kälte ganz blau gefroren war*, wovon die als überflüssig angesehenen Wörter *da sie... gefroren war* ausgeklammert worden sind, mit anderen Worten, es fehlt der ganze Satzkern.

Will man einen Partizipialsatz – einen echten oder unechten – in den zugrunde liegenden vollständigen Satz zurückverwandeln, muß für dessen Subjekt ein Pronomen eingesetzt werden: *die Alte – sie*; das Kapitelbeispiel verlangt statt *Karl* also *er.* Auf diese Weise macht man die Probe, denn jetzt muß der vorhandene Hauptsatz mit dem rekonstruierten Ausgangssatz der Ellipse vernünftigen Sinn ergeben: *Da er (Karl) von einem Nagel aufgeschlitzt war, mußte Karl den linken Hinterreifen auswechseln.* Der Widersinn ist offenbar. Ein richtig gebauter Partizipialsatz enthält ein zweites Prädikat zu dem Subjekt des Obersatzes: *die Alte konnte ziehen* (erstes, vollständiges Prädikat) und *war blau gefroren* (zweites, ergänztes Prädikat). Trifft das nicht zu, ist der Partizipialsatz falsch: *Karl mußte auswechseln* (erstes und einziges Prädikat), aber nicht: *er war aufgeschlitzt.*

Auch als Ergänzung zu einem Akkusativ sind Partizipialsätze möglich, vorausgesetzt, daß sie gleich hinter das Anschlußwort gestellt werden. Solche Aussagen haben meist attributiven Sinn. Sie sind aus vollständigen Attributsätzen ableitbar: *So erbte er ein Häuschen, klein, aber fein = So erbte er ein Häuschen, welches klein, aber fein war.* Steht solch attributiver Partizipialsatz vor dem zu erweiternden Wort, verschiebt sich der Sinn; denn nun meint das Partizip wieder das Subjekt des Vordersatzes: *So erbte er, klein, aber fein, ein Häuschen.*

Diese beiden Grundregeln beziehen sich auf verkürzte Sätze, zu deren Prädikat ein Partizip des Perfekts gehört, oder auf solche mit attributivem Sinn. Man sollte hierbei nicht zu kleinlich verfahren. Der Partizipialsatz kann sich gelegentlich auch auf einen Genitiv oder Dativ beziehen, nur muß sich dann der betreffende Satzteil eindeutig als logisches Subjekt zu erkennen geben: *Über und über mit Schachteln beladen, gelang es ihm kaum, in den Bus zu steigen.* Grammatisches Subjekt ist hier *es*, das logische steckt in dem Worte *ihm*, heißt also *er.* Der verkürzte kausale Nebensatz wird vom Leser richtig als von *er* abhängig aufgefaßt: *Da er über und über mit Schachteln beladen war, gelang es ihm kaum, in den Bus zu steigen.*

Das Partizip des Präsens ist an der Nachsilbe *-end* oder *-nd* erkennbar: *zustimmend, telefonierend; grübelnd, rudernd* (vgl. S. 260f, oben). Auch dies Partizip bezieht sich auf das Subjekt des Obersatzes, drückt aber stets die Gleichzeitigkeit der Tatbestände aus: *Ihren Tennisschläger in die Menge werfend, strahlte die Olympia-Erste über das ganze Gesicht* = *Indem sie ihren Tennisschläger... warf, strahlte die Olympia-Erste...*: Richtig, denn beide Aussagen betreffen dasselbe Subjekt und drücken Gleichzeitigkeit aus. Falsch: *Die 40 km von Marathon nach Athen laufend, rief der Bote: «Wir haben gesiegt!»* Zwar beziehen sich die Aussagen auf dasselbe Subjekt, aber das *Laufen* und das *Rufen* erfolgen nacheinander und nicht zur selben Zeit.

Partizipialsätze, die durch ein relativisches *was* zu ergänzen sind, gelten als falsch. Wie die Praxis zeigt, ist besonders bei dem Partizip *bedingt* Vorsicht geboten: *Die Bewohner der Höhenzüge sind ernster, bedingt durch den rauhen Charakter der Natur.* Das Partizip bezieht sich hier nicht auf *Bewohner*, sondern faßt den ganzen Vordersatz zusammen: *Die Bewohner der Höhenzüge sind ernster, was durch den rauhen Charakter der Natur bedingt ist.*

Übungen

1. Schulze geht durch ein Stück Wald bei Oberwarmensteinach, umzäunt und mit Meßgeräten vollgestellt.

2. Auch japanische Flugsachverständige glauben, daß das Transportflugzeug über einer der zahlreichen vulkanischen Inseln abgestürzt ist, südlich von Japan im Pazifik liegend.

3. Die Teilnehmer werden, über zwei Jahre verteilt, in Buchführung, Wirtschaftsrecht, Bilanzierung, Kosten- und Leistungsrecht sowie in betrieblichem Steuerrecht ausgebildet.

4. Über den ganzen Tag eingesetzt, trugen die Kapellen aus Hellengerst-Roth, Sibratshofen, Wengen und Keinweiler zur hervorragenden musikalischen Umrahmung bei.

5. Als Nicole zu versinken drohte, zog, die eigene Lebensgefahr nicht achtend, der 15jährige Sergio G. das Mädchen aus dem Wasser.

6. Diesen mehr als dummen Streich bitter bereuend, beantragte der Jugendstaatsanwalt für den Angeklagten nur fünf Tage Arrest.

7. Im nachhinein muß man kritisch betrachtet feststellen, daß ein Punkt unnötigerweise verlorengegangen ist. Die Gastgeber, voriges Jahr noch in der Stadtliga spielend, hatten allerdings eine starke Spitze (Prelle und Knappek).

8. Den Ochsen suchte August vergeblich wieder an die Leine zu nehmen, unter den umgestürzten Bäumen wie toll umhertobend.

9. Die Flüsse sind den ganzen Winter über schiffbar, bedingt durch den Golfstrom.

10. Die dorische Wanderung, der mykenischen Zeit ein Ende setzend, leitet eine zweite Welle indogermanischer Besiedlung nach Griechenland ein.

11. Für mein Fotolabor suche ich einen zuverlässigen Laboranten, nach den modernsten Grundsätzen eingerichtet.

12. In drei Abschnitte gegliedert, bietet der Ratgeber «Saunabaden» eine Fülle von Informationen.

13. Zwei Dichter, in ganz Europa bekannt geworden, haben über das wunderbare Volk der Bienen geschrieben: Maeterlinck und Bonsels. «Das Leben der Bienen», fast mit naturwissenschaftlicher Treue dargestellt, gehört zum Typ der Schilderung. «Die Biene Maja und ihre Abenteuer» entspricht dagegen dem Typ der Erzählung. Das Buch ist ein hübsch erfundenes Märchen, immer wieder gedruckt und von jungen Leuten immer wieder gern gelesen.

14. Als Anlage beigeheftet, überreichen wir Ihnen heute Ihren Hypothekenvertrag.

15. Einem Grazer Personenwagen sprang in der Nacht zum Dienstag, vom Fernpaß kommend, bei Nassereith ein junger Fuchs in die Fahrbahn, wobei der Fahrer die Gewalt über den Wagen verlor und, sich zweimal überschlagend, die Böschung hinabstürzte, wo er, mit den Rädern nach oben, liegenblieb.

54. Schiefe Apposition

Um sie günstig zu stimmen, opferten die Römer der Fortuna, die blinde Göttin des Glücks.

> Die Apposition folgt als erklärender Beisatz unmittelbar auf das Bezugswort. Beide müssen in demselben Falle stehen.

Um sie günstig zu stimmen, opferten die Römer der Fortuna, der blinden Göttin des Glücks.

Hier kommt es immer wieder zu zwei typischen Fehlern: Die Apposition schließt sich nicht an das zu erklärende, vorausgehende Wort an, und die beiden Satzglieder weichen im Kasus voneinander ab. Im Kapitelbeispiel ist der erste Stilverstoß vermieden, der Beisatz folgt direkt auf *Fortuna* – aber die Apposition steht im Nominativ statt im Dativ. Wem opferten die Römer? *... der Fortuna, der blinden Göttin des Glücks* (Dativ – Dativ). Die Appositionsregel gilt auch bei jeder anderen Fassung des Satzes. Wen wollen die Römer günstig stimmen? *... die Fortuna, die blinde Göttin des Glücks* (Akkusativ – Akkusativ).

Natürlich gibt es Stilfehler (und -blüten), wenn die Apposition ein Wort näher bestimmt, das nicht das Bezugswort ist: *Die Burg war mit Wall und Graben umgeben und barg die Taufkirche des hl. Ansgar, den Vorläufer des 1806 abgerissenen Doms.* Die Apposition wird umgestellt: *... und barg den Vorläufer des 1806 abgerissenen Doms, die Taufkirche des hl. Ansgar.* Andere, freiere Lösung: *Die Burg war mit Wall und Graben umgeben und barg die Taufkirche des hl. Ansgar. Aus diesem Gotteshaus entstand der Dom (1806 abgerissen).*

In Genus und Numerus, wohlbemerkt, brauchen die beiden aufeinander bezogenen Satzteile nicht übereinzustimmen. Singular und Plural und die drei Genera können beliebig gekoppelt werden: *die Norweger, ein altes Seefahrervolk; die Angriffe der türkischen Elitetruppe, der Janitscharen; die Deflation, ein Mittel der Konjunktursteuerung.* Aber das zu erklärende Wort und das nachgestellte Attribut müssen immer in den gleichen Kasus gesetzt werden, wie es das berichtigte Kapitelbeispiel zeigt. Diese Regel trifft auch auf jede genauere nachträgliche Bestimmung zu, die mit *d. h., also, insbesondere, nämlich, vor allem, z. B.* beginnt. Die Apposition ist auch hier immer in Kommas einzuschließen. (Beachte auch Kap. 55.)

Große Unsicherheit herrscht, wenn beim Datum Wochentag und Monatstag hintereinander stehen. Nach der Regel «Die Apposition ist in denselben Fall wie das Bezugswort zu setzen» muß der Monatstag nur dann als Apposition zum Wochentag angesehen werden, wenn beide Angaben im Dativ stehen, d. h., wenn dem Wochentag *am* vorangestellt ist: *Wir kommen am Dienstag, dem 20. Oktober, zu Euch nach Altenberg* (Brief). Die eigentliche Datumsangabe kann als Apposition betrachtet werden, wenn der Wochentag im sogenannten *Akkusativ der Zeit* steht und der Monatsname mit *den* folgt: *Wir kommen Dienstag, den 20. Oktober, zu Euch nach Altenberg. Dienstag* ist hier – was zu beachten ist – Akkusativ der Zeit. Da jede Apposition in Kommas eingeschlossen werden muß, darf das Komma hinter dem Monatstag nicht fehlen. Sonst gibt man zu erkennen, daß der Monatstag nicht als Apposition aufgefaßt werden soll. Also schreibt man (mit einem Komma): *Wir kommen Dienstag, den 20. Oktober zu Euch nach Altenberg.* Dann handelt es sich um eine Aufzählung gleichartiger Satzglieder. Wenn vor dem Wochentag *am* und vor dem Datum *den* steht, muß das zweite Komma wegfallen: *Wir kommen am Dienstag, den 28. Oktober zu Euch nach Altenberg.* (Vgl. Dudenregel «Datum».)

Übungen

Prüfen Sie auch die Zeichensetzung!
1. Die bekanntesten unter den Operetten Offenbachs, der Spötter unter den Komponisten, sind «Orpheus in der Unterwelt» und «Die schöne Helena».
2. Die Reibflächen unserer Sandpapiere sind aus Korund hergestellt, also der zweithärteste aller Steine, so daß Sie mit der Ware die besten Erfahrungen machen werden.
3. In einem leicht berlinerischen Tonfall erzählt sie die Geschichte des 16jährigen Dirk – ihr Neffe – und des 45jährigen Herbert, Pathologiedozent und Vater zweier Töchter.
4. Tante Ilse ist schon am Freitag, dem 10. Juli von Iserlohn abgereist.
5. Das Drama «Sturm und Drang» von Klinger, ein Zeitgenosse von Goethe, hat der ganzen literarischen Epoche zwischen 1760 und 1785 den Namen gegeben.
6. Ernestino Ernestinis neuer Schlager handelt wieder einmal von den Gauchos, die tollkühnen südamerikanischen Hirten zu Pferde.

7. Sie ist am Sonntag, den 23. September v. J. zum erstenmal als Iphigenie aufgetreten.

8. Dutzende von Straßenbahngleisen durchqueren immer noch die belebtesten Straßen dieser südafrikanischen Großstadt, die Überbleibsel eines völlig veralteten Verkehrsmittels.

9. Die hellblauen Blüten der Glyzinie, eine gut überwinternde Gartenpflanze, umrahmen die Fenster des Pavillons.

10. Und so komme ich zum nächsten Punkt der Tagesordnung, die Schwimmbadfrage.

11. Leider kann ich Donnerstag, den 12. März nicht noch einmal bei Ihnen vorsprechen.

12. An den Pocken, eine leicht zu übertragende Infektionskrankheit, sind in manchen früheren Jahrhunderten Zehntausende von Menschen gestorben.

13. Als sich Tilman Riemenschneider im Bauernkrieg auf die Seite der Aufständischen gestellt hatte, wurde er gefangengenommen und so hart gefoltert, daß er an keinem seiner Werke, weder an Steinplastiken noch an Schnitzaltären, weiterarbeiten konnte.

14. Nach Auskunft von Rolf Niggert, stellvertretender Gemeindedirektor, ist die alte Satzung mit der jetzigen Rechtsordnung nicht vereinbar.

15. Die Schweine werden nicht mit dem Stock getrieben, sondern mit einem Brett sanft in die Tötungsbucht geschoben, der Endstation vor dem Garaus.

55. Scheinattributsatz

Der französische Außenminister, der gegen 14 Uhr in Berlin eintraf, begab sich sofort zum Festakt ins Rathaus.

Bei Lichte besehen, ist ein Attributsatz nur dann richtig, wenn er auf die Frage was für ein? oder welcher? antwortet und wenn er angibt, wie sich die betreffende Person oder Sache von mehreren ähnlichen unterscheidet. Trifft das nicht zu, sollte man den angeblichen Beifügesatz in denjenigen Gliedsatz verwandeln, dessen Funktion er entgegen den Regeln der Logik übernommen hat. Oft genügt die Umformung in einen Hauptsatz.

Der französische Außenminister begab sich zum Festakt ins Rathaus, gleich nachdem er gegen 14 Uhr in Berlin eingetroffen war. ODER: *Der französische Außenminister traf gegen 14 Uhr in Berlin ein und begab sich sofort zum Festakt ins Rathaus.*

Jeder Nebensatz ist – wie schon oft betont – aus einem Satzteil entstanden: Subjektsätze aus Subjekten, Objektsätze aus Objekten usw. So verhält es sich auch mit Attributsätzen, einer Untergruppe der Relativsätze. Attributsätze sind zu Nebensätzen umgebildete Attribute; der vollständige Satz und die Beifügung antworten auf dieselbe Frage, auf was für ein? oder welcher?

Der klassische Attributsatz enthält eine Erklärung zu einem noch nicht genau bestimmten Bezugswort. Mein Zahnarzt fragt mich: «*Welcher Zahn tut Ihnen weh?*» Ich antworte: «*Mich schmerzt der Backenzahn dahinten, der sich bläulich verfärbt hat.*» Da es der Zweck des Attributsatzes ist, ein gewisses Ding von ähnlichen anderen hinreichend zu unterscheiden, habe ich mich durch einen Beifügesatz ausgedrückt. Der Nebensatz hebt den gemeinten Backenzahn von den übrigen Backenzähnen ab.

Allerdings ist nicht jedes x-beliebige Attribut geeignet, Unterschiede zu verdeutlichen. Der einwandfreie Attributsatz hebt hervor, wählt aus, unterscheidet – er könnte gut Unterscheidungssatz heißen. Dieser Terminus würde vielleicht manchen davor bewahren, so zu schreiben, wie es das Kapitelbeispiel zeigt. Da Frankreich natürlich nur einen Außenminister hat, wäre es sinnlos, zu fragen: Welcher französische Außenminister begab sich ins Rathaus? Der Attributsatz ist gar kein unterscheidender Satz, er ist ein schiefgeratener Temporalsatz; er kennzeichnet nicht eine andere, ähnliche Person, sondern er holt ein dem im Hauptsatz angegebenen Ereignis zeitlich vorausliegendes nach: *Der Außenminister ist gegen 14 Uhr eingetroffen, und dann begibt er sich ins Rathaus.*

Natürlich darf der Attributsatz nachholen oder vorgreifen, wenn er seiner Bestimmung, auszuwählen und zu unterscheiden, treu bleibt. Beifügesätze wie die folgenden sind also richtig: *Das trifft auch auf diejenigen Monde zu, die erst im 20. Jh. entdeckt worden sind. Das Kraftwerk wird z. Z. mit Turbinen ausgestattet, die mehr als 30 000 kW leisten sollen.*

Ganz allgemein gesagt, kann der Attributsatz jede der sechs Zeiten benutzen, um ein Prädikat zu bilden; er wird aber falsch, wenn er der Form nach als Relativsatz auftritt, während er der Sache nach ein Subjekt-, Objekt- oder Adverbialsatz ist. Solche Sätze dürfen nicht mit *der* oder *welcher* eingeleitet werden, vielmehr müssen sie begründende, folgernde, orts- oder zeitbestimmende, einschränkende oder einräumende Konjunktionen erhalten: *weil, da, so daß, wo, als, obgleich* usw.

Unter den falschen Nebensätzen liegt der Scheinattributsatz mit weitem Abstand an erster Stelle. Viele Deutsche – besonders auch solche, die von Berufs wegen schreiben – halten Sätze wie das Kapitelbeispiel für stilistisch ganz in Ordnung. Die übrigen Nebensatzarten werden deshalb seltener gebraucht, wie vor allem das Pressedeutsch (und da wieder im Lokalteil) deutlich genug zeigt.

Übungen

1. Elise, die eigentlich gar nicht hatte kommen wollen, setzte sich am Nachmittag doch noch in ihre Ente und fuhr zum Klubhaus.
2. Die Verhandlungen werden nur noch mit der DAG weitergeführt, die aber wahrscheinlich auch keine Zugeständnisse machen wird.
3. Aga Khan, der greise Imam der Ismaeliten, schickte seinerzeit ein Bild der Begum an unseren Fotografen Georg Lambrecht, der mitgeholfen hatte, unseren Tatsachenbericht «Wenn die Begum lächelt» zu illustrieren.
4. Unser Autobahnnetz ist eins der dichtesten und modernsten der Welt, das daher auch immer wieder von ausländischen Straßenbau-Fachleuten studiert wird.

5. Sieger im Slalom ist der Skiläufer, der für die beiden Durchgänge die geringste Zeit, die in $\frac{1}{100}$ Sekunden gemessen wird, benötigt.

6. Henry Dunant sandte das Buch, das über das Elend der in der Schlacht von Solferino verwundeten Österreicher und Franzosen berichtete, an alle Monarchen Europas.

7. Viele seiner ehemaligen Schüler, die jetzt in Süddeutschland und Österreich zu Hause sind, haben sich zu namhaften Journalisten entwickelt.

8. Unter einem Staatsstreich versteht man einen gegen die verfassungsmäßige Ordnung gerichteten Umsturz, der vom Inhaber der Regierungsgewalt ausgeht und meist darauf abzielt, ein diktatorisches System durchzusetzen.

9. Der Kaufmann muß heute mehr denn je Probleme lösen, welche sich aus der Stellung des Handels zur Gesamtwirtschaft ergeben, in der der Handel eine immer bedeutendere Rolle spielt.

10. «Es war schon immer unser Wunsch, Hagenbecks Tierpark zu besuchen», gestand die 85jährige Witwe Anne Schröder, die mit ihren beiden unverheirateten Töchtern nach Hamburg gekommen war.

11. Carl Spitteler, der viele Jahre lang von der Literaturkritik übergangen worden war, wurde mit seinem «Olympischen Frühling» berühmt und erhielt 1919 den Nobelpreis.

12. Die Sprecher befürchten deshalb, daß gerade dasjenige der vier Werke, dessen Belegschaft so großartig aufeinander eingespielt ist, nun zuerst zur Kurzarbeit übergehen müsse.

13. Der Unterschied zwischen einer Biene und einer Hummel besteht darin, daß jene es ablehnt, in Höhlen hinabzukriechen, die ihr nicht ganz geheuer erscheinen.

14. Gestern meldete sich bei der Zollwachabteilung Obertilliach ein italienischer Zivilist, der erklärte, der Wildschütz aus dem Rollertal sei ein gewisser Roberto, der acht Tage zuvor mit einer Schußwunde in der linken Schulter in ein italienisches Krankenhaus eingeliefert worden sei und dort angegeben habe, die Wunde stamme von einem Unfall, den er beim Bäumefällen erlitten habe.

15. Dem amerikanischen Physiker Maiman war es 1960 gelungen, mit dem Laser eine Lichtquelle zu schaffen, die in Form eines Parallellichtbündels die Lichtenergie abstrahlt, die besonders stark ist und heute in der Augenchirurgie als Skalpell dient.

56. Anschluß mit w-Wörtern

Die moralische Verurteilung der dortigen Minderheitenpolitik sollte etwas sein, in dem sich alle Demokraten einig sind.

> Für Relativsätze, die mit einem Relativpronomen oder einem Relativadverb beginnen, gelten Regeln, die sich nicht auf einen Nenner bringen lassen. Die Erläuterungen zeigen, wie im einzelnen zu verfahren ist. Im Kapitelbeispiel muß es statt «in dem» «worin» heißen.

Die moralische Verurteilung der dortigen Minderheitenpolitik sollte etwas sein, worin sich alle Demokraten einig sind. BESSER: *Alle Demokraten sollten die Minderheitenpolitik dieses Staates moralisch verurteilen.*

Der Relativsatz kann nicht nur mit *der* und *welcher* angeschlossen werden, sondern auch mit anderen Relativpronomina und mit Relativadverbien. Sie fangen in den meisten Fällen mit einem *W* an: *was, wie, wo, worin, woran* usf. Im einzelnen gelten folgende Regeln:

Ein Relativsatz beginnt mit *was* und nicht – wie ungeübte, feintuende Schreibende für «korrekter» halten – mit *das,*

a) wenn dem *was* ein unbestimmtes Numerale vorausgeht: *nichts... was, alles... was, mancherlei... was,* und zwar auch als Ordinalzahlwort: *das erste... was, das letzte... was: Er war von dem Gedanken beseelt, etwas zu schaffen, was ihn weit überleben werde* (nicht: *das ihn überleben werde*). *Ihn nach der Kopie des Briefes zu fragen war das erste, was sein Kompagnon sich vorgenommen hatte.*

b) wenn sich *was* auf ein sächliches Pronomen bezieht: *das... was, dasselbe... was: Dieser Anruf war genau das, was ich verhindern wollte. Das ist dem Sinne nach dasselbe, was ich vorhin gesagt habe.*

c) wenn mit *was* ein substantivisch gebrauchtes, oft im Superlativ stehendes Adjektiv oder Partizip wiederaufgenommen wird: *das Gute... was, das Herrlichste... was, das Ergreifendste... was: Er war auf der Suche nach etwas Seltenem, was sie überraschen würde. Weisheit ist das Höchste, was die Natur dem Menschen verleihen kann.*

d) wenn *was* an den vorausgehenden Satz als ein Ganzes anknüpft: *Täglich müssen 300000 cbm Wasser bereitgestellt werden, was durch 21 kleinere und größere Fluß- und Pumpwasserwerke erfolgt. –*

Merke: Wird ein derartiger relativischer Anschluß aufgelöst und
der Relativsatz in einen selbständigen Hauptsatz verwandelt, ist er
mit *das* oder *es*, nicht aber mit dem gezierten *dies* oder *dieses* zu
beginnen (vgl. WK 38): *Täglich müssen 300000 cbm Wasser bereit-*
gestellt werden. Das geschieht durch 21 kleinere und größere Fluß-
und Pumpwasserwerke.

Wenn dagegen das relativische *was* zusammen mit einer Präposition auftritt, wie in *an was, über was, zu was,* ist die Wortpaarung in *wo* mit ange-
fügter Präposition zu verwandeln: *woran, worüber, wozu* (das Binde-R
gehört bei der Trennung ans Ende der vorhergehenden Zeile!). Die so
entstehenden *wo*-Wörter sollten aber nicht wahllos gebraucht werden.
Sie sind außer bei *was* nur noch bei *das* und *es* gebräuchlich. Dagegen
bleiben die bestimmten Relativpronomina *an dem, über den, zu der* stehen, sie gehen in der Regel nicht in die *wo*-Fassung über. Also: *Hier ist das*
Fenster, vor das ein Gitter gesetzt werden soll. Nicht: *... wovor ein Git-*
ter... werden soll. Sie zeichnete den Turm, aus dem eine riesige rotweiße
Fahne hing. Nicht: *... woraus eine rotweiße Fahne hing.* Wohl aber: *So*
begannen die Verhandlungen von neuem, woraus geschlossen werden
konnte, daß Kompromisse in Aussicht waren. Woraus steht hier für *aus*
was (s. oben unter d).

Am Anfang eines Relativsatzes soll *wo* gebraucht werden, wenn es für
eine Ortsangabe steht: *An dem Platze, wo früher der Schuppen stand, ist*
ein kleiner Zierteich angelegt worden. Mit dem Duden treten viele Stilistiker dafür ein, *wo* auch im temporalen Sinne zuzulassen (*zu Ostern,*
wo...), doch sollte man diese Ausdrucksweise der Umgangssprache
überlassen. (Vgl. WK 5.) – Daß *Gustav, wo...* ein schlimmer Provinzia-
lismus ist, versteht sich von selbst.

Das Wort *wie* ist als Relativadverb selten (im indirekten Fragesatz kommt
es häufiger vor). Es vertritt ein Pronomen beliebigen Geschlechts, wenn
das Fürwort von einer Präposition abhängt: *Wir bieten Ihnen für wenig*
Geld eine Menge Hinweise, wie Sie Ihren Betrieb modernisieren können.
Hier steht *wie* für ein stilistisch schlechtes *mittels welcher.*

Übungen

1. Als wir die angebotene Wohnung eingehend besichtigten, fanden wir allerhand, das noch in Ordnung zu bringen war.

2. Das Wort «Atheist» stammt aus dem Griechischen, wo es zuerst von den Feinden der aufklärerischen «Weisheitslehrer» gebraucht worden ist; es wurde im 17. Jh. neu gebildet, wo auch viele andere Fremdwörter geprägt worden sind.

3. An Hirschen kommen bei uns vier Arten vor: der Elch, der Damhirsch, der Rothirsch und das Reh (mit welcher Feststellung natürlich nicht gesagt sein soll, in anderen Ländern lebten keine Hirsche).

4. Er wäre an demselben Abend noch bei seiner Mutter gewesen, welches aber einen Fußmarsch von fünf Stunden bedeutet hätte.

5. Die Straßenbahn war wohl dasjenige Verkehrsmittel, was den zunehmenden motorisierten Großstadtverkehr am meisten behindert hat.

6. Wenn Sie in diesem Moment am Radio sitzen und Ihnen etwas einfällt, das Sie aus Ihren Gedanken bisher verdrängt haben, rufen Sie uns an!

7. Uranus hat ein Magnetfeld, was bislang nur vermutet werden konnte; aber seine beachtliche Stärke hat niemand vorhergesehen.

8. Ich kann verstehen, daß du verärgert bist, aber die Art, auf welche du mir Vorhaltungen gemacht hast, finde ich reichlich unangebracht.

9. Die Voruntersuchung hat ergeben, daß Lotter zunächst versucht hatte, Frau Zeidler mit einem 6-mm-Kleinkalibergewehr zu erschießen. Als ihm dieses nicht gelang, griff er sie mit wüsten Schlägen an.

10. An alles hatte Fred Henger gedacht, nur nicht an sein Manuskript, worauf doch alle so gespannt waren.

11. Unser Herz pumpt das Blut zunächst in die Aorta, dann in die Schlagadern oder Arterien, wo es, fein verteilt, bis zu den Spitzen aller Glieder strömt.

12. Lesefreudig sind auch die Einwohner von Buenos Aires, einer Stadt, in welcher täglich 54 verschiedene Zeitungen erscheinen.

13. «Es vergeht keine Woche, wo nicht Beschwerden eingehen», meinte Bürgermeister Lorenzen.

14. Als wir mit dem LKW zusammenstießen, zerbrachen 60 Flaschen

Weißwein; dieses war um so ärgerlicher, als eine große Hochzeitsge-
sellschaft auf das teure Naß wartete.
15. Ich kann mir schon vorstellen, an was du die ganze Zeit gedacht
hast!

57. Stilblüte durch Beifügesatz

*Ich brachte eine alte Dame zur nächsten Bushaltestelle, die vor Aufregung
noch am ganzen Leibe zitterte.*

> Der Attributsatz muß an dasjenige Wort im übergeordneten Satze an-
> schließen, das er näher bestimmen soll – sonst gibt es unter Umstän-
> den typische Stilblüten.

*Ich brachte eine alte Dame, die vor Aufregung noch am ganzen Leibe zit-
terte, zur nächsten Bushaltestelle.*

Wie das Kapitelbeispiel zeigt, gibt es etwas zu lachen, wenn der Beifügesatz an das falsche Wort angeschlossen wird – oder aber es entstehen dop-
peldeutige Aussagen, die manchmal schwer durchschaubar sind. Stilfehler im Sinne des Kapitels kommen allerdings nur zustande, wenn das richtige und das falsche Beziehungswort das gleiche Geschlecht haben und
wenn das nicht gemeinte Substantiv hinter dem eigentlichen Anschlußwort steht, wie *Dame* und *Bushaltestelle* in obigem Beispiel.
Haben die Begriffe des übergeordneten Satzes verschiedenes Geschlecht,
kann der gleiche Fehler unterlaufen, wenn die beiden Wörter im Plural
stehen: *Auch die Wohnheiminsassen gingen freiwillig auf ihre Zimmer zurück, die kurz zuvor noch Widerstand geleistet hatten.* Der Nebensatz muß
gleich hinter dem Pluralwort *Wohnheiminsassen* beginnen, also hinter
dem anderen im Plural gebrauchten (und andersgeschlechtlichen) Substantiv des Hauptsatzes: *Auch die Wohnheiminsassen, die kurz zuvor
noch Widerstand geleistet hatten, gingen freiwillig auf ihre Zimmer zurück.*
Jetzt ist auch die Betonung klar: *Auch die Wohnheiminsassen, die kurz
zuvor noch Widerstand geleistet hatten...* Das stark hervorgehobene *die*
könnte durch ein demonstratives *diejenigen* ersetzt werden.

Übungen

1. Bevor die Räuber in einem gestohlenen Opel-Wagen flohen, gaben sie Schüsse auf die Eheleute Jekubik ab, die glücklicherweise ihr Ziel verfehlten.

2. Das tief zertalte Siebengebirge mit dem 324 m hohen Drachenfels liegt südlich des politischen Mittelpunkts unseres Staates, dessen Gestein zum Bau des Kölner Domes verwendet worden ist.

3. Genausowenig wissen meistens die jungverheirateten Kolleginnen mit den Lohnsteuerbestimmungen Bescheid, die ihr erstes Baby bekommen.

4. Die Pfahlbürger waren Landbewohner, welche in Kriegszeiten von den mauerbewehrten mittelalterlichen Städten aufgenommen wurden.

5. Ein Spezialasphalt kommt z. B. im Irak vor, der als besonders wasser- und säurefestes Erdpech seit langem im Straßenbau verwendet wird.

6. Während des Sommers bildet sich am offenen Erdboden oft reichlich Tau, der in klaren Nächten die gespeicherte Wärme leicht abstrahlt.

7. Ein Verbandstag ist satzungsgemäß nicht vom Vorstand, sondern von einem 20köpfigen Festausschuß vorzubereiten, zu dessen Hauptversammlung mehr als 5000 Mitglieder erwartet werden.

8. Tapeten können zum Verkleiden von Wänden beliebiger Art verwendet werden, welche aus Stoff, Leder oder synthetischem Material bestehen.

9. Eins der Karussells stand gerade vor den Fenstern meines Hotels, die sich zur Musik eines heiseren Orchestrions mühsam um die eigene Achse drehten.

10. Themistokles hatte die aus großen, schweren Schiffen bestehende persische Flotte in die See-Enge von Salamis gelockt, die sich wegen ihrer Unbeweglichkeit als kaum manövrierfähig erwies.

J. Gebrauch der Zeiten und des Konjunktivs

58. Vorzeit des Präsens

Wider Erwarten sprang der Wind auf Südwest um; daher besteht für die Nordseeküste erneut Sturmflutgefahr.

> Wirkt ein Geschehnisablauf oder Zustand, der in der unmittelbaren Vergangenheit beendet worden ist, in die Jetztzeit hinein, wird dies Übergreifen durch das Perfekt ausgedrückt. Das Perfekt ist auch sonst die Vorzeit des Präsens.

Wider Erwarten ist der Wind auf Südwest umgesprungen; deshalb besteht für die Nordseeküste erneut Sturmflutgefahr.

Mit dem Präsens beschreiben wir gegenwärtige Zustände oder was gegenwärtig geschieht. Die Sachbeschreibung (von einfachen oder in Funktion vorgestellten Gegenständen) und die Bildbeschreibung beruhen auf Tatsachen, die in der Gegenwart vorliegen, sie werden deshalb im Präsens wiedergegeben. Außerdem ist das Präsens das Stilmittel, gegenwärtige oder als gegenwärtig gedachte Handlungsabläufe und Ereignisse zu beschreiben: dann kommentieren oder schildern wir (Sportreportage, Parlamentssitzung, Demonstration, Straßenfete). In Romanen, Novellen, Kurzgeschichten u. dgl. ist das Präsens üblich, wenn die Handlung plötzlich spannend wird – wir werden gewissermaßen für einige Momente Zuschauer. – Auch Lebensregeln und allgemeingültige Wahrheiten werden im Präsens formuliert (man denke an die Sprichwörter). Die Wissenschaft trägt ihre Ergebnisse ebenfalls in der Jetztzeit vor, wie z. B. die auf das jeweilige Kapitelbeispiel abgestimmten Stilregeln zeigen.

Für die Darstellung vergangener Zustände und Ereignisse stehen – vom Präsens aus gesehen – zwei Tempora zur Verfügung. Das Imperfekt (Präteritum) drückt Tatsachen aus, die als Glieder einer längeren Kette einzelner Handlungsakte oder Szenen anzusehen sind. Hier erzählen wir, indem wir eine Aussagentreppe benutzen, die durch *zuerst – dann – darauf – nachher – später – zuletzt* kenntlich gemacht ist. Jede Stufe ist die Vorstufe zu der nächsten Erzählsituation, jeder Vorgang bereitet den nächsten vor. Ehe der neue Akt beginnt, ist der letzte «vorbei», daher auch der lateinische Begriff «Präteritum» (von praeter-ire, «vorbei-gehen») und der synonyme «Imperfektum» (von perficere, «vollbringen», aber mit der Negationssilbe «in» = «im», daher das Nichtvollendete, das, worauf Weiteres folgt), die unvollendete Vergangenheit.

Eine Sonderstellung nimmt oft das unmittelbar vor dem Jetzt eingetretene Ereignis ein. Es ist noch nicht durch ein neues, weiterführendes abgelöst worden und dauert insofern noch an: Vergangenheit und Gegenwart laufen ein Stück nebeneinander her und überlagern sich. Wenn von solch halb vergangenen, halb gegenwärtigen Gegebenheiten gesprochen wird, kann nicht mehr «erzählt» werden. Das unmittelbar vor der Gegenwart liegende, die Gegenwart gewissermaßen überblendende Vergangene wird «mitgeteilt» – wir benutzen dann das Perfekt.

Im Kapitelbeispiel *hat sich der Wind gedreht und weht nun aus Südwest*. Die Tatsache des Sichdrehens ist in der Vergangenheit erfolgt, aber daraus hat sich ein Zustand ergeben, der andauert. Der erste Teil der Satzreihe ist also in das Perfekt zu setzen: *Wider Erwarten ist der Wind auf Südwest gesprungen; deshalb besteht... erneut Sturmflutgefahr*. In diesem Kontext spielt das Perfekt eine Rolle, die der wörtlichen Bedeutung des Begriffs tempus perfectum, «vollendete Zeit», widerspricht. Als Vorzeitstufe des Präsens bezeichnet das Perfekt im Deutschen meist gerade die nicht vollendeten, mit der Gegenwart verzahnten Zustände oder Vorgänge – Geschehnisse, die in der Jetztzeit wirksam werden. Dazu gehören auch Fakten, die wir als eigenständiges, isoliertes Ergebnis hervorheben wollen, weil sie uns momentan wichtig sind: *Der Dollarkurs hat sich wieder erholt. Die Ausschußsitzung ist nochmals verschoben worden. Die Realos haben sich diesmal nicht durchgesetzt*. Solche Formulierungen haben Meldungscharakter.

Das Perfekt kann auch innerhalb von Erzählungen auftreten, und zwar hauptsächlich an deren Anfang und Ende. Solche Sätze leiten ein und fassen zusammen. Sie beziehen sich auf einen Hauptpunkt der Erzählung oder auf den Vorgang als Ganzes. Wo entwickelt wird, ist das Perfekt nicht passend, wohl aber, wo der Erzähler noch nicht oder nicht mehr auf Einzelheiten eingeht. Das Perfekt tritt deshalb gern in den Rahmensätzen einer Erzählung auf. (Vgl. Übersicht: Gebrauch der Zeiten, S. 262.)

Da Inhaltsangaben von literarischen Werken, Filmen usw. im Präsens abzufassen sind, ergibt sich ein ärgerlicher Stilbruch, wenn zwischendurch das Imperfekt benutzt wird. Die Inhaltsangabe wechselt dann in die Nacherzählung über.

Übungen

Stellen Sie fest, in welchem Tempus das Prädikat steht, und prüfen Sie, ob die Vorzeit zum Präsens richtig gebildet ist. Wo nötig, verbessern. Spielregel: Das im Präsens gebrauchte Prädikat soll in allen Sätzen als maßgebend gelten.

1. Mein für Montag gebuchter Flug muß unterbleiben, weil das Reisebüro mein Visum nicht rechtzeitig beschaffte.
2. Jedermann sei herzlich willkommen, meint Elke Sturm, die im September vor zwei Jahren die alte Scheune in ihren ganz persönlichen «Musentempel» umfunktionierte.
3. Diese Luftaufnahmen beweisen, wie weit die Neuseeländer mit Brandrodungen in die Regenwälder vorgedrungen sind.
4. Seitdem an dieser verkehrsreichen Kreuzung die Ampeln nachts wieder eingeschaltet bleiben, nahmen die Unfälle rasch ab.
5. Kaum betrat ich mein Büro, klingelt schon wieder das Telefon.
6. Der CSU-Minister für wirtschaftliche Zusammenarbeit hatte in einem Bericht vor dem Kabinett darauf hingewiesen, daß die Hungerkatastrophe vermutlich vor ihrem Höhepunkt steht.
7. Wie das Protokoll zeigt, wimmelte es schon bei Ihren ersten Vernehmungen von Widersprüchen, und jetzt stellen Sie die Sache wieder anders dar. Es ist klar, daß Sie logen und weiter lügen!
8. Diese jungen Mädchen, die keine Lehrstelle bekommen hatten, erlernen nun in unserem Jugendwohnheim die Hauswirtschaft.
9. Die Leber reinigt das Blut von den Giftstoffen, die es auf seinem Weg durch die Darmschleimhäute mit den Nährstoffen aufnahm.
10. Wie oft die Verteidigerin ihren Mandanten im UG mit Kokain versorgte, ist nicht mehr feststellbar.
11. Der Mond war aufgegangen, die güldnen Sternlein prangen am Himmel hell und klar.
12. Im Zuge der Perestroika sind die Kontakte zwischen Sowjetbürgern und Ausländern erleichtert worden – die Interviews westdeutscher Reporter beweisen es.

13. Tief drunten im Walsertal glimmen die Lichter auf. Der Himmel ist leicht verhangen, und die Dämmerung war früher hereingebrochen als sonst.

14. Der Eindruck, daß die Auflagen des ersten Untersuchungsausschusses zur dortigen Mülldeponie aus dem Jahre 1973 (!) von den Behörden unzulänglich erfüllt wurden, ist nach Ansicht des Umweltnators nicht richtig.

15. Die vor zwei Monaten gekaufte Babyzelle hatte sich weitgehend entladen, weswegen auf die Küchenuhr kein Verlaß mehr ist.

59. Vorzeit der Vergangenheiten

Kaum nahm der Bagger die obere Erdkrume weg, als auch schon ölhaltiger Sand zutage trat.

> Ist eine Handlung oder ein Zustand im Perfekt oder im Imperfekt wiedergegeben, so ist alles, was vorausgeht, in das Plusquamperfekt zu setzen.

Kaum hatte der Bagger die obere Erdkrume weggenommen, als auch schon ölhaltiger Sand zutage trat.

Wollen wir erzählen, wie sich Handlungen, Ereignisse und Zustände aneinander angeschlossen haben, dann bedienen wir uns, wie im vorigen Kapitel ausgeführt, des Präteritums (des Imperfekts). Dies Tempus ist das sprachliche Element, in dem sich die einzelnen Stufen eines längeren Handlungsablaufs folgerichtig entwickeln und miteinander verbinden lassen. Das Präteritum kann ausnahmsweise an die Stelle des Perfekts treten, wenn die Aussage Meldungscharakter hat und durch eine Zeitangabe präzisiert ist: *Die neue Verfassung Japans trat am 3. 5. 1947 in Kraft.* (Vgl. Kap. 58, S. 147.)

Was sich noch vor der Vergangenheit zugetragen hat, wird im Plusquamperfekt berichtet. Wenn im Kapitelbeispiel also gesagt wird, daß ölhaltiger Sand zutage trat, muß eine frühere Tatsache, und mag sie zeitlich noch so kurz davor liegen, in das Plusquamperfekt gesetzt werden: *Kaum hatte der Bagger die obere Erdkrume weggenommen, als auch schon ölhaltiger*

Sand zutage trat. Die zweite Vergangenheit (Vorvergangenheit) holt nach, was sich – mehr oder weniger direkt – vor der berichteten Tatsache ereignet hat.

Das Plusquamperfekt ist die Vorzeitstufe zu den beiden Vergangenheiten, also auch zum Perfekt: *Ich bin doch noch pünktlich eingetroffen, obgleich ich mich verfahren hatte. Da es inzwischen Morgen geworden war, sind wir gar nicht erst zu Bett gegangen.* Das Perfekt ist, wie im vorigen Kapitel gezeigt, die Vorzeitstufe des Präsens, und so erscheint das Plusquamperfekt oftmals in unmittelbarer Nachbarschaft der Gegenwart. Nächtliches Telefonat: *«Nachdem ihr abgefahren wart, bin ich noch einmal zu den Pferden gegangen, um zu sehen, was das Fohlen machte. Nett von euch, daß ihr anruft! So weiß ich wenigstens, daß ihr gut nach Hause gekommen seid. Übrigens hat inzwischen auch Fritz angerufen, und zwar keine fünf Minuten, nachdem ich euch zum Wagen gebracht hatte.»*

Wer unseren Ausführungen aufmerksam gefolgt ist, wird eine wichtige Erkenntnis gewonnen haben: Sämtliche Tempora können Satz an Satz nebeneinanderstehen, ohne daß sie von der benachbarten Satzaussage abhängig wären. Das Beziehungsschema sieht folgendermaßen aus:

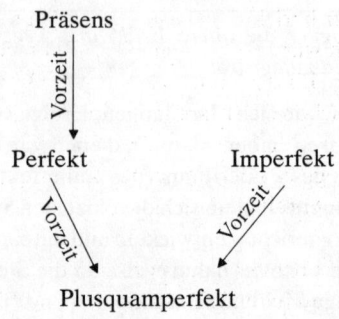

Vgl. Übersicht: Gebrauch der Zeiten, S. 262 f

Übungen

1. Nun mußten wir zeigen, was wir während unserer 14tägigen Ausbildung an der elektronischen Schreibmaschine gelernt haben.
2. Sechs Wochen lang habe ich versucht, in meinem alten Beruf unterzukommen; schließlich blieb mir nichts anderes übrig, als mich für eine Umschulung zu melden.
3. Für den Dienstag waren Ausflüge in die weitere Umgebung vorgesehen. Ich nahm an dem teil, der zum Hermannsdenkmal auf der bewaldeten Grotenburg führte, wo man vor Jahren germanische Befestigungsanlagen fand.
4. Sein Leben lang mit dem Gesetz in Konflikt, lernte unser Dichter die verschiedensten Kerker Frankreichs kennen, und er starb, da er aus Paris verbannt wurde, als Landstreicher, noch keine 35 Jahre alt. Aus der anarchisch-genialen Charakterhaltung sind Villons Gedichte hervorgegangen, jede Zeile seiner Balladen zeugt davon.
5. Der Henker hat sich noch nicht auf seinen Karren gesetzt, als ihn auch schon Krähen und Raben, die Todesvögel, umkreisten.
6. Wenn ein Eiszeitmensch ein Ren erlegte, aß er den (übrigens sehr vitaminreichen) Mageninhalt seiner Beute auf.
7. Um 1.30 Uhr wurde das Taxi des Ermordeten in Pappenheim gefunden. Anwohner berichteten, daß der Wagen schon kurz vor Mitternacht abgestellt wurde. Von wem, ist bisher nicht geklärt.
8. Kurz bevor der Hilfszug eintraf, haben drei Ärzte aus der benachbarten Kreisstadt schon damit begonnen, die Schwerverletzten zu behandeln.
9. Vincent van Gogh ist noch keine vierzig Jahre alt, als er sich aus Verzweiflung, aus Armut und aus krankhafter Melancholie das Leben nahm.
10. Bereits kurz nachdem sich der Vorhang für die Komödie «Die kleine Hütte» öffnete, mußten die Zuschauer feststellen, daß die Schauspieler akustisch überhaupt nicht zu verstehen waren.
11. Der große Vorkämpfer des Expressionismus stirbt, ohne zu wissen, daß er mit seiner mutigen Art zu malen einen neuen Abschnitt der modernen Kunstentwicklung eingeleitet hatte.
12. Am Sonnabend hatte der Ortsrat allen Grund zum Strahlen. 200 der insgesamt 1000 noch druckfrischen Dorfchroniken gingen im Festzelt weg wie warme Semmeln. In funkelnagelneue Trachten gesteckt, die

eigens zum Jubiläum angefertigt worden sind, sorgten die Bergheimer für ein buntes Bild während des Festaktes.

13. Nachdem der Tabak im 17. Jh. aus Amerika zu uns kam, bürgerte er sich bald in ganz Europa ein, zuerst als Pfeifen- und Schnupftabak, dann in Form von Zigarren und Zigaretten.

14. Obgleich sich die Schweizer Waldorte schon 1291 zum ewigen Bund gegen die Habsburger zusammengeschlossen haben, versuchten die Österreicher auch noch im 14. Jh., die Eidgenossenschaft gewaltsam an sich zu bringen.

15. Noch bevor der Lombarde endigte, stürzte das Mädchen die steile Treppe hinauf, verschwand in der Pforte und kam atemlos mit allem Schmuck zurück.

Zusatzaufgabe

Studieren Sie zunächst die Übersicht S. 262f, stellen Sie dann in dem folgenden Text aus Goethes «Dichtung und Wahrheit» satzweise die Tempora fest und erläutern Sie, warum Goethe gerade so schreibt. Sollte man irgendwo anders verfahren? Weshalb?

Das Erdbeben von Lissabon

Das Haus war indessen fertig geworden, und zwar in ziemlich kurzer Zeit, weil alles wohlüberlegt, vorbereitet und für die nötige Geldsumme gesorgt war. Wir fanden uns nun alle wieder versammelt und fühlten uns behaglich; denn ein wohlausgedachter Plan, wenn er ausgeführt dasteht, läßt alles vergessen, was die Mittel, um zu diesem Zweck zu gelangen, Unbequemes mögen gehabt haben...
Durch ein außerordentliches Weltereignis wurde jedoch die Gemütsruhe des Knaben zum erstenmal im tiefsten erschüttert. Am 1. November 1755 ereignete sich das Erdbeben von Lissabon und verbreitete über die in Frieden und Ruhe schon eingewohnte Welt einen ungeheuren Schrecken. Eine große, prächtige Residenz, zugleich Handels- und Hafenstadt, wird ungewarnt von dem furchtbarsten Unglück betroffen. Die Erde bebt und schwankt, das Meer braust auf, die Schiffe schlagen zusammen, die Häuser stürzen ein, Kirchen und Türme darüber her, der königliche Palast zum Teil wird

vom Meer verschlungen, die geborstene Erde scheint Flammen zu speien, denn überall meldet sich Rauch und Brand in den Ruinen. Sechzigtausend Menschen, einen Augenblick zuvor noch ruhig und behaglich, gehen miteinander zugrunde, und der Glücklichste darunter ist der zu nennen, dem keine Empfindung, keine Besinnung über das Unglück mehr gestattet ist. Die Flammen wüten fort, und mit ihnen wütet eine Schar sonst verborgener, durch dieses Ereignis in Freiheit gesetzter Verbrecher. Die unglücklichen Übriggebliebenen sind dem Raube, dem Morde, allen Mißhandlungen bloßgestellt; und so behauptet von allen Seiten die Natur ihre schrankenlose Willkür.

Schneller als die Nachrichten hatten schon Andeutungen von diesem Vorfall sich durch große Landstrecken verbreitet: an vielen Orten waren schwächere Erschütterungen zu verspüren, an manchen Quellen, besonders den heilsamen, ein ungewöhnliches Innehalten zu bemerken gewesen; um desto größer war die Wirkung der Nachrichten selbst, welche erst im allgemeinen, dann aber mit schrecklichen Einzelheiten sich rasch verbreiteten. Hierauf ließen es die Gottesfürchtigen nicht an Betrachtungen, die Philosophen nicht an Trostgründen, an Strafpredigten nicht die Geistlichen fehlen. So vieles zusammen richtete die Aufmerksamkeit der Welt eine Zeitlang auf diesen Punkt, und die durch fremdes Unglück aufgeregten Gemüter wurden durch Sorgen für sich selbst und die Ihrigen um so mehr geängstigt, als über die weitverbreitete Wirkung dieser Explosion von allen Orten und Enden immer mehrere und umständlichere Nachrichten einliefen. Ja, vielleicht hat der Dämon des Schreckens zu keiner Zeit so schnell und so mächtig seine Schauer über die Erde verbreitet.

60. «Werden» und «sein» im Passiv

Der Beschluß vom vorigen Freitag ist trotz der lebhaften Diskussion am Ende doch einstimmig gefaßt.

Das Passiv ist mit *werden* zu bilden, wenn das Prädikat einen Vorgang bezeichnet; *sein* ist zu gebrauchen, wenn das Prädikat einen Zustand ausdrückt.

Der Beschluß vom vorigen Freitag ist trotz der lebhaften Diskussion am Ende doch einstimmig gefaßt worden.

Das Passiv besteht im Deutschen aus einem unveränderlichen und einem veränderlichen Teil. Der unveränderliche ist das zu jedem Passiv gehörende Partizip des Perfekts, der gebeugte ist entweder eine Form von *werden* oder von *sein.*

	werden
Präsens	ich werde gefangen
Perfekt	ich bin gefangen worden
Imperfekt	ich wurde gefangen
Plusquamperfekt	ich war gefangen worden
Futur I	ich werde gefangen werden
Futur II	ich werde gefangen worden sein

	sein
Präsens	ich bin gefangen
Perfekt	ich bin gefangen gewesen
Imperfekt	ich war gefangen
Plusquamperfekt	ich war gefangen gewesen
Futur I	ich werde gefangen sein
Futur II	ich werde gefangen gewesen sein

Für die mit *werden* gebildete Form ist bezeichnend, daß die Vorzeiten (Perfekt, Plusquamperfekt, Futur II) statt *geworden* das kürzere *worden* annehmen. Die aus einer Verbindung mit *sein* entstandenen Vorzeiten verwenden das zweite Partizip *gewesen.* Das Passiv ist nicht – wie oft gesagt wird – durch das Hilfsverb *werden* gekennzeichnet (auch deshalb nicht, weil es in allen Formen des Futurums zu finden ist), sondern durch das unveränderliche Partizip.

Das mit *werden* gebildete Passiv bezieht sich auf einen abgeschlossenen Vorgang, häufig auf die Handlung in ihrem Endstadium, weshalb oft eine Zeitangabe dabeisteht: *Heinz ist gestern nach Stuttgart versetzt worden. Anschließend wurden unsere Personalien festgestellt. Die Reliquie soll schon im 10. Jh. verehrt worden sein.* Das Kapitelbeispiel enthält eine solche Zeitangabe in Gestalt eines Attributs: *Der Beschluß vom vorigen Freitag...* Auch hier bezeichnet das Prädikat die Handlung als zeitlich fixierten Vorgang; nur die mit *werden* zusammengesetzte Verbform ist richtig: *Der Beschluß... ist einstimmig gefaßt worden.*

Sein mit dem Partizip des Perfekts bezeichnet dagegen einen Zustand als Ergebnis einer abgeschlossenen Handlung. Soweit der Satz überhaupt eine Zeitangabe enthält, gibt sie an, *seit wann* oder *wie lange* dieser Zustand dauert: *Ilse ist seit Ostern verreist. Er war schon einige Monate angestellt, als ihm plötzlich gekündigt wurde. Ferdinand ist nur ein halbes Jahr lang verheiratet gewesen.*

Das mit *sein* gebildete Passiv heißt Zustandspassiv; bei ihm tritt in den Vorzeiten *gewesen* an die Stelle von *worden: Ich bin zweimal in Gefangenschaft gewesen. Man konnte es sehen: Der Acker war früher einmal bestellt gewesen. Der Öltank wird wohl durchgerostet gewesen sein.* Die zweite Zukunft – wie hier im letzten Satz – drückt im Deutschen eine Vermutung aus.

Übungen

1. Die Kur hat Wunder gewirkt – meine schwere Bronchitis ist völlig ausgeheilt.
2. Die Dahlie war zur Zeit der Französischen Revolution aus Mexiko nach Spanien gebracht. Jedes Jahr entstanden neue Züchtungen, so daß es bald 10 000 Arten gab. Die schöne Gartenpflanze ist übrigens nach dem Schweden Dahl, einem Botaniker, benannt.
3. Als alle Gäste das Haus verlassen hatten, räumten wir gleich auf und stellten fest: Längst nicht alle Flaschen waren ausgetrunken. Allerlei Hochprozentiges war einfach zur Seite gestellt, und etliche Liköre waren ebenfalls ungeöffnet.
4. Wir bestätigen, daß der Antragsteller bei der erwähnten Explosion in unserer Chemischen Abteilung ohne eigenes Verschulden schwer verletzt worden ist.

5. Obwohl von drei Wiener Klassikern – Haydn, Mozart, Beethoven – keiner in der Kaiserstadt geboren worden war, war durch sie Wien der Mittelpunkt der europäischen Musik.

6. Erst vor acht Tagen ist die neue Porzellanplombe eingesetzt, und schon hat sie sich gelöst.

7. Auch dieses Jahr waren sämtliche Litfaßsäulen von oben bis unten mit riesigen Sommer-Schlußverkauf-Plakaten beklebt.

8. Sie bezweifeln zu Unrecht, daß der Spurensicherungsdienst am Tatort sofort genau untersucht hat, mit was für Werkzeugen die Kassette geöffnet ist.

9. Nachdem schon im 17. Jh. Unterwasserfahrzeuge gebaut waren, konstruierte 1898 der Amerikaner J. Ph. Holland das erste seetüchtige, im Krieg einsetzbare U-Boot.

10. Die geheimnisvolle Tür war also mehrere Jahre lang verschlossen, und Barbra öffnete sie, so behutsam sie konnte.

11. Das Heilige Römische Reich Deutscher Nation war unter Franz II. im Jahre 1806 zu Napoleons großer Freude zu Grabe getragen.

12. Der graue, dreizehige Straußenvogel Nandu lebt in den südamerikanischen Pampas. Ein halbes Dutzend Weibchen sind von einem einzigen Männchen eingehütet. Sie legen ihre Eier in eine gemeinsame Mulde, wo das Harems-Gelege vom Vater ausgebrütet wird. Sind die Jungen flügge, gehen die «Kleinen» ihrer Wege.

13. Niemand hat sich gewundert, daß in diesem verregneten Sommer die Badeanstalten vorzeitig geschlossen sind.

14. Der berühmte finnische Wunderläufer Paavo Nurmi, der mehrfache Sieger auf den Olympiaden von Paris und Amsterdam, ist wegen seiner sauberen sportlichen Haltung von den jungen Menschen seiner Zeit leidenschaftlich verehrt. Später war Nurmi schwer gelähmt.

15. Bereits am Montag hatte es bei Zusammenstößen zwischen Polizei und Demonstranten mehrere Verletzte gegeben; einer Fau war der Knöchel gebrochen.

61. Der Konjunktiv gehört ins Präsens

Sonne und Mond stritten darüber, wer von ihnen der stärkere wäre.

> Die indirekte Rede wird mit dem Konjunktiv des Präsens gebildet, gleichgültig, in welchem Tempus das Prädikat des übergeordneten Satzes steht.

Sonne und Mond stritten darüber, wer von ihnen der stärkere sei.

Der Indikativ drückt aus, was wir als wirklich ansehen; wir wenden ihn an, um Tatsachen festzustellen: *Der Diskontsatz ist um 0,5 Punkte erhöht worden. Die Sommerzeitreglung bleibt bestehen. Der Meeresspiegel wird deutlich ansteigen.* Setzen wir dagegen die Satzaussage in den Konjunktiv, geben wir damit zu erkennen, daß wir etwas bloß für möglich halten, daß es in dieser oder jener Hinsicht ungewiß oder zweifelhaft ist. Der Konjunktiv gehört deshalb in Sätze, die eine Annahme, eine Vermutung, eine Befürchtung, einen Verdacht, einen Irrtum, einen Wunsch aussprechen: *Die Eltern glauben noch immer, Martin arbeite an seiner Dissertation. Der Leser wird meinen, Thomas Bernhard verhöhne wieder ganz Österreich. Möge ihm die Erde leicht sein!*

Der Konjunktiv umschreibt also das Ungewisse im weitesten Sinne. So auch im Kapitelbeispiel: Noch steht für Sonne und Mond nicht fest, *wer von ihnen wirklich der stärkere ist;* wüßten sie es, brauchten sie nicht darüber zu streiten, *wer von ihnen der stärkere sei.*

Am häufigsten wird der Konjunktiv in der indirekten Rede gebraucht: *Ich rief, es sei schon spät, er müsse sich beeilen. Sie verlangte, er solle am Sonntag morgen selbst erscheinen. Wir hatten vermutet, das Wetter schlage um.* Eigene Ausführungen oder Äußerungen anderer Personen können statt wörtlich auch nur dem Sinne nach angegeben werden (wodurch im übrigen der Inhalt nicht verändert werden darf). Die indirekte Rede ist daher unentbehrlich für alle Arten amtlicher und journalistischer Berichterstattung, wir finden sie in den verschiedensten Mitteilungen, im Nachrichtenwesen von Presse, Rundfunk und Fernsehen, in Behördenprotokollen und Sitzungsberichten.

Die indirekte Rede ist immer von einem Verbum des Denkens, Meinens, Sagens oder Wollens abhängig: *meinen, vermuten, denken; bitten, verlangen, fordern; äußern, antworten, streiten* u. ä. Beim Übergang von der wörtlichen in die abhängige Redeweise wird der Satzbau stark verändert. Das Ausgesprochene – bisher ein Hauptsatz – wird zu einem Nebensatz umgebildet. Die persönlichen oder anderen Pronomina wechseln durchweg die Person. Das Prädikat muß aus dem Indikativ in den Konjunktiv übergeführt werden. Je nachdem die wörtliche Rede aus einer behauptenden Aussage, einer Frage oder einem Befehl besteht, gestaltet sich dieser Umwandlungsprozeß verschieden.

Daß die Sache keineswegs so schwierig ist, wie sie zunächst aussieht, mögen folgende Regeln und Beispiele zeigen. Zuerst noch einmal unser Kapitelbeispiel: Es lautet in der direkten Rede: *Sonne und Mond stritten sich: «Wer von uns ist der stärkere?»* Das Verbum des Sagens ist *streiten*. Die direkte Rede ist ein Hauptsatz, und zwar ein unabhängiger Fragesatz: *«Wer von uns ist der stärkere?»* Das Personalpronomen heißt *uns*. Das Prädikat steht im Indikativ: *ist der stärkere*. Zur indirekten Rede umgebildet, heißt das Satzgefüge: *Sonne und Mond stritten darüber, wer von ihnen der stärkere sei.* Die Abhängigkeit von *stritten* fällt ins Auge, denn der Fragesatz ist Nebensatz geworden: *wer von ihnen der stärkere sei.* Aus *uns* ist *ihnen* entstanden, d. h., die 1. Person Plural ist durch die 3. Person Plural ersetzt worden. Der Indikativ *ist* muß in *sei*, nämlich den entsprechenden Konjunktiv, umgewandelt werden. So ist zu verfahren, wenn eine direkte Rede die Form der indirekten annehmen soll.

Die abhängige Rede kann auf verschiedene Art und Weise an den Vordersatz angeschlossen werden. Abhängige Subjekt- und Objektsätze dürfen mit der Konjunktion *daß* beginnen: *Ich habe geschrieben, daß mich sein Mißgeschick aufs tiefste berühre.* So gefügte Sätze unterstreichen den Nebensatzcharakter der indirekten Rede, besonders auch dadurch, daß der gebeugte Teil des Prädikats ans Satzende rückt; oft aber wirkt diese Ausdrucksweise schwerfällig, man spürt, daß solche Sätze «konstruiert» sind. Besser erfolgt der Anschluß ohne Konjunktion. Dadurch wird erreicht, daß das Prädikat im Nebensatz die gleiche Stelle wie im Hauptsatz einnimmt. Beide Sätze stimmen im Aufbau überein. Man könnte sagen, die indirekte Rede bleibe fügungsmäßig unverändert, nur der Modus (die Aussageweise) wandle sich. *Ich habe ihm geschrieben:* (,)

    direkt: *«Sein Mißgeschick berührt mich aufs tiefste.»*
   indirekt: *sein Mißgeschick berühre mich aufs tiefste.*

Anstatt von einem «verkappten Nebensatz» zu sprechen, sollte man sich angewöhnen, den ohne Konjunktion angeschlossenen abhängigen Satz als «verkappten Hauptsatz» zu bezeichnen.

Bei der Bildung des Konjunktivs im Präsens gehen wir folgendermaßen vor:

a) Wir vergegenwärtigen uns die 1. Person Plural *(wir)* des Indikativs: von *tragen* z. B. heißt sie *wir tragen.*

b) Wir streichen die Endung *-en* und erhalten so den Stamm, hier: *trag-*. Mit diesem Stamm – er darf jetzt in keiner Weise mehr verändert werden! – bilden wir den Konjunktiv des Präsens.

c) Wir fügen in allen Personen ein *-e* an, so daß sich die Endungen *-e, -est, -e; -en, -et, -en* ergeben. Man nennt den Konjunktiv deshalb auch E-Form. Von *tragen* heißt er im Präsens: *ich trage, du tragest, er, sie, es trage; wir tragen, ihr traget, sie tragen.*

Indikativ		Konjunktiv	
ich trage	wir TRAGEN	→ ich TRAG-E	wir TRAG-EN
du trägst	ihr tragt	du TRAG-EST	ihr TRAG-ET
er, sie, es trägt	sie tragen	er, sie, es TRAG-E	sie TRAG-EN

Wie man sieht, ergeben sich nur einige neue Formen, *du tragest, er, sie, es trage, ihr traget;* für die anderen Personen stimmt der Indikativ mit dem Konjunktiv buchstäblich überein: *ich trage – ich trage, wir tragen – wir tragen, sie tragen – sie tragen.* Diese sog. Zwillingsformen sind für die richtige Anwendung des Konjunktivs in der abhängigen Rede sehr wichtig, doch gehen wir erst in Kap. 63 weiter darauf ein.

Das Passiv ist auf dem gleichen Wege zu bilden wie das Aktiv. (Vgl. auch Tab. S. 261, Anm. 18–21.) *Er hatte gesagt: «Aus Mohn wird Opium gewonnen.»* Ausgangspunkt für den Konjunktiv ist auch hier die 1. Person Plural: *wir werden gewonnen;* der Stamm des gebeugten Teils des Prädikats heißt *werd-*; die passivische Konjunktiv- oder E-Form lautet also: *ich werde, du werdest, er, sie, es werde; wir werden, ihr werdet, sie werden (gewonnen).* Der Satz erhält daher folgenden Wortlaut: *Er hatte gesagt, aus Mohn werde Opium gewonnen.* Im Passiv stimmen noch mehr Formen als im Aktiv wörtlich überein: die 1. Person Singular und der gesamte Plural.

Nur das Hilfsverb *sein* bildet einen unregelmäßigen Konjunktiv des Präsens, er kann nicht von *wir sind* abgeleitet werden:

Indikativ		Konjunktiv	
ich bin	wir sind	ich SEI	wir SEIEN
du bist	ihr seid	du SEI[E]ST	ihr SEIET
er, sie, es ist	sie sind	er, sie, es SEI	sie SEIEN

Vorübung

Bilden Sie den Konjunktiv des Präsens in allen Personen von folgenden
Verben, zuerst im Aktiv, dann – soweit möglich – im Passiv: gehen, liegen, schreiben, rufen, bleiben, fragen, können, müssen. Für die Anwendung des Konjunktivs im Präsens gelten folgende Regeln:

1. Die Generalregel für die richtige Konstruktion der abhängigen Rede
   lautet so, wie am Kopfe dieses Kapitels angegeben. Haupt- und Nebensatz spiegeln dann das Verhältnis der Gleichzeitigkeit wider. In der
   abhängigen Rede ist die Zeitenfolge aufgehoben. Nach diesen Grundsätzen ist auch das Kapitelbeispiel richtiggestellt. Obwohl das Prädikat
   des übergeordneten Satzes im Imperfekt steht, muß das Prädikat der
   indirekten Rede in den Konjunktiv des Präsens gesetzt werden: *Sonne
   und Mond stritten darüber, wer von ihnen der stärkere sei.* Im übergeordneten Satze kann also jede der sechs Zeiten auftreten:

$$
Kurt \left\{
\begin{array}{l}
\textit{sagt,} \\
\textit{hat gesagt,} \\
\textit{sagte,} \\
\textit{hatte gesagt,} \\
\textit{wird sagen,} \\
\textit{wird gesagt haben,}
\end{array}
\right\} \textit{er gehe nach Hause.}
$$

2. Imperative werden in der indirekten Rede mit den modalen Hilfsverben *mögen, sollen, müssen, haben zu* umschrieben: *Der Ankläger fuhr
   sie an: «Antworten Sie endlich!»* Indirekte Rede: *Der Ankläger fuhr sie
   an, sie möge endlich antworten – sie solle endlich antworten – sie müsse
   endlich antworten – sie habe endlich zu antworten.* Das Prädikat *mögen*
   ist in Hinblick auf *anfahren* hier offenbar zu schwach.

3. Fragesätze verlangen in der indirekten Rede dasselbe Fragewort wie in der direkten. *Wir fragten ihn: «Wen kannst du uns vorschlagen?»* Daraus wird: *Wir fragten ihn, wen er uns vorschlagen könne. Ich hatte mich erkundigt: «Wie lange hast du die Perserkatze schon?»* Indirekt: *Ich hatte mich erkundigt, wie lange er die Perserkatze schon habe.* – Der unabhängige Fragesatz ohne Fragewort nimmt in der indirekten Redeweise meist *ob* an: *Der Neurologe klopfte auf den Busch: «Sind Sie alkoholabhängig?»* Indirekte Fassung: *Der Neurologe klopfte auf den Busch und fragte, ob ich alkoholabhängig sei.*
Diese drei Regeln sind bei folgenden Verwandlungsübungen zu beachten.

Übungen

Verwandeln Sie die direkte Rede in die indirekte.

1. In den Frühnachrichten hieß es: «Die Bohrinsel brennt schon seit 14 Stunden.»
2. Peter Banser legte den Haushaltsplan vor und wies schon im Vorwege darauf hin: «Das Spenden- und Bußgeldaufkommen wird sicher rückläufig bleiben.»
3. Der trojanische Priester erklärte: «Ich glaube nicht an den Abzug der Griechen.»
4. Der Freizeitamtsleiter ergänzte: «Die Spielplatzsaison ist praktisch schon zu Ende, und Geld steht dies Jahr nicht mehr zur Verfügung. Der Austausch kann erst nächstes Jahr durchgeführt werden.»
5. Demosthenes rief: «Jetzt werde ich getadelt, daß ich der öffentlichen Meinung widerspreche. Trotzdem trete ich dafür ein, Schiffe und abermals Schiffe, nichts als Schiffe zu bauen. Warum auf meine Kassandrarufe nichts gegeben wird, darüber will ich nicht streiten. Aber das eine ist sicher: Einst kommt der Tag, an dem mir in dieser Stadt ein Denkmal errichtet wird.»
6. «Auch das ist eine alte Erfahrung», murrte er, «daß man immer nur von den eigenen Leuten verraten wird!»
7. Ariovist antwortete Caesar: «Wenn du etwas von mir willst, komme zu mir!»
8. Die Kanne rät: «Gehe dem Handgemenge lieber aus dem Weg, wenn du aus Porzellan bist!»

9. Als neues Kassenmitglied frage ich an: «Wann beginnt die Karenzzeit in diesen Fällen? Ich kann aus den Versicherungsbedingungen nicht ersehen, welches Datum in Frage kommt.»

10. Er machte sich an den Jüngeren von beiden heran, zupfte ihn am Ärmel und flüsterte: «Was treibt dich von hier weg? Wieso bleibst du deinem Vorsatz nicht treu? Weißt du, daß ein alter Spruch sagt: ‹Bloß um der Gesellschaft willen soll man lieber nicht in die Hölle gehen›?»

11. Der Richter forderte den Angeklagten auf: «Bekennen Sie sich doch lieber schuldig, als mit tausend Ausflüchten zu versuchen, die Sache in die Länge zu ziehen. Führen Sie das Gericht nicht an der Nase herum! Sehen Sie doch lieber ein, daß Sie sich selbst am meisten dienen, wenn Sie der Wahrheit entsprechend alles zugeben!»

12. Die Auskunft lautete: «Die Kasse schließt täglich um halb eins.»

13. «Was verlangst du denn noch mehr?» fragte der Alte. «Du hast doch ein gutes Weib und eine gute Kohlsuppe! Genügt das nicht, gute Tage zu sehen? Verbürgt das nicht Sicherheit? Läßt sich dabei nicht in Frieden alt werden? Wenn du dazu noch gesund bist, dann gehörst du zu den Glücklichen dieser Erde.»

14. Der Prospekt behauptete: «Durch das einäugige Spiegelreflexsystem wird ein Naheinstellgerät völlig überflüssig. Eine der vier Proxarlinsen wird auf das Normalobjektiv gesteckt, und dann kann man bis zu 16 cm an den Gegenstand herangehen.»

15. Der Baumeister herrschte den Zimmerergesellen an: «Säge den Balken doch an der markierten Stelle im Winkel von 35° ab, dann paßt er!»

16. «Es gibt nicht immer die reinsten Flammen», hieß es dann, «wenn der Wind der Eifersucht ins Feuer bläst.»

17. Sarkastisch hatte der Bankier gemeint: «Die Komödie öffentlicher Ehrungen wird von Tag zu Tage häufiger. Kein Wunder! Denn während das allgemeine Preisniveau steigt, wird für Lorbeerblätter immer noch derselbe Weltmarktpreis gezahlt. Es ist im Interesse aller Beteiligten, diese Lage auszunutzen.»

18. Der Zimmervermittler meldete sich am dritten Tag schon wieder bei mir und wollte wissen: «Beabsichtigen Sie nun, die Unkosten von DM 8,-- zu erstatten, oder wollen Sie mich zwingen, einen Zahlungsbefehl zu erlassen?»

19. Gleich auf der ersten Seite heißt es: «Geld wird leicht schimmlig. Am

besten gibt man alles aus, solange man lebt. Nach dem Tode kann es einem nicht mehr nützen, und für die Erben wird es doch nur zum Streitobjekt.»

20. «Alles kostet Geld», meinte sie zu ihrer Nichte, «wenn du geboren wirst, wenn du heiratest, wenn du stirbst. Es ist zu überlegen, welche Kosten vermeidbar sind. Am besten bleibt man alte Jungfer, das ist am billigsten. Oder wird durch eine nichtausgerichtete Hochzeit und mehrere ausgefallene Kindtaufen nicht allerhand Geld gespart?»

62. Der Konjunktiv gehört ins Imperfekt

Wenn sie doch bloß aushalten würde!

> Aussagen über Nichtwirkliches und solche Tatsachen und Wünsche, von denen ungewiß ist, ob sie sich verwirklichen lassen, werden mit dem Konjunktiv des Imperfekts gebildet. Formen mit «würde» sind nur aushilfsweise zu dulden.

Wenn sie doch nur aushielte!

Das richtige Sprachmittel, eine Aussage im Lichte der Ungewißheit erscheinen zu lassen, ist häufig der Konjunktiv des Imperfekts. So nehmen Hauptsätze, in denen ein *unter Umständen*, ein *vielleicht*, ein *eigentlich* mitschwingt, in der Regel den Konjunktiv des Imperfekts an. Wir benutzen ihn auch, wenn wir uns betont vorsichtig oder höflich ausdrücken wollen, und schließlich ist er die Aussageweise in direkten Wunschsätzen, falls die Erfüllung den Verhältnissen nach unbestimmt ist. Zu diesem Typ gehört das Kapitelbeispiel. Andere Fälle: *Wir könnten ja einmal nachsehen. Du solltest das nicht so ernst nehmen. Auch ich bliebe gern noch etwas länger. Wir zögen eine Radtour vor. Dürfte ich Sie um Feuer bitten? Brächtest du mir eine Illustrierte mit?* Der Möglichkeitscharakter solcher Sätze tritt klar zutage.

Der Konjunktiv des Imperfekts wird wieder von der 1. Person Plural des Indikativs – jetzt natürlich der einfachen Vergangenheit – abgeleitet; desgleichen kann das für die deutsche Möglichkeitsform kennzeichnende *-e* nicht unterdrückt werden. Der Stamm jedoch bleibt nicht mehr durchgehend unverändert, sondern die starken Verben mit den Stammselbstlauten *a, o* und *u* nehmen den entsprechenden Umlaut an: *ä, ö, ü.*

Indikativ		Konjunktiv	
ich trug	wir TRUGEN	→ ich TRÜG-E	wir TRÜG-EN
du trugst	ihr trugt	du TRÜG-EST	ihr TRÜG-ET
er, sie, es trug	sie trugen	er, sie, es TRÜG-E	sie TRÜG-EN

Aus sprachgeschichtlichen Gründen weichen von diesem Schema einige Formen ab: *stürbe, verdürbe, würbe, würfe;* aber meist schon «regelmäßig», d. h. mit Umlaut aus der 1. Pers. Plural gebildet: *begönne* oder *begänne, empföhle* oder *empfähle, gewönne* oder *gewänne, hülfe* oder *hälfe, schwömme* oder *schwämme, stünde* oder *stände.* Auch Zwillingsformen ergeben sich, nämlich

a) bei den nichtumlautenden starken Verben in der 2. Person Singular und im ganzen Plural:

Indikativ		Konjunktiv	
ich schnitt	wir SCHNITTEN	→ ich SCHNITT-E	wir SCHNITT-EN
du schnitt(e)st	ihr schnittet	du SCHNITT-EST	ihr SCHNITT-ET
er, sie, es schnitt	sie schnitten	er, sie, es SCHNITT-E	sie SCHNITT-EN

b) bei den schwachen Verben sogar in sämtlichen Personen:

Indikativ		Konjunktiv	
ich schwebte	wir SCHWEBTEN	→ ich SCHWEBT-E	wir SCHWEBT-EN
du schwebtest	ihr schwebtet	du SCHWEBT-EST	ihr SCHWEBT-ET
er, sie, es schwebte	sie schwebten	er, sie, es SCHWEBT-E	sie SCHWEBT-EN

Im Nebensatz wird der Konjunktiv des Imperfekts nach folgenden Regeln verwendet:

1. Er steht grundsätzlich, wenn ein Hauptsatz mit verneinendem Sinn vorausgeht. *Ich kann nicht einsehen, warum ich darauf verzichten sollte. Sie werden keinen Werkstoff finden, der länger hielte. Es fehlte nur noch, daß sie das Geld verlöre!*

2. Die Verbindung *zu – als daß* ergibt ebenfalls eine Negation, weshalb im Nebensatz der Konjunktiv des Imperfekts zu verwenden ist. *Ich bin zu*

verwirrt, als daß ich klare Auskunft geben könnte. Ihr Haß ist viel zu tief, als daß sie mir jemals verziehe.

3. Komparativsätze, eingeleitet durch *als ob, als wenn, wie wenn* oder *als* (im Sinne von *als ob*), verlangen den Konjunktiv des Imperfekts, einerlei, ob das Prädikat des Hauptsatzes dem Sinne nach nur scheinbar mit dem Prädikat des Nebensatzes übereinstimmt oder ob der Vergleich annähernd der Wirklichkeit entspricht. *Er tat so, als ob er schliefe. Du siehst aus, als wenn du Fieber hättest. Mir kommt es vor, als ob es hier etwas zöge. Plötzlich war ihm, als berührte ihn eine eiskalte Hand.*

4. Stellt der Konditional- oder Wunschsatz einen Sachverhalt so hin, daß er zwar denkbar ist, den Tatsachen aber nicht entspricht, so folgt auf *wenn, falls, im Falle (daß), gesetzt den Fall (daß)* der Konjunktiv des Imperfekts. *Wenn du herkämest, könnte ich dir es zeigen. Falls sie mitführe, bekämen wir etwas zu lachen.* Nach dieser Regel war auch das Kapitelbeispiel zu verbessern.

   Der Konjunktiv des Imperfekts folgt ferner, wenn ein verkappter Konditionalsatz, also ein Konditionalsatz ohne Konjunktion, zu bilden ist. *Gesetzt den Fall, es bliebe alles beim alten... Fiele jetzt Schnee, könnten wir vielleicht doch noch rodeln.*

5. Den Konjunktiv des Imperfekts mit *würde* zu umschreiben ist nur in wenigen Fällen richtig:

   a) Im Passiv des Nebensatzes lautet *wurde* zu *würde* um. *Es täte mir leid, wenn sie entlassen würde. Ihr war zumute, als ob es in alle Welt hinausgeschrien würde.*

   b) Enthält der Nebensatz einen zu fremd klingenden Konjunktiv des Imperfekts, so kann man ihn mit *würde* umschreiben (vgl. S. 164). *Selbst wenn du es mir empföhlest, täte ich es nicht.* Statthaft: *Selbst wenn du es mir empfehlen würdest, täte ich es nicht.* Oft ist es richtiger, dafür ein modales Hilfsverb einzusetzen: *Selbst wenn du es mir empfehlen solltest, täte ich es nicht.*

   c) Es ist gutzuheißen, den reinen Konjunktiv des Imperfekts durch eine Form von *würde* zu ersetzen, wenn ein schwaches Verb Zwillingsformen bildet (vgl. S. 164). Das gilt für Haupt- und Nebensätze. Der Konjunktiv tritt nämlich oft nicht klar genug als Aussageweise des nur Möglichen, Unwirklichen hervor. *Wir freuten uns, wenn sie weiterspielte.* Besser: *Wir würden uns freuen, wenn sie weiterspielte.* Erst durch das umschreibende *würde* des Hauptsatzes wird verständlich, daß es sich nicht um ein temporales, sondern um ein konditionales Verhältnis handelt. – Zu *würde* als Umschreibung des Futurums siehe S. 170, Nr. 1.

Merke: Im bedingenden Wenn-Satz steht gewöhnlich kein Aktiv mit *würde*.

Übungen

1. Niemand kann behaupten, daß die gesellschaftlichen Strukturen etwas damit zu tun haben, wenn Menschen zu Chaoten werden.
2. Wenn das Treppenhaus doch endlich einmal gestrichen würde!
3. Da sich die Erde von Westen nach Osten dreht, scheint es uns, als würde die Sonne im Osten aufgehen.
4. Natürlich muß die chemische Industrie farbfotografische Forschung betreiben, denn wer gösse uns noch schärfer arbeitende, noch lichtempfindlichere, noch farbgetreuere Emulsionen?
5. Wenn es nach der Bundespost gehen würde, würde auch das letzte Wochenendhaus verkabelt.
6. Zum erstenmal war mir im Traum, als ob ich fliegen würde.
7. Würde das Aquarell gleich gerahmt, könnten wir es mitnehmen und noch heute aufhängen.
8. Die Konkurrenz ist viel zu groß, als daß nicht jeder Geschäftsmann nach Kräften würbe.
9. Mit Hilfe der auf den Ernstfall eingeübten Angestellten war das Warenhaus in kürzester Zeit geräumt, ohne daß es zu panikartiger Unruhe kam.
10. Der französische Staatspräsident profiliert sich wieder etwas nach links, damit die sozialistische Basis nicht davonläuft; der Ministerpräsident gibt sich eher etwas gemäßigt, als habe er die Hoffnung auf eine Öffnung zum Zentrum hin nicht aufgegeben.
11. Ich habe noch keine Hauskatze gesehen, die sich der Dressur unterworfen hat. – Aber ich! Im Moskauer Staatszirkus kam mit Kuh, Schwein, Ziege, Gans auch eine Katze herein, die offenbar mit großer Begeisterung ihr Soloprogramm absolvierte. Und wenn Sie sähen, was meine eigene Katze mir zuliebe alles tut, staunten Sie!
12. Fast könnte man sagen, die Regierungskoalition habe die Opposition wiederentdeckt.

13. Falls die Langstreckenflugzeuge nicht mit Kreisel-, sondern mit Magnetkompassen ausgerüstet sein würden, würden die Piloten große und gefährliche Orientierungsschwierigkeiten bekommen; das würde anders sein, wenn die Nadel des einfacheren Magnetkompasses genau auf den geographischen Nordpol statt auf eine der Königin-Elisabeth-Inseln weisen würde.

14. Unsäglich ist mein Leid, fort mit des Schicksals Bürde! Ach, wenn ich doch vom Blitz erschlagen würde!

15. Er pumpte den Freund an und versprach ihm, ein lukratives Geschäft zu machen. Doch daraus wurde nichts, und Helmuth K. mußte um die Rückzahlung des Kredites bangen. Da bot ihm sein Schuldner an, einen Teil des erhaltenen Kredits zurückzuzahlen, wenn K. zusammen mit einem weiteren Bekannten Haschisch von Amsterdam nach Österreich bringe.

16. Du gehst viel zu rasch, als daß du nicht völlig außer Atem kommen würdest.

17. Ein «einkommensschwacher Bürger», der so aussieht, als ob er kein Geld habe, muß im Bereich der Oberpostdirektion Hannover erst einmal Bares – 1000 Mark und mehr! – auf den Tisch legen, bevor das Telefon das erstemal klingelt. Ich habe gedacht, es würde einen Gleichbehandlungsartikel im Grundgesetz geben!

18. Aus dem bunten Gartenkatalog gewinnt man leicht den Eindruck, als ob sich all die schönen Pflanzen überall problemlos ziehen lassen.

19. Auch die Vorstellung am Freitag abend lief mit der gewohnten Präzision ab, ohne daß sich ermüdende Routine eingeschlichen hatte.

20. Wir ärgerten uns, wenn sie wirklich zurückkehrte.

63. Konjunktiv in der abhängigen Rede

Sage ihm bitte, ich werde geschäftlich aufgehalten und komme etwas später.

Ist ein an sich richtig gewählter Konjunktiv des Präsens von der entsprechenden Indikativform nicht zu unterscheiden, wird er durch den Konjunktiv des Imperfekts ersetzt. Zwillingsformen von «werden» gehen in Formen mit «würde» über.

Sage ihm bitte, ich würde geschäftlich aufgehalten und käme etwas später.

Wird eine längere direkte Rede in eine indirekte verwandelt, kommt es vor, daß die zu wählende Konjunktivform von dem dazugehörenden Indikativ nicht zu unterscheiden ist. Der konjunktivische Charakter des abhängigen Satzes wird dann nur undeutlich oder gar nicht begriffen, die Grenzen zwischen wörtlicher und bloß referierender Aussage sind verwischt.

Im Aktiv des Präsens sind die 1. Person Singular und die 1. und 3. Person Plural immer solche Zwillingsformen (vgl. Übersicht S. 260f, Anm. 10ff).

Indikativ		Konjunktiv	
ich trage	wir tragen sie tragen	ich trage	wir tragen sie tragen

Im Passiv kommt noch die 2. Person Plural hinzu, so daß der ganze Plural aus Zwillingsformen besteht (siehe unten S. 261, Anm. 18).

Indikativ		Konjunktiv	
ich werde getragen	wir werden ihr werdet sie werden getragen	ich werde getragen	wir werden ihr werdet sie werden getragen

Lautet ein Konjunktiv des Präsens wie die entsprechende Indikativform, wird er durch den Konjunktiv des Imperfekts ersetzt. Von der Zwillingsform *wir tragen* geht man zurück auf die 1. Pers. Plural des Imperfekts im Indikativ *wir trugen* und bildet dann mit umgelautetem *u: wir trügen*. Die Zwillingsform *ich komme* (Kapitelbeispiel) wird demgemäß durch *ich käme* ersetzt (Übergangsform *wir kamen*). Dabei ist es gleichgültig, welches Tempus im vorausgehenden Satze steht:

$$
\text{Kurt und seine Freunde} \left\{ \begin{array}{l} \textit{sagen,} \\ \textit{haben gesagt,} \\ \textit{sagten,} \\ \textit{hatten gesagt,} \\ \textit{werden sagen,} \\ \textit{werden gesagt haben,} \end{array} \right\} \textit{er käme etwas später.}
$$

Der Konjunktiv des Imperfekts drückt dann ersatzweise das Gleichzeitigkeitsverhältnis aus (sonst das Privileg des Konjunktivs im Präsens). Wenn dann auch wieder die Ersatzform – was öfter vorkommt – mit dem betreffenden Indikativ des Imperfekts wortgleich ist, wird verfahren, wie S. 165, Nr. 5, c dargestellt. Im Kapitelbeispiel tritt an die Stelle von *ich werde aufgehalten* (Zwillingsform!): *ich würde aufgehalten*.

Die richtig konstruierte indirekte Rede zeigt, wie man sieht, einen scheinbar unregelmäßigen Wechsel zwischen dem Konjunktiv des Präsens und dem Konjunktiv des Imperfekts: Standardformen und Ersatzformen lösen einander ab. Das kommt auch daher, daß die Regel gilt:

Jeder in der wörtlichen Rede stehende Konjunktiv wird in die abhängige Rede übernommen; dann wird nur die Person, nicht aber das Tempus geändert.

Direkt: *Ich meinte: «Ich weiß schon, was Sie sagen wollen! Ich wäre aber gern bereit, ein wenig zu warten, wenn nur alles geregelt würde, wie besprochen.»*

Indirekt: *Ich meinte, ich wisse schon, was er sagen wolle. Ich wäre aber gern bereit, ein wenig zu warten, wenn nur alles geregelt würde, wie besprochen.*

Die beiden Prädikate im Konjunktiv des Imperfekts *wäre bereit* und *würde geregelt* gehen also unverändert in die indirekte Rede über.

Natürlich steht das Prädikat des Nebensatzes zu dem des Hauptsatzes nicht immer im Verhältnis der Gleichzeitigkeit (von diesem Normalfall sind alle bisherigen Überlegungen bestimmt gewesen). Es gibt auch Nachzeitigkeits- und Vorzeitigkeitsverhältnisse. Daraus ergibt sich, daß in der indirekten Rede neben dem Konjunktiv des Präsens und dem des Imperfekts noch andere Formen auftreten. Hier gelten folgende Regeln:

1. Bei Nachzeitigkeit wird der Konjunktiv des einfachen Futurs ver-

wendet. *Ich erklärte: «Du wirst es schon noch begreifen.»* Daraus entsteht: *Ich erklärte, er werde es schon noch begreifen.* Ableitungsform ist auch hier die 1. Person Plural: *wir werden begreifen.* Sind der Konjunktiv und der Indikativ der betreffenden Person wieder Zwillingsformen, ersetzt man den nicht erkennbaren Konjunktiv durch eine Form mit *würde. Ich hatte versprochen: «Ich werde ihn fragen.»* Indirekt: *Ich hatte versprochen, ich werde ihn fragen.* Da *ich werde fragen* Zwillingsform ist, greifen wir zurück auf *würde: Ich hatte versprochen, ich würde ihn fragen.*

2. Mit dem Konjunktiv des Perfekts drücken wir das Verhältnis der Vorzeitigkeit aus. *Er sagt, er habe geschlafen. Sie wird versichern, sie sei zu Hause gewesen.* Ist der Konjunktiv eine Zwillingsform, setzt man den Konjunktiv des Plusquamperfekts ein. *Der Vorarbeiter gab zu: «Die Dreher haben viel Ausschuß gemacht.»* Im verkappten Hauptsatz der indirekten Rede ist nicht zu erkennen, welchen Modus das Verb angenommen hat: *Der Vorarbeiter gab zu, die Dreher haben viel Ausschuß gemacht.* Die Zwillingsform *haben gemacht* nötigt uns, den Satz umzubilden: *Der Vorarbeiter gab zu, die Dreher hätten viel Ausschuß gemacht.* Ähnlich: *Er fragte, wieso wir der Entschließung nicht zugestimmt hätten* (Ersatz für die Zwillingsform *zugestimmt haben*).

Merke: Im Hauptsatz steht der Konjunktiv des Plusquamperfekts, wenn unterstrichen werden soll, daß der Sachverhalt gar nicht oder nur angenommenermaßen der Wirklichkeit entspricht: *Hätte ich doch nur auf dich gehört! Niemals hätte sie mit Ja geantwortet. So wären wir völlig außer Gefecht gesetzt worden.*

Was vorhin (S. 169) über den Konjunktiv des Imperfekts gesagt worden ist, gilt in gleicher Weise für den Konjunktiv des Plusquamperfekts. Er geht, meist nur der Person nach abgewandelt, unverändert aus der direkten Rede in die indirekte über. *Er meinte auch: «Alles hätte noch gut ausgehen können, wenn ihr besser aufgepaßt hättet.»* Indirekt: *Er meinte auch, alles hätte noch gut ausgehen können, wenn sie besser aufgepaßt hätten.*

Übungen

Verwandeln Sie die direkte Rede in die indirekte. Sind die letzten fünf
Sätze richtig umgeformt?

1. Norbert erzählte: «Nun wohnen wir erst seit etwa einem halben Jahr
   Am Tiefen Brunnen Nr. 16, haben aber vor, bald wieder wegzuzie-
   hen. Wir werden in der Franz-Josef-Straße eine tadellose 4-Zimmer-
   Wohnung bekommen. Ich selbst könnte mir dort ein separates Man-
   sardenzimmer einrichten. Die Eltern werden eine Treppe tiefer wohnen; einen Raum gedenken sie unterzuvermieten. Meine Schwester
   Edeltraut hofft nämlich, in Kürze zu heiraten, und da ist meinem
   Vater dann die monatliche Belastung für Miete, Heizung, Licht usf.
   zu hoch. So weit wollen wir aber noch gar nicht planen, sondern erst
   einmal in aller Ruhe umziehen. Ich lade euch jedoch schon jetzt ein,
   die neue Wohnung mit einzuweihen. Ich fände es nicht nett von euch,
   wenn ihr unsere Familie allein feiern ließet.»

2. «Wie schön wäre es doch gewesen», sagte sie zu ihm, «wenn wir beide
   hätten zusammen wegfahren können – aber leider hat ja dein Vater
   kein Einsehen gehabt. Zu schade! Ich glaube, daß wir nicht so schnell
   wieder eine Gelegenheit finden werden, kostenlos nach Dorndorf zu
   kommen. Aber schließlich haben wir ja nicht das erste Mal auf unsere
   Ferienreise verzichten müssen, und sicher wird es uns gelingen, den
   Schicksalsschlag zu verschmerzen.»

3. Der Redner führte dann aus: «Nach demoskopischen Erhebungen
   verteidigen 52 % der Männer den Standpunkt: Nur die Ehe gewährt
   Glück. Bei den Frauen sind nur 42 % dieser Meinung.»

4. Herr Kloß fügte hinzu: «Alle meine Mitarbeiter haben den besten
   Willen, die Wünsche der Kundschaft prompt zu erfüllen.»

5. «Irrtümer», sagt Dryden, «schwimmen auf der Oberfläche; aber natürlich gibt es, wie andere Zeitgenossen betonen, immer auch Leute,
   welche darauf bestehen, sie vom Meeresgrunde heraufzuholen. Die
   aufgebotene Mühe macht diese Grund-Irrtümer ganz besonders
   wertvoll.»

6. Karl erklärte: «Ihr seid doch im vorigen Jahr längere Zeit in Rijeka
   gewesen und habt selbst gesehen, wie wichtig dieser Hafen für Jugo-
   slawien ist. Könnt ihr nicht verstehen, daß die Tito-Regierung erklärt
   hatte, die Italiener möchten die Finger von ‹ihrem Fiume› lassen?»

7. «Ich bin keineswegs mit Recht gelobt worden», gab Erich zurück,

«denn wenn ich mich irgendwie vorbildlich benommen habe, dann
nur, weil ich mir dachte: Über meine Kräfte geht es nicht, und dem
Verein wäre wohl damit geholfen, wenn ich ausnahmsweise ein bißchen aus mir herausginge.»

8. Eines Tages wird es heißen: «Ihr habt euch alle selbst betrogen! Ihr
wolltet so schlau sein, nur noch euere höchst privaten Angelegenhei-
ten voranzutreiben, weil es keinen Zweck habe, sich für so etwas wie
eine Idee einzusetzen. So habt ihr denn viele schöne Dinge um euch
herum aufgestapelt, mit dem Erfolg, daß euch der Ausblick auf die
großen, wirklich schicksalsbestimmenden Erscheinungen dieser Zeit
ganz und gar verlorengegangen ist. Euer Wohlstand ist euer Goldenes
Kalb gewesen, und das Gewitter, das sich hinter eurem Rücken zusammenbraute, habt ihr nicht gesehen. Ihr werdet erwachen, wenn es zu
spät ist!»

9. «Wißt ihr denn», rief Dr. Feinschliff, «worin die Moral der Elefanten
besteht? Das werdet ihr wahrscheinlich niemals feststellen, denn man
schließt nur allzuleicht von sich auf andere. Eins dürfte aber einleuch-
ten: Wenn sich Elefanten aneinander reiben, ist es um eine dazwi-
schengeratene Mücke geschehen. Hieraus ergibt sich die Moral der
Elefanten: Hüte dich, zwischen uns zu kommen!»

10. Jörg fuhr fort: «Sie ritt tatsächlich los! Ich hielt es immer noch für einen
Scherz, ich dachte, sie wolle mich in Angst versetzen, um mich auszula-
chen, wenn alles geglückt sei. Es war aber blutiger Ernst. Gleich darauf
lag der alte Trakehnerhengst mit dem fahrenden Zug in wildem Wett-
rennen. Ich hatte keine Zeit, über die Frevelhaftigkeit dieses Spiels
nachzudenken. Es handelte sich um den Bruchteil von Sekunden. Ich
sah nur, wie die schmale Gestalt, über den langgestreckten Hals des
Tieres gebeugt, dahinraste. Jetzt tauchte der Zug aus einer leichten
Mulde auf, die Barriere begann sich unheimlich langsam zu schließen.
Und dann sah ich nichts mehr. Mir war, als ob die Welt unterginge. Wie
würde ich Eva wiederfinden? Hätte ich sie nur mit Gewalt von diesem
törichten Unterfangen zurückgehalten!»

11. Der DGB warf den Oppositionsparteien vor, sie verlören immer mehr
an Kontur; die Bürger wissen nicht mehr, warum sie überhaupt wählen
sollen – sie seien verunsichert und verwirrt.

12. Das UN-Gremium hatte festgestellt, die illegale Drogenproduktion
und der Drogenhandel befänden sich weiterhin in der Hand gutorgani-
sierter internationaler Verbrecher.

13. Ein Hirtenbrief wurde in den katholischen Kirchen Santiagos verlesen, der die Mitglieder warnte, sie könnten exkommuniziert werden, wenn sie auch in Zukunft die Autorität der Kirche untergraben.
14. Diese Aktionen des ANC, hieß es in einer Botschaft, richteten sich zwar nicht direkt gegen die weiße Bevölkerung, doch würde es unmöglich sein, daß diese nicht dabei zu Schaden kommt.
15. Der Sprecher führte aus, in der Nordheide nehmen die Schäden in der Natur und an zahlreichen Gebäuden derart schnell zu, daß eine weitere Wasserentnahme durch die Hamburger Werke unverantwortlich sei.

K. Stil im Übergang

64. Modewörter

Das überraschende Ergebnis: Nur in der Oberklasse haben die deutschen Automodelle die Nase vorn.

Entziehen Sie sich der Suggestion des kurzlebigen Modewortes, denn es schwächt Ihre Sprachkompetenz. Ersetzen Sie das Klischeewort durch den treffenden, persönlichen, situationsgerechten Ausdruck!

Die Tabellenspitze besetzen die deutschen Kfz-Hersteller nur mit den Oberklassewagen – ein überraschendes Ergebnis.

Das Modewort zeigt am deutlichsten, wie sich der Stil wandelt, jedenfalls was das Vokabular betrifft. Mehr noch, es ist das Treibholz auf dem Strom der Sprache. «Es ergeht ihm», sagt Siegfried Lenz, «wie dem Papiergeld – wenn es zu sehr abgegriffen ist, tauschst du es gegen frisch gedrucktes ein.» Heute noch in aller Munde, ist es morgen schon nicht mehr «in». Von Fremdwörtern abgesehen, sind es meist herkömmliche Begriffe – selten echte Wortneuschöpfungen –, die, von Politikern, Showmastern oder Leitartiklern stereotyp gebraucht, plötzlich in aller Munde sind. Sie

breiten sich wie Bazillen aus, und nur wenige Sprachfreunde sind gegen sie
immun.

Wer den Modejargon liebt, hat aufgehört, ein Problem zu erörtern, zu
untersuchen, zu klären – wer auf sich hält, *denkt nach*. Über alles wird
heute *nachgedacht:* über die Arbeitslosigkeit, die Tiefffliegerei, die Aids-
seuche, über Mittelstreckenraketen. Auch wäre es unfein, klipp und klar
zu sagen, was man von der Sache hält; die bundesdeutsche Einheitsformel
lautet: *Ich gehe davon aus* . . . Der Gesprächspartner stimmt dann gern mit
einem lustbetonten *Genau!* zu.

Die millionenfache Wiederholung solcher Modewörter und -wendungen
ist nicht nur primitiv, sondern auch gefährlich. Hier macht sich die von den
Massenmedien geförderte Tendenz geltend, den Wortschatz einer Sprache
von hoher Kultur einzuengen, zu nivellieren – und damit das Denken zu
versimpeln. Die stilistische Hauptregel «Drücke dich im Rahmen des
sprachlich Richtigen auf deine Weise aus!» verbietet es, den Modewortkult
mitzumachen. Wer dauernd Modewörter gebraucht, stellt sich bloß.

Übungen

1. Am Rande der Bootsmesse sprach er auch mit Ausrüsterfirmen.
2. Prof. H. Werner hatte nicht nur das Computerprogramm entwickelt,
   das den Zeitungsinhalt in Blindenkurzschrift überträgt, sondern darüber hinaus diese tastbare Stenografie behutsam reformiert.
3. Der Vitalitätsverlust des Waldes ist naturwissenschaftlich nicht völlig
   geklärt, aber es muß davon ausgegangen werden, daß der biologische
   Verfall zunimmt.
4. Denn immer wieder fordert die Praxis, sprich: der moderne Betrieb,
   der Hochschulabsolventen einstellen will, eine praxisnahe Ausbildung.
5. Barbara Tuchman zitierte neulich Macaulay, der gesagt habe, kein
   Spektakel sei so lächerlich wie die britische Öffentlichkeit in einem
   ihrer moralischen Anfälle.
6. Der Landrat sprach dabei auch eine Kreisbücherei an, für die schon
   knapp 2000 Titel greifbar seien und die zu Orten Zugang haben
   könnte, die ohne gemeindliche bzw. kirchliche Bibliothek auskommen müßten.
7. Die Kultusminister der Länder müssen nun gemeinsam darüber

nachdenken, ob und in welchem Maße private Schulen und Universitäten zu fördern sind.

8. Wie wir schon vor der deutschen Uraufführung dieses Monumentalstreifens gesagt haben: diese Picasso-Story kommt gut an, sie ist ein filmischer Leckerbissen.

9. In der Aussiedlerfrage auf die UdSSR Druck auszuüben schien damals der Schritt in die richtige Richtung zu sein.

10. Sie sollten gleich am ersten Tage des SSVs bei uns vorbeischauen – in allen Stockwerken Superpreise!

11. Halten Sie George Bernard Shaw für einen sozialkritischen Schriftsteller? – Ich denke, in seinen etwa 70 Schauspielen kritisiert er boshaft, spöttisch oder ironisch gesellschaftliche Mißstände im England um die Jahrhundertwende, so daß man ihn mit Recht den großen Sozialkritiker nennt.

12. Die Platten für das kalte Büfett werden also am Freitag abend geliefert? – Alles klar!

65. -lich-Krankheit

Bewerber mit Erfahrung in der gemeindlichen Verwaltung werden bevorzugt.

> Man sollte die Menge gequält moderner -lich-Wörter nicht durch eigene Neuprägungen vermehren.

In der Gemeindeverwaltung erfahrene Bewerber werden bevorzugt. ODER: *Bevorzugt werden mit der Kommunalverwaltung vertraute Bewerber.*

Das vorige Jahrhundert war in die bürokratischen *Präpositionen* auf -lich verliebt: *ausweislich, bezüglich, urkundlich, vorbehaltlich,* bezeichnenderweise alles Wörter, die den sonst als «schwierig» empfundenen Genitiv verlangen. In die gesprochene Sprache sind solche Fügungen nicht eingegangen, aber die Behördensprache hat sie beibehalten. Heute haben sich supermoderne *-lich-Adverbien* hinzugesellt, die vorzugsweise von Journalisten verwendet werden: um etwas geht es *letztendlich,* ein Aquarell interessiert *motivlich*, erledigt wird ein Auftrag *zwischenzeitlich*. Dabei sind von den Adverbien auf -lich schon genug in die Sprache eingegangen: *beträchtlich, eigentlich, erheblich, hauptsächlich, vermutlich, wahrscheinlich* und viele andere.

Die Flut neuer *Adjektive* auf -lich ist anscheinend nicht einzudämmen. Schon getraut man sich kaum noch, Wendungen wie die folgenden zu kritisieren: *forstliche Aufgaben, gesangliche Leistungen, polizeiliche Griffe, programmliche Möglichkeiten, verkehrliche Großstadtprobleme, werbliche Ideen* und viele mehr. Umgeformt, werden diese Ausdrücke teils länger, teils kürzer: *Aufgaben der Forstwirtschaft, Leistungen im Gesang, Möglichkeiten der Programmgestaltung, Probleme des Großstadtverkehrs; Polizeigriffe, Werbeideen*. In einem modernen Text sollten jedenfalls -lich-Vokabeln selten sein.

Übungen

1. Rücksichtlich des vermuteten Cadmiumgehaltes der importierten Pilze haben wir Proben an den Nahrungsmittelchemiker Dr. Fein gegeben.
2. Der suspendierte Kriminalrat Große ist bis auf weiteres nicht berechtigt, im Untersuchungsgefängnis aufhältlich zu sein.
3. In der Werkstatt des Domes werden Statuen und architektürliche Teilstücke restauriert und gegen witterliche Schäden widerstandsfähig gemacht.
4. Der Verlag hat den «Hexensabbat» neu aufgelegt – die meisterliche Novelle von Ludwig Tieck zum Thema «Massenwahn».
5. Werden Aufträge über kanadische Dollars unter 50 000 Franken erteilt, so hat die Anschaffung sofort luftpostlich zu erfolgen.
6. Ursache für diesen 6:0-Sieg war die mannschaftliche Geschlossenheit der Gastgeber.
7. Gelegentlich der Erstaufführung von Walt Disneys Cinemascope-Zeichentrickfilm hatte die Kritik übereinstimmend festgestellt, der Film sei nicht nur in der bildlichen Komposition, sondern auch in farblicher Hinsicht ein wahres Meisterwerk.
8. Der von meiner Kellerei gelieferte feine Tokaier hält in geschmacklichem Betracht jeden Vergleich mit preislich beträchtlich höher liegenden Wachstümern aus.

9. Der Helena-Rubinstein-Preis hat mir damals geholfen, auch einige
staatliche Bilderverkäufe zu tätigen.

10. Bitte senden Sie uns den Vertrag über die käufliche Erwerbung des
Grundstücks nach unterschriftlicher Vollziehung zurück.

66. Satzdreh

Wir danken Ihnen für Ihren Auftrag, und wiederholen wir unsere Zusage,
die vereinbarten Termine pünktlich einzuhalten.

Folgt in einer Satzreihe auf ein verbindendes «und» der Satzkern des
nächsten Hauptsatzes, so ist die Reihung Konjunktion–Subjekt–Prädikat richtig. Tritt das Prädikat an die Stelle des Subjekts, ergibt das
den sogenannten Satzdreh, die Inversion.

Wir danken Ihnen für Ihren Auftrag, und wir wiederholen unsere Zusage,
die vereinbarten Termine pünktlich einzuhalten.

Nach dem Sittenkodex des kaiserlichen Obrigkeitsstaates geziemte es
sich für den Bürger, seine Schreiben nicht mit *«Ich...»* oder *«Wir...»* zu
beginnen. Der Untertan hatte seine Person zurückzustellen. Deshalb war
es nur folgerichtig, auch in Satzreihen die Inversion zu pflegen. Im zweiten Hauptsatz der Satzreihe folgt auf die Konjunktion nicht gleich das
aufdringliche pronominale Subjekt (*ich, wir*), man stellt es höflicherweise
zurück, d. h., es wird erst nach dem Prädikat genannt. So ist es im Kapitelbeispiel geschehen. Man muß sich wundern, daß im Zeitalter der Massen-
demokratie überhaupt noch jemand so schreibt.

Das konjugierte Verb des Satzkerns steht nur in vier Fällen am Satzanfang:

1. im Fragesatz ohne Fragewort: *Wiederholen wir die Zusage?*
2. im Wunschsatz: *Wiederholte er doch die Zusage!*
3. im Aufforderungs- und Befehlssatz: *Wiederholen Sie die Zusage!*
4. im Redeeinschub: *«Wir halten», wiederholte er, «die Zusage ein.»*

Sonst bildet das Prädikat nicht den Satzanfang. Häufig ist das *und* in Inversionssätzen überflüssig. Es aus dem Satz hinauszuwerfen, hat schon Goethe (!) geraten. Wie lautet dann, entsprechend umgebildet, das Kapitelbeispiel?

Übungen

1. Unsere Biere sind aus prima Malz und erstklassigem Hopfen hergestellt, und versichern wir, daß unser Braugut mindestens 4–5 Monate lagert.
2. Ihre Einladung, Herr Präsident, ehrt mich, und werde ich ihr gern Folge leisten.
3. Buhmann & Schnorr pflegen pünktlich zu zahlen, und glaube ich, daß ihre Kreditwürdigkeit außer Frage steht.
4. Ich werde rechtzeitig auf dem Bahnsteig sein, und freue ich mich wie ein Kind, Dich wiederzusehen.
5. Unser Hauptbüro hat Ihre Mängelrüge akzeptiert, und sind wir angewiesen, Ihren Änderungswünschen nachzukommen.
6. Heute erhielten wir Ihre Gratissendung, und beeilen wir uns, Ihnen sehr dafür zu danken.
7. Unser «Geographisches Magazin» erscheint schon im 17. Jahr, und würden wir es lebhaft begrüßen, auch Sie in unsere Abonnentenkartei aufnehmen zu können.
8. Das Probefäßchen «Heihenberger Spätlese» ist wohlbehalten hier eingetroffen, und möchte ich Ihnen mitteilen, daß unser Stammtisch über die blumige Qualität hoch erfreut ist.
9. Der schwedische Chemiker Alfred Nobel erfand 1867 das Dynamit, und brachte es ihm in Kürze Millionen ein.
10. Die neue Seife «Perlenrein» wirkt fühlbar in die Tiefe, und dürfen wir hinzufügen, daß sie gleichzeitg angenehm desodoriert.

67. Gebeugtes Prädikatsnomen

Die Lebensdauer der Pilze ist gewöhnlich keine lange.

> Das im Positiv verwendete Prädikatsnomen wird im Deutschen en-
> dungslos gebraucht. Ein Partizip im strengen Sinne kann nicht Sinn-
> aussage werden.

Die Lebensdauer der Pilze ist gewöhnlich nicht lang. ODER: *Die Pilze*
haben meist kein langes Leben. ODER: *Pilze leben meist nicht lange.*

Anders als im Lateinischen, Französischen oder Russischen, wo das Prädikatsnomen in Geschlecht und Zahl mit dem Subjekt übereinstimmen
muß, bleibt im Deutschen das nominale Aussageglied ungebeugt. Sätze
wie die folgenden sind zu monieren: *Mein Radiergummi ist ein grüner.*
Seine Frau ist eine ganz bezaubernde. Die Fühlungnahme soll nur eine
erste sein. Dementsprechend war auch das Kapitelbeispiel zu ändern. *Die*
Lebensdauer der Pilze ist gewöhnlich keine lange muß nach der Regel
lauten: *Die Pilze haben keine lange Lebensdauer.* Die beiden anderen
Formulierungen sind besser, weil der Begriff *Pilze* Subjekt, also einer der
beiden Satzhauptteile geworden ist, wie das die Logik des Satzes verlangt.
Das Prädikatsnomen im Positiv bleibt ungebeugt. Wird es in den Komparativ oder Superlativ gesetzt, behält es die Endungen auch im Prädikat
bei: *Von den beiden Bewerberinnen ist Fräulein Zügig die tüchtigere. Diese*
Lösung wäre mir die angenehmste. In solchen Sätzen ist das eigentliche
Nomen, und zwar ein in demselben Satze schon einmal gebrauchtes sinn-
wichtiges Wort, weggefallen, oft das Subjekt. Das Adjektiv oder das Partizip war vorher das grammatisch mit ihm übereinstimmende Attribut:
Von den beiden Bewerberinnen ist Fräulein Zügig offenbar die tüchtigere
Bewerberin. Diese Lösung wäre mir die angenehmste Lösung. Der Satzteil
dritten Grades, das Attribut, ist zum Satzhauptteil aufgerückt, ohne sich
formal zu verändern.
Einige Stilistiker behaupten auch heute noch, das Prädikatsnomen im
Positiv dürfe gebeugt werden, wenn das Subjekt von anderen «Arten»
unterschieden oder in eine bestimmte «Gruppe» eingereiht werden soll:
Der Käse war ein Tilsiter (nicht etwa *ein Schweizer* oder *Holländer*). *Die*
Kirsche ist eine sauere (nicht etwa *eine süße*). *Diese Maßnahmen werden nur*

vorbeugende sein (nicht etwa *dauernde*). Nach unserer Auffassung ist das alter Zopf, eine durch allzu wörtliches Übersetzen aus den klassischen Sprachen entstandene «humanistische» Redeweise, die nach den grammatischen Regeln des Deutschen falsch ist. Jeder vernünftige Mensch sagt: *Das war Tilsiter Käse. Das ist eine Sauerkirsche. Es wird sich nur um vorbeugende Maßnahmen handeln.* Das angebliche Prädikat wird auf diese Weise, was es von Haus aus ist: ein Attribut.

Unter den Partizipien des Präsens werden einige in der Hauptsache verbal verstanden, wie *redend, stürzend, verzweifelnd,* andere werden auch gern adjektivisch eingesetzt, wie *anstrengend, befriedigend, beruhigend.* Nur die zuletztgenannten können Bestandteil des Prädikats werden: *Der Weg war sehr anstrengend. Ihre Leistungen in Spanisch sind jetzt befriedigend. Diese Nachricht ist nicht gerade beruhigend.* Im anderen Falle ist die zur Aussage gehörende Kopula auszustoßen und das Partizip zum Prädikat zu machen: aus *redend* wird *redet*, aus *stürzend* wird *stürzt*, aus *verzweifelnd* wird *verzweifelt*.

Übungen

1. Forster meinte, das Verkehrsaufkommen sei besonders im Fernmeldedienst nach wie vor steigend, und das bedeute Einnahmen.
2. Im Allgäu werden vorwiegend graubraune Kühe gehalten, in den Bayerischen Alpen sind es meist braun-weiß gefleckte.
3. Zahlreiche Straßen dieser Stadt sind breit und aus zwei Fahrbahnen bestehend.
4. Der bundesdeutsche Maschinenbau ist nicht nur eine sehr differenzierte Industrie, sondern auch eine flächendeckende.
5. Artikel 53 der Verfassung von 1871 lautet: «Die Kriegsmarine des Reichs ist eine einheitliche unter dem Oberbefehl des Kaisers.»
6. Der Lachs ist ein Raubfisch, er kann bis zu 3 m hoch springen; er ist seit alters als Speisefisch ein sehr geschätzter.
7. Auf 80°13′ n. Br. mußte Nansen einsehen, daß seine Lage eine sehr gefährliche war.
8. Er belehrte mich darüber, daß von zwei Patentvorschlägen der kompliziertere meist auch der konstruktiv ungünstigere ist.
9. Herders Einwirken auf das europäische Geistesleben des ausgehenden 18. Jh. ist ein außerordentlich nachhaltiges gewesen.

10. Die Länder solcher Bundesstaaten sind sowohl bei der Gesetzgebung wie auch bei der Verwaltung mitwirkend.
11. Der Weg zu dieser neuen Ausflugsgaststätte war ein langer, weil der Besitzer über 7000 km zurücklegen mußte, um alle behördlichen Genehmigungen zu erlangen.
12. Auch der Verteidiger wird nicht bestreiten können, daß der Beitrag des Komplizen ein entscheidender war, den Bankraub durchzuführen.
13. Die Muse Melpomene, die Beschützerin der Tragiker, ist eine ernste.
14. Die schnellste Hilfe ist schon immer die wirksamste gewesen.
15. Auf der Schwäbischen Alb ist der Nadelwald vorwiegend.

68. Verben der Bewegung – welches Hilfsverb?

Wenn du vier Wochen lang im Segelfliegerlager gewesen bist, dann bist du sicher schon allein geflogen.

> Viele Verben der Bewegung bilden die zusammengesetzten Vergangenheiten und die 2. Zukunft nur dann mit *sein*, wenn der Satz den Ausgangs- oder Endpunkt oder die Richtung der Bewegung angibt.

Wenn du vier Wochen lang im Segelfliegerlager gewesen bist, dann hast du sicher schon allein geflogen.

Verben der Bewegung, wie *laufen, reiten, schwimmen, segeln* u. a., bilden das Perfekt, das Plusquamperfekt und das 2. Futur auf doppelte Weise, je nachdem ob sie transitiv oder intransitiv gebraucht werden (vgl. Tab. S. 260 f, Anm. 22 u. 23). Die intransitiven verlangen *sein*, vorausgesetzt, daß etwas darüber ausgesagt wird, von wo die Bewegung ausgeht, wohin sie zielt, auf welcher Strecke sie abläuft. Zu den Fragen woher? wohin? wie weit? gehört also *sein: Ganz Europa ist im Jahre 1000 zum Monte Gargano gepilgert.*
Gibt dagegen das intransitive Verb der Bewegung nur an, daß, wann, wo, wie, wie lange gefahren, gejoggt, gesurft, geflogen worden ist, sollte *haben* gebraucht werden. In diesen Fällen weist *haben* in der Regel darauf hin, daß die Bewegung mehr um ihrer selbst willen, übungshalber,

auch kreuz und quer ausgeführt worden ist. Also *hat* der Segelflugschüler geflogen.

Die Sprache hat sich aber weiterentwickelt, und heute verwenden auch gute Stilisten Zeitwörter wie die angeführten immer häufiger mit *sein*. Das könnte daran liegen, daß der Sport tief ins öffentliche Bewußtsein eingedrungen ist und wir die Verben der Bewegung immer mehr mit der Vorstellung einer festgelegten, kontrollierbaren Strecke verbinden. Jede Bahn – auch z. B. die bei Hochseerennen einzuhaltende – hat einen Start- und einen Zielpunkt, und damit trifft zu, was im Abschnitt 1, oben, gesagt ist – man verwendet also *sein* zur Formbildung. Solche sprachgeschichtlichen Vorgänge hat die Stilistik natürlich zu achten. Verfahren Sie deshalb weniger nach der strengen Regel als nach Ihrem Sprachgefühl. – Wenn die Oberdeutschen auch *stehen* und *sitzen* als Verben der Bewegung behandeln, so ist das Dialekt.

Die transitiven Verben können mit einem Akkusativobjekt verbunden werden, sie verlangen stets *haben: Montgolfier hat 1783 den ersten Ballon geflogen.*

Übungen

1. In den Sommerferien haben Alfred und Heike Bergtouren gemacht, meist sind sie von Hütte zu Hütte gewandert.
2. Früher war auf diesem Berge – hoch über der Stadt – eine Festung der Könige gestanden.
3. Gerade hatten die beiden Ausbrecher über die Eisenbahnschranke gesetzt, als der FD 12 heranbrauste.
4. Leonardo da Vinci hat vor 500 Jahren die ersten Flugzeuge entworfen. Wissen Sie, ob er auch geflogen ist?
5. Sven Hedin hat in Tibet viele hundert Kilometer auf dem gutmütigen, kurzbeinigen Grunzochsen, dem Yak, geritten.
6. Eine ungemütliche Sache, am Pfingstsonnabend von Freiburg nach München zu fahren! Die Hälfte der Zeit bin ich im Seitengang auf meinem Koffer gesessen.
7. Der Stanavoi tat, als kennte er den Weg durch die Taiga, aber schon nach einer halben Stunde waren wir uns darüber im klaren, daß an diesem Orte noch nie eines Menschen Fuß gestanden war.
8. Welch herrlicher Wintertag! Heute morgen bin ich mit meinen Schi-

ern ins Dorf hinüber gelaufen; kurz vor Mittag sind wir alle noch einmal gerodelt; gleich nach dem Mittagsschlaf sind wir zur Eisbahn gegangen und sind dort bis gegen Abend Schlittschuh gelaufen.

9. Sind Sie schon einmal durch die Tore gefahren, die für den Slalom ins brausende Wasser gebaut werden?

10. Im Freibad war so viel los, daß Jost im ganzen nur 20 Minuten geschwommen ist. Die übrige Zeit haben die Jungen Wasserschlachten organisiert, die Mädchen geärgert, und schließlich sind sie alle ans andere Ufer gestartet, wo der Eismann seine Zelte aufgeschlagen hatte.

69. Aussterbendes «welcher»

Geben Sie mir bitte das Buch, welches Sie mir zuerst gezeigt haben!

Antwortet ein Attributsatz auf die Frage welcher?, so sollte er mit «der» beginnen; antwortet er auf was für ein?, beginnt man besser mit «welcher» – jedoch ist «der» nicht falsch.

Geben Sie mir bitte das Buch, das Sie mir zuerst gezeigt haben!

Die Frage, wann ein Attributsatz – vorausgesetzt, daß er diesen Namen verdient – mit *welcher* und wann mit *der* einzuleiten sei, gehört zu den wenigen ungelösten Problemen der deutschen Stilistik; ein prominenter Vertreter des Faches hat – überspitzt, wie er sich auszudrücken pflegt – die richtige Verwendung der beiden Wörter «das schwierigste aller Abenteuer der Sprache» genannt. Die widersprechendsten Meinungen stehen hier gegeneinander. Man findet auch immer wieder jene schrecklichen Vereinfacher, die das Relativpronomen *welcher* kurzerhand verbieten wollen, unter dem Vorwande, es sei umständlich und papieren, niemand spreche so. Der Benutzer unseres Buches darf also keine Patentlösung erwarten. Wir verfechten allerdings eine so gemäßigte Auffassung, daß niemand, der unsere Lösung als eine mittlere und durchaus der Tradition entsprechende annimmt, falsch beraten sein dürfte.

Die Sache bietet zunächst insofern Schwierigkeiten, als das Wort *welcher* in zweierlei Bedeutung verwendet werden muß, wenn man das Problem

klären will: einmal als Fragewort (also mit Fragezeichen, außer im indirekten Fragesatz), das andre Mal als Relativpronomen (ohne Fragezeichen). Dazu kommen das Fragewort *was für ein?* und das Pronomen *der*,
so daß wir es im ganzen mit vier Begriffen zu tun haben, von denen sich
zwei überschneiden. Merken wir uns zunächst, daß in den zu stellenden
Fragen die beiden Fragewörter *was für ein?* und *welcher?*, in den Antworten dagegen die Pronomina *welcher* und *der* vorkommen. Also geht es
eigentlich «nur» darum, festzustellen, von welchem Fragewort welches
Pronomen abhängt.

Stellen wir uns folgende Szene vor: Ich betrete eine Buchhandlung und
sage der Verkäuferin, mein 16jähriger Sohn habe demnächst Geburtstag
und ich möchte ihm ein Buch schenken. Die Buchhändlerin hat verstanden, daß ich noch nicht weiß, *welches* Buch ich kaufen will. Würde sie
mich fragen: *«Welches Buch wünschen Sie denn?»*, wäre das von ihr
ebenso ungeschickt wie unhöflich. Sie kann das Fragewort *welches?* ja
erst dann verwenden, wenn ich schon gewählt, wenn ich ein ganz bestimmtes Buch ausgesucht habe. Aber so weit bin ich noch nicht, und die
junge Dame hat das begriffen. Um zu erfahren, was ich mir ungefähr
vorstelle, fragt sie mich zuerst: *«Was für ein Buch soll es etwa sein?»*

Die Buchhändlerin sucht also die allgemeinen Merkmale des mir vor-
schwebenden Buches zu erfahren, sie erkundigt sich mit der Frage *was für
ein?* danach, an welche Art von Buch ich gedacht habe. Auf eine solche
Frage antwortet man, indem man eine Gattung oder Sorte angibt, und
benutzt dazu (unbewußt und doch richtig) den unbestimmten Artikel *ein*
im Sinne von *irgendein: Ich hätte gern ein Buch, welches den Jungen in die
Raketentechnik einführt.* Auf das allgemeingehaltene *was für ein?* folgt
also das unbestimmte *ein*, woran sich das ursprünglich fragende *welcher*
anschließt. Einen Hotelier bitte ich dementsprechend: *«Geben Sie mir ein
Zimmer, welches nach hinten liegt.»* Von meinem Freund sage ich: *«Er
braucht eine Frau, welche zu sparen versteht.»* Beim zweiten Teil des
Satzgefüges handelt es sich um einen unbestimmten Attributsatz, denn
ich spreche darin etwas aus, was zum Begriffe nur der Art gehört.

Der nächste Akt im «schwierigsten aller Abenteuer» heißt «Vorschläge
und Entscheidung». Meine Buchhändlerin legt mir – so hoffe ich – eine
Reihe von Jugendbüchern über Raketentechnik vor; ich sehe eins nach
dem anderen durch und prüfe, welches sich für meinen Sohn am besten
eignet. Wenn mich dann die Verkäuferin nach geraumer Zeit ganz richtig
fragt: *«Bitte, welches Buch darf ich Ihnen einpacken?»*, so antworte ich

ihr, weil ich mich inzwischen entschieden habe: *«Geben Sie mir das Buch, das ich da beiseite gelegt habe.»* Das betontgesprochene Wort *das* ist hier kein einfacher Artikel mehr, sondern ein Demonstrativpronomen. Mit dem an das zweite *das* anschließenden Nebensatz beziehe ich mich nicht mehr auf die Art, sondern ich entscheide mich für ein Einzelding: *«Geben Sie das Buch, das ich da beseite gelegt habe.»* Hier das unbestimmte, von Natur aus fragende *welches* zu benutzen wäre nicht angebracht.

Fassen wir zusammen: Gebe ich bloß an, zu welcher Art, Sorte oder Familie etwas gehört, dann drücke ich mich mit Hilfe der beiden unbestimmten Wörter *ein* und *welcher* aus; frage ich dagegen nach dem Exemplar (dem Individuum), so gebrauche ich die Demonstrativpronomina. (So auch im Falle des Hotelzimmers und der für meinen Freund gesuchten Frau.) Der Plural hat keinen unbestimmten Artikel, das Substantiv steht dann allein: *Haben Sie auch Kunden, welche gar nicht zahlen? Es gibt Fische, welche mit Lungen ausgestattet sind.*

Somit ergibt sich folgende Übersicht:

1. Es geht um die Art

Singular	Frage: *was für ein?*	Antwort: *ein...welcher*
		eine...welche
		ein...welches
Plural	Frage: *was für?*	Antwort: — *...welche*

2. Es geht um das Exemplar

Singular	Frage: *welcher?*	Antwort: *der...der*
	welche?	*die...die*
	welches?	*das...das*
Plural	Frage: *welche?*	Antwort: *die...die*

Um aber die nötige Freiheit zu lassen, stellen wir folgende Kompromißregel auf:

Antwortet ein relativischer Attributsatz auf die Frage *welcher?, welche?, welches?* oder *welche?* (Plural), so muß *der, die, das* bzw. *die* verwendet werden; antwortet dagegen der Nebensatz auf die Frage *was für ein?* oder *was für?*, so darf *welcher, welche, welches* bzw. *welche* gebraucht werden.

Die Verbindung *derjenige… welcher* ist ein Widerspruch in sich, denn *derjenige* ist bestimmt, *welcher* als Relativpronomen unbestimmt. Die Wendung ist seit langem verpönt (in Gesetzestexten des vorigen Jahrhunderts kommt sie fortgesetzt vor). Am Satzanfang wird aus *Derjenige… welcher* bekanntlich *Wer…* (Vgl. WK 128.)

Übungen

Formen Sie um – falls überhaupt nötig – a) im Sinne der konservativen, b) im Sinne der Kompromißregel.

1. Lechfeld heißt die Hochebene, welche zwischen Lech und Wertach liegt.
2. Tapeten, welche aus Stoff oder Leder bestehen, können zum Verkleiden von Wänden jeder Art verwendet werden.
3. Die Stämme, welche sich nach dem Untergang des serbischen Reiches unter die Schirmherrschaft des Altbischofs Vladika gestellt hatten, wahrten ihre Unabhängigkeit auch in der Türkenzeit.
4. Der Maulbeerbaum, welcher das Hauptfutter für die Seidenraupen stellt, heißt Weißer Maulbeerbaum und unterscheidet sich von den übrigen Arten dadurch, daß seine Blätter dünner und seine Früchte im Geschmack fader als die anderen sind.
5. Die Erde, der dritte Planet des Sonnensystems, wird auch heute noch als derjenige Trabant angesehen, welcher als einziger von Leben erfüllt ist.
6. Der Kreis ist eine Gebietskörperschaft, die weitgehende Selbstverwaltungsrechte hat.
7. Vermögenswerte, welche im Kriege beschlagnahmt worden waren, konnten als Verluste gebucht werden.
8. Auch die Großen können sich kaum dem Zauber entziehen, welchen das Weihnachtsfest immer und immer wieder ausstrahlt.
9. Als die autoritäre Herrschaft General Pétains zu Ende gegangen war, suchte das französische Volk eine Verfassung, welche es ermöglichen sollte, diktatorische Bestrebungen schon im Keime zu ersticken.
10. Diejenigen, welche Paris nach dem Kriege wiedergesehen haben, werden zugeben, daß diese ewig junge Stadt nichts von ihrem früheren Scharm eingebüßt hat.

II. Teil
Lösungsvorschläge

mit
Erklärungen zu den Übungsaufgaben

Abkürzungen und Zeichen

Kapitel: Verweis auf ein Kapitel des I. Teils

WK Wortkunde: Verweis auf ein Stichwort im Abschnitt WORTKUNDE des Arbeitsbuches (S. 231 ff)

Kursivschrift hebt Stilfehler und sprachlich anderswie Wichtiges hervor

- ● Der fette Punkt trennt die einzelnen Übungen eines Kapitels
- · Der Punkt auf Mitte trennt die verschiedenen Stilfehler innerhalb eines Übungsbeispiels (Satzschlußzeichen werden auch hier nicht verwandt)

- = Das Gleichheitszeichen steht zwischen der zitierten, mangelhaften Stelle und einem oder mehreren Lösungsvorschlägen, oder zu lesen: «Verwandeln Sie in...», oder «Ersetzen Sie durch...»

- / Der Schrägstrich ist zwischen synonyme, also sinnverwandte Begriffe und Wortgruppen gesetzt

- + Das Kreuz steht, wenn die folgende Lösung an einer anderen Stelle einsetzt oder endet als die vorhergehende Stilkorrektur, desgl. vor ganzen Sätzen (dann fehlt das Satzschlußzeichen)

- — Der Gedankenstrich hinter einem Satzschlußzeichen gibt zumeist an, daß eine Erläuterung, ein allgemeingehaltener Hinweis o. ä. folgt

1. Kapitel

1. Die Abschreibungen im Schiffsbau dürfen 150 % der Eigenmittel nicht über-schreiten; damit ist gleichzeitig eine Grenze für die Steuervorteile gesetzt ● 2. Der Schnee lag meterhoch, und die Rettungsmannschaften mußten alle Kräfte aufbieten, um... ● 3. *Das Überschreiten... Gruppe* = Wenn die Grenze der kriti-schen Gruppe überschritten wird + *ein Überlasten des Gehirns, das...* = wird das Gehirn des einzelnen überlastet, was... ● 4. *Als Ziel... das Erreichen* = Die Mannschaft aus Freiburg hat sich das Ziel gesetzt / vorgenommen, die Vorschluß-runde... zu erreichen / will die Vorschlußrunde erreichen ● 5. Bis der Tod sie scheidet, sollen Eheleute Freud und Leid getreulich teilen: das ist der Sinn der Ehe. – Das Kauderwelsch des Übungssatzes (13. Kapitel) ist auf das falschge-brauchte *durch* zurückzuführen (40. Kapitel) ● 6. Wer diese schwierigen Rechts-fragen aufwirft, packt ein heißes Eisen an – das kann ich mir gut vorstellen / das leuchtet ohne weiteres ein ● 7. Sind die Schlösser der Wagentüren zugefroren, sind sie nicht mehr zu öffnen, und wenn die Scheiben vereist sind, hat man keine Sicht. Schnelles Handeln tut not ● 8. Eigentlich sollte die neue Saison / Spielzeit mit dem Film... eröffnet werden. Das war nicht möglich, denn die Produzenten hatten alle mit dem Kronen-Film-Verleih abgeschlossenen Verträge gekündigt. – Zeitform: 59. Kapitel ● 9. Flüchtlingszüge... waren die Ursache dafür, daß die Volksstämme / deutschen Stämme damals tiefgreifend zu verschmelzen begannen ● 10. Würden die Weltmarktpreise für Weizen allgemein herabgesetzt, könnten auch die deutschen Inlandspreise beibehalten werden / könnte man auch die deutschen Inlandspreise halten ● 11. Ihr Widerspruch kann nur bearbeitet wer-den, wenn Sie weitere eidesstattliche Erklärungen beibringen = Nur wenn Sie... vorlegen, kann Ihr Widerspruch bearbeitet werden ● 12. *für... ein* = dafür ein, den islamischen Bruderkrieg sofort zu beenden ● 13. *ob... Ansehen* = ob sie nun kaufen oder sich nur umsehen wollen ● 14. Das natürliche Gebiß ist schon zer-stört, wenn ein einziger Zahn gezogen ist / fehlt. – Prothesen sind hier wohl nicht gemeint ● 15. Insbesondere darf Alkohol nicht gleichzeitig mit dem Medikament eingenommen werden, weil es sonst nicht mehr möglich ist / unmöglich ist, Ma-schinen gefahrlos zu bedienen (vgl. 30. Kapitel).

2. Kapitel

1. *ihre... geben* = es erlauben / darin einwilligen · *die Ehe eingehen* = heiraten ● 2. *einer... unterzieht* = fachmännisch kontrolliert ● 3. *den... erbracht* = bewie-sen · *eine... durchzuführen* = den Stillen Ozean... zu überqueren ● 4. *haben die Gelegenheit* = können · *in... auszuüben* = sich in zurzeit 15 Sportarten körper-lich ertüchtigen / schulen ● 5. *Entlassungen... vornehmen* = mehr Personal / Ar-beiter und Angestellte entlassen statt einstellen ● 6. *einer... zu unterziehen* = neu zu gestalten ● 7. *Mit einer Unzahl* (17. Kapitel) = Mit Dutzenden · *führt... durch* = überwacht der Pilot... ● 8. *machen... Eindruck* = beeindrucken mich überhaupt nicht ● 9. *einer Revision unterzieht* = revidiert / überprüft / herabsetzt ● 10. *an... vornehmen* = ihre Ausgaben... umfassend kürzen · *eine Reduzierung*

findet = damit die viel zu hohen Ausgaben für Agrarpolitik beschnitten werden können ● 11. *leistete... Folge* = befolgte den Befehl... nicht = gehorchte auch jetzt nicht · *sondern* = im Gegenteil, er ● 12. *Der Rückgang der Wanderfalken*: 47. Kapitel! = Daß die Zahl der Wanderfalken zurückgeht · *viel zu großen... machen* = viel zuviel Pestizide gebrauchen ● 13. *unterbreitete... Vorschlag* = schlug... vor · *eine Versetzung... zu bewerkstelligen* = den schwer verhaltensgestörten... zu versetzen ● 14. *keine Rechtskraft erlangt* = ist noch nicht rechtskräftig geworden · *Sperrung veranlaßt hat* = schon zahlreiche Wege hat sperren lassen ● 15. Richtig, denn *böses Blut machen* ist eine feste Wendung. – Besser aber: Es gäbe böses Blut (62. Kapitel, Nr. 5).

3. Kapitel

1. *zur... bringen* = aufzuheben / zu lösen + Sie haben dem Ansehen des Betriebes sehr geschadet, so daß wir Ihnen fristlos kündigen. – *kündigen*: WK 80 ● 2. *stellte... Beweis* = hat auch im Pokalspiel bewiesen, wie dominierend seine Stellung ist. – Perfekt nach 58. Kapitel ● 3. *haben... gebracht* = haben... abgeschlossen · *jetzt... können* = jetzt / nun damit beginnen können, ein erstes / ein Modell herzustellen = nun ein Modell herstellen können. – *jetzt – nun*: WK 78 ● 4. *in... bringt* = exportiert = ausführt. – Schlechtgewählte Gegenüberstellung! ● 5. *in... worden* = angewendet / angewandt worden (WK 15) ● 6. *Welche... kommt* = Für welche Lösung sich die Baubehörde entschließt ● 7. *waren... gekommen* = waren beendet / eingestellt / abgebrochen worden ● 8. *nimmt... Dienst* = bedient man sich des Dromedars auch dann = benutzt man · *sie... Schaden* = schaden dem Tier in keiner Weise + Kälte schadet dem Dromedar nicht; deshalb gebraucht es der Westasiate auch im tiefsten Winter ● 9. Richtig. – Nach dem Stilduden ist *jemanden aufs Korn nehmen* jedoch umgangssprachlich ● 10. *brachte... Ausdruck* = war ärgerlich darüber · *wenn... ginge* = wenn man die Öffentlichkeit beeindrucken wolle. – *ginge*: falscher Konjunktiv (61. Kapitel) ● 11. *zur... bringen* = aufführen ● 12. *hätte*: wie Nr. 10 · *nicht selten* = oft · *hätte... lassen* = Durch diese... seien schon oft verborgene Talente entdeckt worden.

4. Kapitel

1. Als Shapley die Spiralnebel systematisch beobachtete, fand er die kugelförmigen Sternhaufen ● 2. Falls Sie Ihre Verdächtigungen weiterverbreiten, werde ich Sie verklagen; das bin ich meinem guten Rufe schuldig + Damit mein guter Ruf nicht leidet / Um meinen guten Ruf zu wahren, werde ich Sie verklagen, falls Sie mich bei anderen Leuten weiter verdächtigen. – Der Übungssatz enthält drei Wörter auf -*ung* (7. Kapitel). – Wäre in der ersten Lösung auch *weiter verbreiten* richtig? – Was sagen Sie zu dem *weiter verdächtigen* der zweiten Lösung? ● 3. *Im... Firmennamen* = Wenn Sie alle Firmennamen weglassen / streichen ● 4. *Auf... Prospektes* (29. u. 31. Kapitel) = Wenn Sie unseren Prospekt genau

durchlesen ● 5. *mit... von* = außer · *weiteren* (31. Kapitel): streichen + Sie dürfen in Ihrer Wohnung nur Singvögel und Zierfische halten ● 6. *In... Ehefrau* = Da die telefonisch angeforderte, notariell beglaubigte Einverständniserklärung Ihrer Ehefrau / Gattin noch nicht eingegangen ist. – Soll *konnten* stehenbleiben, muß in der ersten Satzhälfte eine Vergangenheit gebraucht werden (59. Kapitel); das schwerfällige Attribut wird aufgelöst: Wir hatten die notariell beglaubigte Zustimmung Ihrer Ehefrau telefonisch angefordert, aber leider ist das Schriftstück nicht eingegangen. Wir haben den Bausparvertrag deshalb noch nicht auf Ihren Namen / auf Sie umschreiben können ● 7. Der Satz enthält vier Wörter auf *-lich* (65. Kapitel) + Als Prof. Röntgen bestimmte Strahlen untersuchte, kam ein geschichtlich bedeutsamer Augenblick: Der Forscher erblickte / sah / erkannte die Umrisse seiner Handknochen. – *wissenschaftlich:* kann fehlen. – Von den drei Verben ist *erblickte* das treffendste (WK 32!), steht aber dem Wort *Augenblick* zu nahe (30. Kapitel); daher wohl besser: *sah* ● 8. Wer bewaffnet an einem Raube teilnimmt, wird nach § 250 Abs. 1 StGB wegen schweren Raubes verurteilt. – Besser: Nach § 250 Abs. 1 StGB wird wegen schweren Raubes bestraft, wer bewaffnet an der Tat teilnimmt ● 9. Betrunkene werden nicht befördert, wenn sie die Fahrgäste belästigen + Ist anzunehmen, daß ein Betrunkener die Fahrgäste belästigt, ist ihm das Einsteigen zu verwehren / zu verbieten + Betrunkene werden nicht weiterbefördert, wenn sie die anderen Fahrgäste belästigen. – Aus dem Übungssatz geht nicht hervor, ob der Betrunkene schon mitfährt oder erst einsteigen will. Das Wort *anderen* hat nur Sinn, wenn die dritte Lösung zutrifft ● 10. *Vor... Brautpaar* = Will sich ein Brautpaar standesamtlich trauen lassen, hat es... + Der standesamtlichen Trauung geht das Aufgebot voraus ● 11. Ist das Landgerichtsurteil zugestellt und rechtskräftig geworden, kann die Zwangsvollstreckung fortgesetzt werden. – Merke: *durchgeführt werden* od. *beginnen*: juristisch nicht genau (46. Kapitel) ● 12. *Einbau – Neubau*: 30. Kapitel + Wenn Sie in Ihren Neubau eine automatische Ölfeuerung einbauen, wird er um ca. 4400 DM teurer (Installation eingeschlossen) + Eine automatische Ölfeuerung, voll installiert, würde Ihren Neubau um etwa 4400 DM verteuern. – Der Übungssatz und die erste Lösung sind recht verfängliche Mitteilungen. Schließt der Begriff *Installationsarbeiten* bzw. *Installation* nur die Arbeit oder auch das gesamte Installationsmaterial ein? – Zu *einbauen* vgl. 43. Kapitel.

5. Kapitel

Löst man die verschachtelten Attribute auf, ergibt sich zumeist eine Wortwiederholung (30. Kapitel). Fast alle Übungssätze dieses schwierigen 5. Kapitels müssen ganz umkonstruiert werden. Dafür gibt es um so mehr Lösungsmöglichkeiten! Mehrere Sätze könnten die gegebene Fassung auch behalten – was vom Stilgefühl abhängt –, doch sollten in diesem Kapitel übungshalber sämtliche Beispiele umgebildet werden.

1. *Da... explodierte* = Da die Bombe unmittelbar vor dem Mikrophon explodierte, in das der Regent sprechen sollte (Fall a: mehrere Mikrophone) + Der
Regent stand gerade am Mikrophon, als die Bombe unmittelbar davor explodierte. So wurden... (Fall b: nur ein Mikrophon) ● 2. *sondern... handelt* =
sondern nur um Kupfer handelt, das mit Zinnerzschmelzgut versetzt ist ● 3. Durchsuchungen dürfen nur in der gesetzlich zugelassenen Form, also nach der Strafprozeßordnung, vorgenommen werden + Wie eine Durchsuchung vorzunehmen
ist, sagt die Strafprozeßordnung. Der Beamte hat diese Vorschriften genau zu
beachten ● 4. In Cornwall – also im Südwesten Englands – treffen wir auf... + In
Südwestengland, und zwar in Cornwall, finden wir... ● 5. *auf... Argumente* =
auf Argumente, die der Beamte im eigenen Interesse vorgebracht hat / vorbringt
+ auf Argumente / Beweisgründe, mit denen sich der Beamte rechtfertigen will ●
6. *Bei... Überschüssen* = Bei den Überschüssen aus den zwei öffentlichen Veranstaltungen + Beide öffentliche Veranstaltungen können m. E. nur verhältnismäßig / relativ kleine / geringe Überschüsse eingebracht / erbracht haben ● 7. Die
FIFA – sie ist für die Organisation der Weltmeisterschaftsspiele zuständig – hat
unter den besten europäischen Schiedsrichtern auch einen Österreicher nominiert
+ Unter den besten europäischen Schiedsrichtern, die die FIFA nominiert / benannt hat, befindet sich auch ein Österreicher. – Duden: auch *Fifa* ● 8. Oberitalien war von den habsburgischen Truppen besetzt worden / besetzt, und so kam es
zur Schlacht + Die habsburgischen Truppen hatten Oberitalien besetzt; mit dieser Schlacht sollte das Gebiet zurückerobert werden. – Vgl. 60. Kapitel ● 9. Die
Kyrenaiker streben nach der Lust des Augenblicks, also nach einem Glück, welches auf bloßer / auf der rohen Sinnlichkeit beruht + ... Augenblicks, d. h. nach
rein sinnlichem Genuß. – *Kyrenaiker:* antike Philosophenschule im griechischen
Nordafrika ● 10. Der 1. Stock ruht auf einer Balkendecke (Pos. 18); direkt auf
dieser steht die Leichtwand, die Bad und Küche trennt. Daher wäre noch zu prüfen, ob der 2 cm breite Riß in dieser Wand von den anderen Mängeln mitverur-
sacht ist + Angeblich haben diese Mängel auch einen 2 cm breiten Riß in der
Leichtwand zwischen Küche und Bad verursacht. Das wäre noch zu prüfen, denn
die Wand ruht unmittelbar auf der Balkendecke des Erdgeschosses (Pos. 18) ●
11. Die große Wanderung hatte weite Gebiete entvölkert, so daß seit dem 7. Jh.
überall gotische Stämme einsickerten und sich auch östlich des Flusses festsetzen
konnten + Nach der großen Wanderung waren weite Gebiete menschenleer. Seit
dem 7. Jh. siedelten sich dort überall gotische Völkerschaften an, auch östlich des
Flusses. – Vgl. 41. Kapitel ● 12. In der UdSSR / Sowjetunion wurde die Staatsge-
walt damals im Sinne einer streng marxistisch–leninistischen Diktatur ausgeübt ●
13. Wir stellten mit einem alten, schartigen Messer lange Blechstreifen her und
legten sie um die Faßdauben; so fielen diese wenigstens fürs erste nicht mehr aus-
einander ● 14. Dem Verlag fehlte damals auch das Geld, die Fachleute zu hono-
rieren, die für eine Mitarbeit an der Neuauflage wohl in Frage gekommen wären
+ Um diese / eine solche Neuauflage herauszubringen, hätte der Verlag ge-
eignete Fachleute zur Mitarbeit auffordern / heranziehen müssen, doch fehlten
damals alle nötigen Mittel ● 15. Mehrere Sondermaschinen sind zu einer automatischen Förderstraße verbunden; Taktförderer leiten ihnen die Werkstücke zu. So
können gleichzeitig verschiedene Arbeitsgänge ausgeführt werden + Auf dieser

automatischen Förderstraße werden die Werkstücke im Takt von Maschine zu Maschine geführt, so daß an dem gleichen Teil / Gegenstand zu ein und derselben Zeit verschiedene Arbeitsgänge erledigt / vorgenommen werden + m. a. W., man bearbeitet eine ganze Reihe gleicher Teilstücke zur selben Zeit in verschiedener Weise. – *Förderstraße – Taktförderer* (30. Kapitel): erforderliche Wortwiederholung · *Arbeitsoperationen*: 33. Kapitel – zu *der gleiche* und *derselbe* s. WK 39.

6. Kapitel

1. *den... beizubehalten* = im Kapitel «Bitumen beim Hausbau« den Text zu den Abbildungen beizubehalten + Ändern Sie bitte keine Bild-Erläuterung im Kapitel «Bitumen beim Hausbau». – Zum Bindestrich s. Duden ● 2. Im Leben der modernen Gesellschaft ist die Politik fraglos eine der bedeutendsten Erscheinungen + In der Gesellschaft von heute spielt die Politik zweifellos eine sehr wichtige Rolle ● 3. Nachdem McKenzie die Stellung und die Macht gewürdigt hat, welche die Führer der beiden Parteien innehaben, untersucht er, was für eine Rolle die parlamentarische Gefolgschaft, die Fraktion des einen und des anderen, spielt + McKenzie hebt zunächst hervor, welch machtvolle Stellung in beiden Parteien der Erste Vorsitzende hat; dann charakterisiert er deren parlamentarische Gefolgschaft, die Fraktionen ● 4. Richtig, aber wegen Kapitel 7 besser so: Überall forderte man jetzt, die Staaten müßten unabhängig werden, die Volksmassen seien für frei und politisch mündig zu erklären; außerdem sei es nötig, die Produktionsweise grundlegend zu ändern und die Kultur zu erneuern ● 5. Der Leitende Polizeibeamte, der das Begleitkommando beim Jubiläumsfestzug führte / geführt hat, hätte die als Sicherung unmittelbar vorausfahrenden Polizeikräfte anweisen sollen, jeweils an der nächsten Kreuzung die Seitenstraßen abzusperren, denn der Zug sollte nicht ins Stocken geraten + Der Jubiläumsfestzug hätte an keiner Kreuzung aufgehalten werden können, hätte die an der Spitze fahrende Sicherungsgruppe der Polizei jeweils die Seitenstraßen gesperrt. Es wäre Pflicht des Begleitkommandoleiters gewesen, das anzuordnen / so zu verfahren ● 6. Der Vorstandssprecher der SPD-Fraktion kritisierte die lakonisch kurze Stellungnahme des Wirtschaftsministeriums zur Forderung, alle bundesdeutschen Atomkraftwerke umgehend stillzulegen ● 7. Aber hierin beruht eben die versuchsweise Probe auf das Ergebnis, das wir bei jener ersten Würdigung unserer Vernunfterkenntnis a priori bekommen haben + Aber damit soll ja eben kontrolliert werden, was wir bei unserer ersten Betrachtung der reinen Vernunfterkenntnis gefunden haben. – *a priori*: von vornherein, dem Begriffe nach, aus reinen Vernunftgründen. Dieser Ausdruck gehört, wie der Übungssatz zeigt, zu *Vernunfterkenntnis*. Ist das aus der vorgeschlagenen ersten Lösung klar zu ersehen? Lesen Sie bitte das 19. Kapitel nach ● 8. Wenn man die Massengüter auf den süddeutschen Wasserstraßen transportiert, wird vor allem die Fracht billiger ● 9. Die Physik muß zu erklären versuchen, wie es zu diesen / solchen Erscheinungen kommt ● 10. Nach dem Gesetz darf durchaus berücksichtigt werden, daß jemand von einer solchen Bestimmung nichts gewußt hat + Wenn jemand diese Bestimmung nicht gekannt hat, kann das nach dem Gesetz sehr wohl berücksichtigt werden ●

11. Der König von Preußen hatte erkannt, daß die Kommunen / die Städte ihre
Verwaltungsarbeit möglichst bald selbst / selbständig / allein erledigen müßten;
so kam es zu diesem Erlaß ● 12. Die Abbildungen, die der Kandidat dem ersten
Teil seiner Arbeit beigegeben hat, entsprechen nicht den wissenschaftlichen Anforderungen + Der Kandidat hat dem ersten Teil seiner Arbeit Abbildungen beigefügt, die wissenschaftlich ohne Wert sind / die, an den Maßstäben der Wissenschaft gemessen, wertlos sind. – Der Übungssatz drückt den Sachverhalt weniger
scharf aus.

7. Kapitel

Die Lösungsvorschläge dieses Abschnitts zeigen, daß die substantivische Formulierung sehr oft umständlicher als die verbale ist. Das Substantiv drängt eben
nicht «von sich aus zur Kürze». Wie schon bei den vorigen Kapiteln, sind auch
hier viele gleichwertige Varianten denkbar. – Die Konjunktivformen der abhängigen Rede entsprechen den im 61. bis 63. Kapitel entwickelten Regeln.

1. Einflußreiche USA-Wirtschaftler haben das St.-Lorenz-Strom-Projekt scharf
kritisiert. Falls man es verwirkliche, würden die Überseeschiffe nicht mehr die
Osthäfen der Vereinigten Staaten, sondern die amerikanischen und kanadischen
Binnenhäfen im mittleren Norden anlaufen. Das müsse sich auf die Wirtschafts-
lage an der US-Atlantikküste äußerst nachteilig auswirken. – Der Ausdruck *Neue
Welt* muß natürlich durch *USA* ersetzt werden ● 2. Der Graf teilte dem Auswärtigen Amt mit, der Herzog sei darüber verstimmt, daß er in der britischen Wehrmacht nicht den gewünschten interessanten Posten erhalten habe. Außerdem sei
das Verhältnis zum Premier nicht gut, wie die kritischen Äußerungen über ihn
bewiesen ● 3. Kaum hat man in England / Großbritannien die Mehrwertsteuer
gesenkt, als auch schon die Frage laut wird, ob der neue Haushalt nach Aufbau
und Höhe nicht vielleicht durchgreifend geändert werden müsse ● 4. Die Gesetze
beschloß der Reichstag; der Reichsrat wirkte dabei mit. Der Kanzler oder ein
Fachminister zeichnete die Gesetze / sie gegen, dann wurden sie vom Reichsprä-
sidenten erlassen und schließlich im Reichsgesetzblatt veröffentlicht ● 5. ... treffend: Seit den preußischen Reformen ist die Polizei vom Gerichtswesen getrennt.
Deshalb ist sie nicht befugt, Privatstreitigkeiten der Einwohner zu schlichten, es
sei denn, solche Zwischenfälle störten die öffentliche Ordnung. – Der Begriff
Einwohner umfaßt *Bürger* und *Ausländer* und *die Staatenlosen.* Die Umstandsbestimmung *gleichzeitig* ist falsch gestellt (22. Kapitel) ● 6. Der stellvertretende
Bundesinnungsmeister erklärte, früher habe das Schmiedehandwerk die verschiedensten Dinge hergestellt – heute werde die Produktion immer einförmiger. Damit der Beschäftigungsstand erhalten bleibe, müsse man die Erzeugung umstel-
len. Die Betriebe brauchten aber auch mehr Aufträge der öffentlichen Hand ●
7. Auf Äckern, Feldern, Wiesen und überall, wo Mist gestreut worden ist, wachsen Champignons, und zwar gruppenweise. Vorsicht! Dieser Edelpilz sieht dem
äußerst giftigen Knollenblätterpilz zum Verwechseln ähnlich ● 8. Schon im
16. Jh. schlossen mehrere europäische Staaten ein Abkommen, wie im Kriege die

kranken und verwundeten Soldaten zu behandeln seien ● 9. Über einen Stoff, der sich noch nicht als zweifelsfrei gesundheitsgefährdend erwiesen habe, könne noch lange diskutiert werden, und auch die notwendigen Untersuchungen könnten sich noch lange hinziehen ● 10. Wenn Politiker und Statistiker die Bevölkerung damit beruhigten, die Fragebogen würden korrekt ausgewertet und die Anonymität werde gewahrt, dann spreche das dafür, hieß es damals, daß die Verantwortlichen entweder nicht Bescheid wüßten oder daß sie die Öffentlichkeit bewußt irreführten ● 11. Wir geraten in ein Rudel von 20 Wildyaks. Obgleich schon die Nacht hereinbricht, gelingt es mir, noch einige Tiere zu schießen, so daß ich meine Sammlung aufs schönste vervollständigen kann ● 12. Weil manche Leute zu bequem sind, an ihrem Deutsch ernsthaft zu arbeiten, sagen sie einfach, auch gute Schriftsteller machten Schnitzer / Fehler. Welche Anmaßung! Da bleibt nichts anderes übrig, als grob zu werden + Da hilft nur Grobwerden. – *unziemliche Anmaßung*: 31. Kapitel? – Daß es sich um Deutsche handelt, ergibt sich aus dem Wort *unseren* ● 13. Wenn wir die Praxis den wirtschaftlichen und technologischen Fortschritten erfolgreich anpassen und vor allem die Ergebnisse der Schlüsseltechnologien konsequent anwenden wollen, muß die Wirtschaftsstrategie der SED strikt befolgt und unsere Volkswirtschaft energischer ausgebaut werden ● 14. Die Koalition sollte an dem Hauptziel, die Arbeitslosigkeit aufs wirksamste zu bekämpfen und das System der sozialen Leistungen zu sichern und zu erweitern, festhalten, indem sie vor allem die Wirtschaftskraft stärkt ● 15. Die Anker dürfen nur unter der Auflage freigegeben werden, daß sie sofort wiedereinzuholen sind, wenn die Notlage beseitigt ist + Die Anker dürfen nur für die Dauer der Notlage benutzt werden. – *einziehen*: unseemännisch. – Wäre auch richtig *wieder einzuholen* (zwei Wörter)? Vgl. Duden: *wieder*.

8. Kapitel

1. *beruhigt* = beruhigen ● 2. *jauchzen* = jauchzet (Goethe, Osterspaziergang) ● 3. *sorgt* = sorgen + die «Musketiere», der hiesige Spielmannszug und ein Leierkastenmann ● 4. Richtig, denn es heißt *mit* seiner Frau, nicht: *und* seine Frau. – *Adschanta*: kunstgeschichtlich interessantes Dorf in Indien ● 5. *hemmt* = hemmen. – Vgl. 30. Kapitel ● 6. *ergibt* = ergeben ● 7. *kann* = können + zum Beispiel Lackreste..., Medikamente und Altöl ● 8. Richtig, wenn es sich um einen einzigen Raum handelt. Vgl. S. 35, u. 24. Kapitel, S. 69, Abs. 1 ● 9. *spricht* = sprechen ● 10. Richtig. Aber Goethe: *Lust und Liebe sind die Fittiche zu großen Taten.* – Grund: Plural des nominalen Subjektes (Fittiche) ● 11. Richtig. – Nicht so gut: *Freunde und Feinde tranken...* ● 12. *gestohlen war* = gestohlen waren / entwendet worden waren (60. Kapitel). – Hier besser den Plural zuletzt anführen ● 13. Richtig (oder!) ● 14. Richtig, aber auch: *scheinen* = scheint. – Ergibt sich ein Unterschied im Bild? ● 15. *wurde* = wurden. – *Orient und Okzident*: trotz des Stabreims kein Zwillingssubjekt.

9. Kapitel

1. *Ihre* = Seine ● *liegt – liegen*: 30. Kapitel = erstrecken sich ● 2. *können* = kann · *proben* = probt + Die Kinder proben... ● 3. *ihren* = seinen ● 4. *stand – standen*: 30. Kapitel · *Sie verstanden* = Es begriff / Man begriff ● 5. *südlich von Kassel*: 41. Kapitel, S. 108, oben · *Sie schwuren* = Die Jungen und Mädchen schworen. – schwuren usw.: weniger gebraucht + Sie schwor... ● 6. *Team*: Modewort (64. Kapitel) = Arbeitsgruppe, Forschungsgemeinschaft, Mannschaft. Hier etwa: unsere blau-weiße Elf... · *wird... dämpfen* = wird den... der Spieler dämpfen · *Gewissenserforschung zu halten* (2. Kapitel) = ihr Gewissen zu erforschen = in sich zu gehen ● 7. *stellen* = stellt + Gleichzeitig stellt sie... auf ● 8. Nicht zu empfehlen: Seine (21. u. 30. Kapitel). Entweder: Die Sprechzeiten / Sprechstunden... Oder: Sprechstunden montags und donnerstags von 8 bis 16 Uhr ● 9. *kaufen sie* = kaufte sie ● 10. *das später nach ihm benannte*: Vermeiden Sie Attribute, die Späteres vorwegnehmen! · *benutzen* = benutzte · Das aber widerspricht der inneren Form des Satzes + Als der... 1823 zum erstenmal sein neues Mannschaftsspiel zeigte, wunderten sich die Zuschauer, daß ein eiförmiger Ball verwendet wurde. Das Spiel hieß später einfach «Rugby» ● 11. Die Verlobung ist vollzogen, sobald die Partner einander das Eheversprechen gegeben haben + sobald die Partner einander die Ehe versprochen haben ● 12. *sie... fest* = die jungen Leute / die Lehrgangsteilnehmer stellten... fest.

10. Kapitel

1. *die... Herren sich* = die sich... · *ob es... Krieg sich* = ob es sich ● 2. *Obwohl... sich ähneln* = Obwohl sich... ● 3. *daß die Umstände... sich* = daß sich die Umstände ● 4. *daß du... uns verkündest* = daß du uns... · *in jeder Weise uns* = uns in jeder Weise. – Vgl. WK 9. Hier wohl ironisch gemeint; sonst *verkünden* = feierlich bekanntmachen ● 5. *daß er... hatte* = daß er sich dann / dann nur das Allerschlimmste vorgestellt / eingebildet hatte ● 6. *daß... sich stützt* = daß sich ...stützt ● 7. Richtig ● 8. *Solange... sich näher kommen* = Solange sich... ● 9. *und... sich hingeben* = und sich... hingeben ● 10. *wir hätten damit Ihnen* = wir hätten Ihnen damit · *Kipppflug*: nur so! · *habe... sich nicht* = habe sich...

11. Kapitel

1. *wenn... zusammensetzen* = wenn sie sich aus den gleichen Elementen zusammensetzen ● 2. *weg vom Fenster* = vom Fenster weg · *und stellen Sie*: besser: Stellen Sie... ● 3. *wird... Handpuppentheater* = wird auch durch... Rechnung getragen (2. Kapitel) + Diese Wünsche werden... berücksichtigt + Auch staatliche Zuschüsse... helfen diese Wünsche erfüllen ● 4. *weisen... Zusage* = weisen nochmals auf... hin ● 5. *geht... Gestaltens* = geht in... ganz auf · *erfüllt davon* = davon erfüllt + Einfacher: Das Kind gestaltet genauso gern abstrakt, wie es eine «Zugmaschine» schaltet. In Vergleichssätzen darf das von *als* oder *wie* abhängige

zweite Glied auch hinter der verbalen Klammer (dem letzten zum Prädikat gehörenden Wort) stehen. Die Betonung liegt dann unmittelbar vor dem Ende des Satzes ● 6. *tritt... Eisenteilen* = tritt als... auf · *fern dadurch* = dadurch fern · *streicht... Rostschutzmitteln* = streicht man mit Mennige vor. – Wen die vier *M* stören, schreibe: ...werden mit Mennige... vorgestrichen ● 7. *Es... Handelns*: nach Dudengrammatik nicht falsch; besser: Es spiegelt die Tragik... menschlichen Handelns wider · *einstehen... Sache* = selbst für... einstehen ● 8. *doch... Postamt!* = im Postamt doch den Hut auf! ● 9. *aus... Verwünschungen* = in... aus ● 10. *Er anerbot sich* = Er erbot sich an = Er erbot sich · *waren... Neukonstruktion* = waren von... begeistert ● 11. *riefen... Korsen* = riefen zum... auf ● 12. *gut... Schafzucht* = gut für... geeignet + Gebiete mit mageren Sandböden, wie z. B. die Lüneburger Heide, eignen sich meist gut für die Schafzucht. – Läßt man z. B. weg, entfallen auch die beiden Beisatzkommas.

12. Kapitel

Die Beispiele 1–9 enthalten alle den gleichen Stilfehler; deshalb mag es im folgenden genügen, die Lösungen anzudeuten.

1. Füllen Sie bitte die beiden vorbereiteten Antragsformulare gewissenschaft aus, die... ● 2. Old Shatterhand setzte seinen Weg entschlossen fort, ohne... ● 3. Wie berichtet wird, nahmen 350 Sportlehrerinnen und Sportlehrer... an dem Lehrgang teil, der... ● 4. In den Oasen pflanzen... mit weiblichen Blüten an; natürlich... + es ist klar, daß man sie dann künstlich befruchten muß ● 5. Ich für meine Person / Ich ziehe... den Oldtime Jazz vor, worunter... ● 6. Clemens von Brentano dachte sich... von der Zauberin Lorelei aus, einem... + schrieb... das Märchen... Lorelei, einem... ● 7. Er stellte... Sammler lobend heraus, aber auch... ● 8. So rumpelte denn Planwagen auf Planwagen an unserem Haus vorüber, beladen... ● 9. Das Parteiprogramm legt seit Lenin alle Genossen durch heilige Eide auf den Internationalismus fest, seien es... ● 10. Richtig.

13. Kapitel

Aus den Übungssätzen dieses Kapitels ist nicht immer klar zu ersehen, was der Schreibende hat ausdrücken wollen, deshalb muß an vielen Stellen frei umschrieben werden. Während fast alle übrigen Abschnitte dieses Buches nur formale Korrekturen verlangen, sind die Sätze hier auch inhaltlich zurechtzurücken. Man darf sich nicht wundern, wenn das mitunter recht verschiedene Lösungen ergibt.

1. Die dünne Erdschicht auf dem Gestein der Niederungen läßt keine ertragreichen Ernten zu ● 2. Jazz ist m. E. eine Kulturschande! Trotzdem gibt es natürlich Leute, die Jazz für das Erlebnis unserer Zeit halten. Wie traurig, daß eine Zeitschrift wie die Ihre über diese Art Menschen Artikel, ja sogar Titelbilder von ih-

nen bringt! ● 3. *der... überflüssig* = sind alle Befehle, alle bösen Worte überflüssig ● 4. Damals habe ich jedes Karl-May-Buch, das ich bekommen konnte, sofort gelesen. Allerdings habe ich auch manche Ohrfeige hinnehmen müssen, denn ich las meist bis tief in die Nacht hinein ● 5. Die Zweiteilung Deutschlands behindert nicht nur den Eisenbahn-, sondern auch den Schiffsverkehr in westöstlicher Richtung ● 6. Viele Bushaltestellen sind aufgehoben worden / aufgehoben. Daraus ergeben sich / haben sich für den Fahrgast mancherlei Nachteile ergeben: Vor allem der Weg zur nächsten Haltestelle ist länger geworden ● 7. In diesem südlich gelegenen Lande läßt sich's schon leben, denn dort gibt es wenigstens keine Termiten und / oder ähnliche Plagegeister. – *dort unten*: umgangssprachlich ● 8. Gastod ist ein schneller / sanfter Tod. Der Mensch atmet das Gas / die Gase ahnungslos ein, bald erfaßt ihn Schwindel, dann fällt er in Ohnmacht, und schon ist der Betreffende erstickt ● 9. Besonders diese Antwort des Experten ist daran schuld, daß im Volke unterschwellig Angst umgeht, weil sich die Computertechnik so schnell verbreitet / durchsetzt. Nur noch kurze Zeit wird der Mensch Herr seiner Werkzeuge sein / seine Werkzeuge im Griff haben / beherrschen. – Der Schreiber denkt offenbar an Männer wie Robert Jungk ● 10. Dafür müssen Agrarprodukte und Uran geliefert werden, außerdem verlangt man Stützpunkte. – Vgl. Abs. 2, S. 34 ● 11. Mag sein, daß mich die Zeugin richtig und wahr beschrieben hat – auf keinen Fall aber habe ich die tote Ratte auf den Portier geworfen + Ich kann nicht bestreiten, daß die Personalbeschreibung / Personenbeschreibung, die die Zeugin gegeben hat, auf mich zutrifft (allerdings hat sie mich nur von hinten gesehen); mit der toten Ratte muß jedoch jemand anders nach dem Portier geworfen haben ● 12. *mit Westeuropa* = Westeuropas zu Polen · *in verbindlicher Form* = offiziell · *wiederaufzunehmen* = wiederaufnehmen + den unterbrochenen Kontakt / die unterbrochene Verbindung zwischen Westeuropa und Polen... ● 13. *bezweckt... zu* = will seine Mitglieder durch Leistungs- und Freizeitsport körperlich ertüchtigen. Den Anreiz dazu sollen die Hunde geben, sie werden gleichzeitig nach sinnvollen Regeln ausgebildet ● 14. Nur wenige Fürsten wandten sich von diesem leeren höfischen Getriebe ab, um sich ernsten Aufgaben / ihrem eigentlichen Geschäft, der Politik, zu widmen ● 15. Wir haben folgendes abgemacht: Immer wenn sie recht hat, schweige ich, und wenn ich recht habe, darf sie nicht dagegen anreden. Offen gestanden, meist ist richtig, was sie äußert / sagt.

14. Kapitel

In diesen Übungssätzen kommt es darauf an, Phantasie zu entwickeln. Jeder verwaschen wirkende, blasse Begriff sollte durch ein anschauliches Wort ersetzt werden. Lösungsvorschläge könnten gerade hier als «Vorbilder» aufgefaßt werden. Deshalb sind im folgenden nur die Ausdrücke zusammengestellt, die verdeutlicht werden müßten. Wie etwa zu verfahren ist, zeigen die Beispiele zu Satz 1.

1. *Abhang · befanden sich · unregelmäßig geformte Bäume* + Krüppelkiefern mit bizarr gewundenem Astwerk hatten sich bis an den Rand dieses Hochtales vorgeschoben + An dem steilen Felshang wuchsen Buscheichen, denen Wind und Wetter die seltsamste Gestalt verliehen hatte. Vgl. 8. Kapitel + In der ganzen Nordwand hinter dem Plateau standen verdorrte Junglärchen. Offenbar an einer Krankheit eingegangen, waren sie von den Winterstürmen in grotesker Weise verstümmelt worden ● 2. *erschienen · städtische Angestellte · Fahrzeug · brachten · Passantin · Krankenhaus* ● 3. *lebenswichtige Sachen* ● 4. *Südfrüchten · getan* ● 5. *Gewässer · Verkehrsmittel · Gebäude* ● 6. *Umzug · Fahrzeuge · geschmückt · Leute · nette Lieder* ● 7. *Eindringling · begab sich rasch · Anwesen · Kleidern · Waffe* ● 8. *Gefährt · Verwandten · landwirtschaftlich genutzten Flächen* ● 9. *Handwerker · Werkzeug · Behältnis · Flüssigkeit · geraumer Weile · Fußbodenbelag* ● 10. *Raume · interessant geformte · Kunstwerke* ● 11. *Gegenstand · Angestellte · Hauses · Möbelstück · ganz oben · untergebracht* ● 12. *Tiere · künstlichen Behausungen · allerhand Geräten* ● 13. *Habseligkeiten · Menschenmenge · Wasserfahrzeug* ● 14. Richtig. *Dome*: Fehler nach Kapitel 17? ● 15. *Schuhwerk · unordentlich · wenig gepflegtes Äußeres · in unangenehmen Verhältnissen.*

15. Kapitel

1. *Der... Uhr* = Es beginnt um 19 Uhr ● 2. *ist* = befindet sich / liegt + Besser: Der Mittellauf des Sambesi trennt die Staaten Sambia und Simbabwe voneinander ● 3. *war* = war befestigt / hing / steckte / klebte · *Komme*: sog. grammatischer Selbstmord, weil das Personalpronomen fehlt = Ich komme ● 4. *ist* = liegt = ist... gelegen ● 5. Richtig, weil bloße Orts- und Zeitangabe. – zu *war* vgl. S. 149 ● 6. *war* = lag ● 7. *bin schon* = bin schon massiert / bedient. – Nach 60. Kapitel auch:... worden ● 8. *war... Jahre* = war... Jahre alt / alt geworden (60. Kapitel) ● 9. *ist* = wohnt / nistet / horstet / sein Nest hat ● 10. *waren... Brust* = waren... gearbeitet = hatten eine viel zu große Brustweite ● 11. *zusammen* = zusammengespart · *aufhören mitzuarbeiten*: auch: nicht länger mitarbeiten ● 12. *ist* = stammt ● 13. *war*: Richtig, weil bloße Ortsangabe ● 14. Als Bibeltext am besten stehenlassen ● 15. *waren... Palästen*: Nicht falsch, aber besser: waren sie in alle Paläste eingedrungen (43. Kapitel) = kämpften sie in allen Palästen.

16. Kapitel

1. *aber wo... wird* = aber wenn sich jemand das Leben nimmt = aber Freitod ist, juristisch gesehen, auch heute... ein «Unglücksfall» ● 2. *wird... gerichtet* = also habe Sie sich nach mir zu richten = also richten Sie sich nach mir ● 3. *Es durfte... werden* = Die Interessenten konnten diesmal... bleiben + konnten diesmal weniger als den halben Verkehrswert bieten ● 4. Im Landschulheim vertreiben sich die Kinder nachmittags die Zeit mit... Wandern. – Oder ist eine andere Gruppe gemeint? ● 5. *wird... geduscht* = dusche ich mich erst einmal gründlich ● 6. *es mußte... werden* = wir mußten uns verabschieden = es hieß Abschied nehmen ●

7. *kann... werden* = ist es sogar möglich, unter... zu bleiben + Normalerweise braucht der Wagen 5,8 Liter auf 100 km, vom Stadtverkehr abgesehen. Wer gleichmäßig fährt, kommt mit noch weniger aus ● 8. *sah... war* = erkannte sofort: Jemand hatte schon mit einer Kneifzange daran gearbeitet ● 9. *daß... wird* (29. Kapitel) = den Gewinn, sobald er ausgezahlt ist / worden ist, friedlich zu teilen. Vgl. 60. Kapitel ● 10. *Nachdem... worden ist* = Nachdem / Obwohl in der 2. Bezirksklasse 10 Mannschaften bereits... hinter sich gebracht haben ● 11. Gehen die lieben Mitbürger schließlich..., so sind sie... munter ● 12. *was... wird* = Was man da alles zu hören bekommt! + Nein, was sich da gewisse Leute zurechtschreiben! – Unklar, ob Gesprochenes oder Geschriebenes gemeint ist.

17. Kapitel

1. *einzigartig fein* = ungewöhnlich fein, besonders fein ● 2. *unheimlich* = geradezu + *Das Spiel... Krimi* = Das Spiel war, besonders kurz vor dem Schlußpfiff, geradezu spannend ● 3. *weitgehendere*: richtig; wegen der vier störenden e in *weitgehendere* besser: weiter gehende ● 4. Richtig. Auch: *heute* streichen ● 5. *einzigste* = einzige + Das ist mein letztes Paar Schuhe, in dem ich zu Festlichkeiten gehen kann + Nur noch dies Paar Schuhe kann ich bei Festlichkeiten tragen ● 6. *scheint den... zu üben* = will offenbar ans Tabellenende zurückfallen + will anscheinend sämtliche Punkte verlieren · *herunterwürgen* = einstecken / hinnehmen ● 7. *führendsten* = führenden ● 8. *gleich... entfernt* = noch weiter von ihren großen Erfolgen entfernt ● 9. *mitternächtlichst* = um Mitternacht / mitten in der Nacht ● 10. Richtig. Besser: *den... gewähren* = die Gehälter der... aufzubessern / die untersten Gehaltsgruppen anzuheben ● 11. *restlos*: streichen · *alles...: herauszuholen* = so schnell wie möglich weiterzulaufen + *Fürchterlich... kamen* = Besonders froh war meine Großmutter, als wir noch rechtzeitig, wenn auch völlig außer Atem, ankamen · *nie im Leben* = nicht · *es schaffen würden* = es schafften = noch mitkämen (s. 62. Kapitel, S. 164, Nr. 1) ● 12. *Mit... Weste* = Ohne Minuspunkte · *langte es* = reichte es · *hauchdünnen* = knappen ● 13. *der unglaubliche Umfall* = die unglaubliche Kehrtwende · *Skandal... Potenz* = als Skandal / als großes Ärgernis ● 14. *gespielt* = gespielt worden (60. Kapitel) · *traf* = erhöhte · *stehend k. o.* = erledigt · *lupenreinen* = einwandfreien / klassischen.

18. Kapitel

In den Übungssätzen darf *man* stehenbleiben, wenn sinngemäß gilt, was im 37. Kapitel, S. 98, Abs. 2–3 von der passivischen Schreibweise gesagt ist.

1. *hatte man* = hatte die Feuerwehr · *man strömte* = die Leute strömten ● 2. *kam man* = kam der Bauleiter · *wollte... durchschneiden* = sollten die... durchschnitten werden · *sah man* = sah das Volk / sahen die Passanten ● 3. *darauf* aufheulen: 30. Kapitel + *Kurz... man* = Bald danach hörten wir = Bald danach

heulten... auf · *wie... loswarf* = wie die Bootsleute... loswarfen ● 4. *Ist... gestellt* = Ist beim... der... gestellt · *beschlagnahmt*: richtiger = erfaßt · *kann man*: mehrdeutig = *kann er* = *kann der Gläubiger* + *können beide, Schuldner wie Gläubiger, über Nacht arme Leute werden* ● 5. *Man... gemacht* (2. Kapitel) = Der Verkehrsverein hat alles nur Mögliche unternommen · *Vor... Stadt* = Vor allem werden in dieser fremdenfreundlichen Stadt gern Lehrgänge... abgehalten ● 6. *Man schiebt* = Ich schiebe · *einem* = mir · *Man nimmt* = Keiner nimmt · *man... einander* = jeder stößt... den anderen · *hat... nieder*: stehenlassen oder in die Ichform setzen · *stolpert man* = stolpert jemand. – Oder durchgehend *du* statt *ich*. – Stellenweise stark umgangssprachlicher Ton ● 7. *kann man* = kann der Feriengast · *daß... ist* = daß die Gemeinden... sind · *die man* = die der Urlauber / Wintersportler ● 8. Richtig (Sprichwort) ● 9. *fühlten sich* (47. Kapitel?) = glaubten ihre Stellung + befürchteten, die Französische Revolution könne auf ihre Länder übergreifen · *schloß man* = schlossen sie / die Fürsten / Majestäten ● 10. Man *hört* nicht in der Ferne, es *poltert* in der Ferne! + Wir hören ein fernes, dumpfes Poltern = Von fern her dringt dumpfes Poltern an unser Ohr · *Ob man* = Ob die Feuerwehr + Werden etwa schon die Mauern eingerissen?

19. Kapitel

1. *nach... Spannboden* = zwanzigfach vergrößert auf dem Spannboden = auf dem Spannboden 20fach vergrößert und dann... ● 2. *daß... hat* = Martin Fernandez de Eniseo habe ein Schiff ausgerüstet (61. Kapitel) · *um... leisten* = um auf dem Festland mit einer neuen Mannschaft, die er in seiner Kolonie angeworben / zusammengestellt / ausgehoben hat, Hilfe zu leisten + um seiner auf dem Festland gelegenen / seiner festländischen Kolonie mit einer neuen Mannschaft Hilfe zu bringen. – Die zweite Lösung ist richtig. – Vgl. WK 20 ● 3. *Wahlergebnis... Wahlleiter* (29., 30. u. 37. Kapitel) = Wahlergebnis durch den Wahlleiter sofort an... + Jeder der sieben Wahlkreisleiter hat das Auszählungsergebnis sofort / umgehend / alsbald dem Statistischen Landesamt zu melden. – Der *Wahlleiter* zählt die Stimmen ja nicht allein aus ● 4. *möchte... Partner* = einen... Partner im Alter von 49 bis 60 Jahren ● 5. *auf Bildjournalisten... worden war* = auf Bildjournalisten eingeprügelt..., obwohl diese ihren Presseausweis vorzeigten + daß die Polizei auf... eingeprügelt hatte, obgleich diese... ● 6. *diese... StGB* = diese nach § 156 StGB abgegebene eidesstattliche Versicherung. – Nicht etwa: ...aufgrund des § 156 StGB diese eidesstattliche Versicherung. – Sachlich falsch! ● 7. Das Kind soll von... am Dienstagvormittag aus der dritten... + Ein Mädchen der 3. Mittelschulklasse soll das Kind am... entführt haben + Das Kind besucht die dritte Mittelschulklasse und soll am... von einem älteren Mädchen entführt worden sein. – Welche Fassung trifft die Sache? ● 8. *LKW mit Nuklearbrennstäben* = LKW, der mit Nuklearbrennstäben beladen war ● 9. Nicht falsch, besser: von den ...Franzosen geschlagen; jedoch hatten auch die Sieger schwere Verluste ● 10. *wenn... kann* = wenn nicht gewartet werden kann, bis der Richter die Durchsuchung der Wohnung / die Haussuchung anordnet. – Der Staatsanwalt ist das ausführende Organ ● 11. *von einem italienischen Arzt* = mit Hilfe eines

italienischen Arztes · ... *auf*: Gedankenlücke! ...wodurch die Mutter in höchste
Lebensgefahr kam + die Mutter schien zu sterben ● 12. *zwei Zentner von zehn*
Abpackbetrieben = zwei Zentner von zehn Betrieben abgepackte Kartoffeln ge-
prüft. – 46. Kapitel.

20. Kapitel

1. Der Preis wird in erster Linie durch das Alter des Wagens bestimmt + Je älter
ein Wagen, desto niedriger sein Preis ● 2. Der Satz, wie er dasteht, ist richtig: Die
kaiserliche Armee schlägt den von Mansfeld ● 3. Einer der schwierigsten
Übungssätze! – *exogen*: von außen her verursacht, also Fehler nach Kapitel 46! +
Analysen der augenblicklichen Lage, die allein Vorgänge im Außenhandel dafür
verantwortlich machen wollen, daß Aufschwung und Rezession schneller aufein-
anderfolgen, sehen das Problem nur von außen + Wer die gegenwärtige Lage damit erklären will, Aufschwung und Rezession wechselten jetzt nur wegen gewisser Vorgänge im Welthandel rascher als sonst, trifft nicht den Kern der Frage ●
4. *Viel... nützen* = Meister, dieser idealistische Schwärmer, wird dem Fürsten
Bismarck nicht viel nützen + Deutlicher: Von solch idealistischem Schwärmer
wie Herrn Meister wird Bismarck nicht viel profitieren / Nutzen haben (2. Kapitel) ● 5. Beide Lösungen sind sinnvoll: a) die Bedienung ist Subjekt, b) Subjekt
ist die anspruchsvolle Touristin ● 6. Richtig, aber besser: Pollux hat seinen Zwil-
lingsbruder Kastor mehr als sich selbst geliebt. – Pollux, unter die Götter versetzt, nahm jeden zweiten Tag Kastors Platz in der Unterwelt ein ● 7. Eine weniger optimistische Weltanschauung zeitigt das von einem bestimmten / bekannten
Autor ersonnene Kunstmärchen. – Auf einer optimistischen Lebensbewertung
beruht das anonyme Volksmärchen ● 8. Diese absorbierte Sonneneinstrahlung
bewirkt, daß sich das Wasser des Teiches stark erwärmt + Die Sonneneinstrahlung wird vom Wasser des Teiches absorbiert und erwärmt es ungewöhnlich stark
● 9. Die Kinder saudiarabischer Staatsangehöriger durften nach einem Erlaß König Sauds nicht mehr von christlichen Lehrern unterrichtet werden ● 10. *Sämt-*
liche... schlafen = Die Chefs mehrerer Großfirmen haben ihre gesamte Belegschaft dazu aufgefordert... · *Verdauungsschläfchen... Nachmittag* = Nach einem
Verdauungsschläfchen sei man am Nachmittag aktiver als sonst. – *gesamte* /
ganze: WK 65. – Dem Wortlaut nach wäre auch die gegenteilige Fassung denkbar.

21. Kapitel

1. *derselbe* = der alte Mann / die Kirche ● 2. *Fahrer*: bahnamtlich = Führer + Da
fing das Fahrzeug... sprang / stürzte, indem es sich aufbäumte... ● 3. *der sie* =
der das Getreide ● 4. *König* (46. Kapitel) = Kaiser (Ferdinand II., 1848) · *sein...*
werden = dessen Neffe / Franz Joseph, der Neffe des Monarchen, möge den
Thron besteigen ● 5. *er habe* = dieser habe + Gerhard glaubte, er habe Heinrich...; deshalb ließ er sich mit ihm verbinden ● 6. *das Verfassungswerk* = die

Verfassung · *als wäre es* = als wäre sie / als wären die betreffenden Artikel. – Zu *wäre(n)* vgl. 62. Kapitel, Nr. 3. – *gesinnt*: WK 104 · *müßte es* = müßte das Notstandsrecht ● 7. *sah – sah*: 30. Kapitel · *er sah* = ihr Bruder / Freund sehe + Anna fand, Hansens Anzug / der Anzug von Hans sehe · Man erkannte..., daß er ihn schon... Vgl. 41. u. 61. Kapitel ● 8. *daß... war* = daß blutverschmierte Stellen darauf waren (*Haut* läßt an *Regenhaut* denken) / daß seine Hände mit Blut... waren ● 9. *Porträtkopf von Picasso*: kann aktivischen oder passivischen Sinn haben · *er* = der Künstler / das Werk · seiner Selbstbiographie / der Selbstbiographie des Gelehrten (von *Picasso* gab es seinerzeit keine) ● 10. *dieser...* = der altmodische, halsstarrige Baron · *Er liebte* = Dieser liebte · *er jedoch* = Manfred / der Neffe jedoch / dagegen · *seine*: doppelsinnig = seine eigenen Pferde / dessen Pferde. – Bei gegenteiligem Sachverhalt: Personen auswechseln!

22. Kapitel

Einige Übungssätze können als einwandfrei gelten, wenn man die willkürlich gestellten Umstandsbestimmungen stark betont. In den Lösungen ist die Wortfolge bereinigt, die Sätze können mit normaler Tonverteilung gelesen werden.

1. *die als Arbeitsinvaliden ihr Leben nun* = die nun ihr Leben... = die ihr Leben nun. – zu *nun* s. WK 78 ● 2. *nicht gleich im ersten Verkehrsgewühl* (31. Kapitel) = im dichten Verkehr / im Verkehrsgewühl nicht gleich ● 3. *die Ernte ganz und gar für verloren* = die Ernte für ganz und gar verloren = die ganze / die Ernte für verloren ● 4. *ins Vergnügen sich zu stürzen* = sich ins Vergnügen zu stürzen. – Auf *nicht nur* müßte *sondern auch* folgen; also könnte das Komma auch vor *nur* stehen ● 5. *sehr ernst sogar* = sogar sehr ernst ● 6. *dies Land*: besser zuerst der Landesname, die Schweiz · *nicht die Schweizer* = die Schweizer / die Eidgenossen bei uns nicht ● 7. *nehmen Sie gleich... am besten* = nehmen Sie am besten gleich · *in welch günstigem Verhältnis... stehen* (3., 7. u. 29. Kapitel) = wie preiswert unsere Ware ist, gemessen an der gebotenen Qualität + Bitte kosten Sie unsere Lachsschnitten und sehen Sie sich die Preise an! Sie werden erstaunt sein, wie günstig unser Angebot ist ● 8. *in mir ist es eine Lust* = es ist eine Lust, in mir ● 9. *Es gab leider bisher bei uns* = Bei uns hat es leider noch keine ● 10. Richtig ● 11. *Mir war auch inzwischen* = Auch mir war inzwischen = Inzwischen war auch mir ● 12. *Der Huchenfang in der Donau ist höchstens* = Höchstens der Huchenfang... = Zu erwähnen ist / wäre höchstens noch... ● 13. *völlig nach neuen* = nach völlig neuen ● 14. *ganz etwas Entzückendes* = etwas ganz Entzückendes ● 15. *wird Viehzucht hauptsächlich* = wird hauptsächlich Viehzucht.

23. Kapitel

1. *da... bei* = dabei *raus* = heraus ● 2. *die beiden rausschmeißen* = den beiden kündigen ● 3. *da... hätte* = davor wirklich Angst / wirklich Angst davor gehabt hätte = wirklich befürchtet hätte · *würde... haben* = hätte er... verlassen (62. Kapitel, S. 165, Nr. 5, a–c) = wäre er gar nicht erst aufgestiegen / gestartet ● 4. *herauszutragen* (so könnte ein Astronaut während des Fluges sprechen) = *hinauszutragen* (von der Erde ins All) ● 5. *da nicht mit* = nicht damit ● 6. *rausstellt* = herausstellt (von den Zuschauern aus gesehen) = *hinausstellt* (vom Spielfeld aus gesehen) · *was* = etwas ● 7. Richtig ● 8. *dran* = daran ● 9. *rausgeschoben* = hinausgeschoben · *was... dran* = etwas Wahres daran = daran ist etwas Wahres ● 10. *dann... raus* = dann gehst du in der letzten Stunde einmal hinaus ● 11. *was* = etwas ● 12. *raus* = heraus ● 13. *runterfallen* = herunterfallen ● 14. *naus* = hinaus. – Mitteldeutsche Umgangssprache ● 15. Gewollt umgangssprachliche Ausdrucksweise, stehenlassen.

24. Kapitel

1. *die Produktion, Handel und Verkehr* = die Produktion, der Handel und der Verkehr = Produktion, Handel und Verkehr ● 2. *Fingerfertigkeit und Geschick* = ihre Fingerfertigkeit und ihr Geschick ● 3. *zur Gewalt, Tod und Krieg* = zur Gewalt, zum Krieg und zum Tode = zu Gewalt, Krieg und Tod ● 4. *auf die fehlende Einsicht und Kritiklosigkeit* = auf die fehlende Einsicht und auf die Kritiklosigkeit ● 5. *Freudig... mit* = ich freue mich, Ihnen mitteilen zu können · *durch Ihren Briefbund und fabelhafte Organisation* (17. u. 29. Kapitel) = durch Ihren gutorganisierten Briefbund · *Partner fürs Leben* (14. Kapitel): besser: einen Ehemann / eine Ehefrau. – Im Übungssatz kann das Komma hinter *erregt* wegfallen ● 6. *oder Jacht* = oder seiner Jacht ● 7. *eine große Reederei und Flotte* = eine große Reederei und eine / eine eigene Flotte. – Nach Duden nun auch *Zweiter Weltkrieg* wie *Zweiter Schlesischer Krieg* usf. ● 8. Richtig ● 9. *und Proklamation* = und der Proklamation · *und Krönung* = und seine Krönung ● 10. *den Schwarzwald... Hunsrück* = den Schwarzwald, das Kraichgauer Hügelland, den Taunus; linksrheinisch die Hardt, das Pfälzer Hügelland und den Hunsrück ● 11. Richtig, aber besser: ...zeigen sich außerdem die Wände und die Decke des Kirchenschiffes, die Emporen und das Gestühl. – Vgl. 8. Kapitel ● 12. *seine Frau und Tochter* = seine Frau und seine Tochter + Enttäuschter Vater tötete seine Frau und seine Stieftochter.

25. Kapitel

1. *auf die Bühne* = auf die Bühne gehen / steigen / klettern ● 2. *kann... Bayerns* = kann... Bayerns gelangen / weiterreisen / fahren ● 3. *jeder kann* = jeder lösen kann ● 4. *Besonderes wollen* = Besonderes erleben / mitmachen wollen ● 5. *will nicht* = will nicht wachsen / blühen / gedeihen ● 6. *Dienst wollen* = Dienst eintre-

ten wollen ● 7. *zurück* = zurückkommen / zurückkehren ● 8. *auch mal* = auch mal probieren / versuchen ● 9. *möchte* = lesen möchte = was sie verlangt / interessiert ● 10. *aus sich heraus* = aus sich herausgehen ● 11. Richtig (bewußt umgangssprachlich). – Ein als peinlich empfundenes Wort soll vermieden werden ● 12. *ins Krankenhaus* = ins Krankenhaus gebracht / eingeliefert werden.

26. Kapitel

1. *wurde eingebunden – (wurde) schön*: Hilfszeitwort – Kopula. – *jetzt... schön* = neu eingebunden, sah das Buch nun wieder schön aus. – *wieder – wirklich*: 30. Kapitel ● 2. *und... lassen* = und ließ sich... nicht impfen ● 3. *sondern zu einem Faktor* = im Gegenteil, er ist ein Faktor... geworden ● 4. *das Zelt... befestigt* = Zelt und Zubehör waren auf dem Gepäckträger befestigt ● 5. Richtig: das Hilfszeitwort ist beidemal Kopula ● 6. *gespart... Zeit* = gespart, und mir blieben nur noch zwei Monate Zeit ● 7. *und... Integration* = d. h., das Flugzeug wird... Integration ● 8. Nach drei Stunden hörte ein Ehepaar die Hilferufe der Kassiererin, befreite sie von ihren Fesseln und alarmierte sofort die Polizei ● 9. Die Genossenschaften, seit je / von jeher eine... Organisation, sind wegen der großen... erfüllt˙ ● 10. geschlagen / geschlagen worden (60. Kapitel), und die Holländer hatten das Land verlassen.

27. Kapitel

1. *Erdnüsse... zu* = die letzten Erdnüsse zu und schloß mit einem Schwung das Bodenfenster ● 2. Wir dürfen im Geschäft keinen Schmuck tragen; wir sollten lieber darauf achten, daß unsere Absätze nicht schiefgetreten sind ● 3. ...schworen einander ewige / unwandelbare Freundschaft, gelobten einander, fest zusammenzuhalten, und beschlossen, bald gemeinsam ein Zimmer zu beziehen / zu mieten · *immer... Strange*: 31. Kapitel ● 4. *in die Glieder... fuhr* = in die Glieder fuhr; dann ließ er aber seinem Zorn freien Lauf ● 5. *werden... kommen* = werden noch einmal vor dem Richter stehen und... ● 6. Mit der Trennung, hieß es, sei sie schließlich einverstanden gewesen und er habe sie mit Schloß Malmaison abgefunden. – Zu den Konjunktivformen s. 63. Kapitel, Nr. 2 ● 7. *Riß... Schläge* = Riß, und zu Hause gab's von der Mutter Schläge. Nachdem sie aber eingesehen hatte, daß ich schuldlos war, brachte sie mir meinen Lieblingspudding ● 8. Die Sänger mit ihrem Lampen- und Premierenfieber können Hertel nicht aus der Ruhe bringen – er beherrscht den Chor wie der Meister sein Instrument: tonrein erklingt das Werk. – Der Übungssatz hat eine Gedankenlücke. – *chorische Darbietungen*: Analogie zum 65. Kapitel ● 9. *und... auf* = wieder auf, und die Verfolgung der Fliehenden ging weiter = wieder auf, um die Fliehenden weiterzuverfolgen ● 10. Welch schwacher Redner! Zwei, drei Zwischenrufe genügten, ihn verlegen, ja verwirrt zu machen, und das kampflustige Publikum fing zu lachen an. Nach einer halben Stunde entglitt diesem Demosthenes der Faden ganz – die Nerven hatten einfach den Dienst versagt. – *Demosthenes*: berühmter griech. Redner.

28. Kapitel

1. *offen und... Verfügung* = offen, und meine Bibliothek dürfen Sie immer gern benutzen ● 2. *über... her* = pflegten sie der üblen Nachrede. – Gewollt altertümelnd und ironisch ● 3. *und... ein* = ..., und der / ein Blitz traf den Turm ● 4. *Festgehaltenen – Festnahme*: 30. Kapitel + Der Richter gibt dem Vorgeführten bekannt, weshalb er festgenommen worden ist. Dann kann der Beschuldigte Einwendungen erheben / vorbringen. – Vgl. 60. Kapitel. – Juristendeutsch mit feststehenden Begriffen ● 5. *und... zurück* = und lehnen sich genießerisch im / in den Sessel zurück. – Werbejargon! *Scheibe* = Schallplatte; bewußter Verstoß gegen die im 14. Kapitel niedergelegte Regel. Warum? ● 6. Beide Hunde waren einander verhältnismäßig ähnlich. Sie standen fast Schnauze an Schnauze, und Gero sah den Chow-Chow schwanzwedelnd an. – 65. Kapitel! ● 7. Verdrossen knurrte Billy seine Frau an: «Mach jetzt die Vorhänge auf, bring die Betten in Ordnung, heiz den Ofen an und räum das Haus wenigstens ein bißchen auf!» – Volkstümliche Sprechweise, bei der die zwei Vorsilben *auf* hinreichend weit voneinander entfernt stehen. – Die Befehlsform ohne e ist korrekt; der Apostroph entfällt ● 8. *ein-... ausgelegt* = eingelegt und die Küchenschränke mit neuem Papier ausgeschlagen ● 9. *Ball... Streich* = Ball, und der Pedell / Hausmeister sah ihnen argwöhnisch zu (bisweilen war er das Ziel ihrer Streiche) ● 10. Auch leitete der Monarch die Bauern an, neben der Dreifelderwirtschaft den Fruchtwechsel zu pflegen, und bald ließ er Kartoffeln und Lupinen anbauen. – Das Übungsbeispiel ist sachlich nicht richtig; eine Zeitlang wurden in Preußen beide Formen angewandt. Monarch: Friedrich der Große.

29. Kapitel

Übungshalber sind hier alle Sätze so kurz wie möglich zu fassen. Streichen Sie darum alles, was sich von selbst versteht. Sonst ist, wohlgemerkt, unbedingte Kürze nicht das oberste Stilprinzip. Von höherem Rang ist immer die Klarheit; sie darf durch die Kürze des Ausdrucks nicht beeinträchtigt werden.

1. Leer ist mein Portemonnaie 10,4 mal 7,1 mal 1,4 cm groß ● 2. Das Durchschnittswetter der letzten 30 Jahre ergibt das Klima ● 3. Der König ließ die Dreifelderwirtschaft einführen ● 4. Schelfmeere grenzen meist an die Tiefsee ● 5. Über 75 % der Buchhändlerlehrlinge sind Mädchen ● 6. In den Ferien reise ich meist zu meinen Eltern aufs Land, was ich auch diesen Sommer getan habe. Als die ersten Tage vorüber waren... ● 7. In Australien und den USA werden mehr Rinder als in ganz Westeuropa gehalten. – Siehe auch 8. Kapitel u. WK 26 ● 8. Österreich und Preußen lehnen es ab, ihre Truppen auf den Reichsverweser zu vereidigen ● 9. Die politischen Ereignisse, die vor dem Zweiten Weltkrieg rasch aufeinander folgten, hatten bald bedeutsame Auswirkungen; die in mancher Hinsicht falsch eingeschätzte Ausgangslage zeitigte aber nur Scheinerfolge ● 10. Der Jumbo-Pilot Yoshio Iwao vermutet, daß außer dem Seitenruder auch das Höhenruder nicht mehr funktioniert hat ● 11. Die beiden Unbekannten warfen dem Mann eine Wolldecke

über den Kopf, dann schoben / stießen sie ihn in ein bereitstehendes Auto. – Hier wäre natürlich auch die Leideform richtig (37. Kapitel) ● 12. Als 16jähriger bekam ich einen Personalausweis. Ich hätte mir gleich eine Brieftasche besorgen und ihn darin aufbewahren sollen. Ich steckte ihn jedoch zu all den Dingen, die man als Junge in der Hosentasche trägt, so daß er nach zwei Jahren verschmutzt und kaum noch zu lesen war. Vor kurzem wollte ich mir nun eine Brieftasche anschaffen – da verlor ich den Ausweis (weswegen meine Mutter sehr schalt). Für den neuen Personalausweis habe ich mir dann eine Reisepaßhülle gekauft. – Gerade dies Beispiel zeigt, daß man seine Gedanken ordnen muß, bevor man zu schreiben beginnt. Für den Schlußsatz ergibt sich das Perfekt aus 58. Kapitel, S. 146 bzw. aus S. 262, Perfekt, Nr. 4.

30. Kapitel

Die Wortwiederholungen sind nur in Satz 1 wiedergegeben; da sie in den anderen Beispielen nicht zu übersehen sind, bleiben sie im weiteren unerwähnt.

1. *Versammlung – Versammlung – Versammlung · Leiter – Leiter – Leiter – Leitung – Leiter · Veranstalter – veranstaltet – Veranstalter* = Wer eine öffentliche Versammlung veranstaltet, hat sie zu leiten. Wird sie von einer Vereinigung durchgeführt, übernimmt der Vorsitzende dies Amt. Der Leiter hat das Hausrecht. Seine Funktionen / Aufgaben sind übertragbar ● 2. Nach bangen Minuten wird die besorgte Frage «Kann der Ligist diese kritische Situation meistern?» mit einem klaren Ja beantwortet ● 3. Das Kindertheater hat zwar keine Nachwuchsprobleme – aber Lampenfieber haben die Kleinen auf der Bühne doch ● 4. In den Hauptpostämtern der beiden Städte findet der Postkunde Schalter, an denen / wo er Genaueres erfährt, wie er Telebriefe aufgeben kann ● 5. Wenn die Fläche eines durchgeschnittenen / halbierten Cox Orange zu einem Drittel weiß ist, gilt der Apfel als reif ● 6. Trotz einer einstweiligen Verfügung läßt die Ehefrau – das spätere Opfer – ihr Pferd starten + Die Ehefrau – das spätere Opfer – mißachtet die einstweilige Verfügung und läßt ihr Pferd starten ● 7. Erst nach 20 Minuten kamen die Platzherren besser ins Spicl, aber zu viele Einzelaktionen ließen keine sicheren Torchancen zu ● 8. Gut satiniertes Papier nimmt die Farbe einwandfrei auf; man kann es nachträglich ohne weiteres mit bunter Tinte beschreiben. – Ausdrücke des Mittels nehmen in ihrer Beifügung die spätere Wirkung voraus; sie gelten als richtig ● 9. Wer sich in einem anderen Staat einbürgern läßt, verliert die bisherige Nationalität. – Dieser Grundsatz gilt nicht allgemein ● 10. Das Feuer griff rasch auf das hölzerne Treppenhaus über und erfaßte schnell alle Räume ● 11. Der Drücker gab zu: «Die meisten sind Rentner und alte Leute; selbst solche unterschreiben, die kaum noch sehen können.» ● 12. Der neue Flügel soll häufiger für Konzerte im 1. Stock des Gebäudes genutzt werden. Für ein Auftreten des verstärkten Kammerorchesters hat der Ausschuß den Veranstaltungsetat erhöht / angehoben.

31. Kapitel

1. *erfolgreich*: fällt weg + ...*vor; dort wurden sie... Feldern besiegt.* – Das Schlachtfeld liegt östlich von Paris ● 2. *ohne gesetzliche Grundlage*: streichen · *vorherige*: streichen. – Obgleich die Anklage Teil des Strafprozesses ist, bleiben beide Begriffe besser stehen; offenbar ist eine Steigerung des Ausdrucks bezweckt, worauf auch das doppelte *ohne* hinweist ● 3. *kleine*: streichen. – Goethe: Das kleinste Haar wirft seinen Schatten ● 4. *gute*: streichen · *heute noch*: streichen + 1912 stieß die Titanic im Nordatlantik – es war ihre Jungfernreise – mit einem Eisberg zusammen. Wie es zu dieser Katastrophe kommen konnte, wäre nur durch eine Untersuchung des Wracks zu klären ● 5. *pädagogische*: streichen · *danach*: streichen + *Athen, um... zu gründen* (51. Kapitel) = ... Athen, wo er bald die sog. Schule der Peripatetiker gründete. – *Peripatetiker*: philosophiegeschichtlicher Fachausdruck ● 6. *gemeinsame*: streichen + *für... Freundschaft* = zum Aufbau eines freundschaftlichen Verhältnisses ● 7. *unvorhergesehener*: streichen · *Zwischenfall* = Unglück ● 8. *gemeinsame*: streichen ● 9. *möglichst*: streichen · *eine... Berufserfahrung* = eine Bankkauffrau mit mehrjähriger Berufserfahrung ● 10. *das erstemal*: streichen · *seitdem*: überflüssig.

32. Kapitel

Sie haben gewiß bemerkt, daß andere – oft stilistisch bessere – Lesarten entstehen, wenn nicht das tautologische Substantiv, sondern der Infinitiv mit *zu* ersetzt wird. Das Substantiv kann in vielen Fällen verbal umgeformt werden. Sie sollten wenigstens bei einigen Übungsbeispielen von der angebotenen Lösung abweichen.

1. *wahren zu dürfen* = zu wahren ● 2. *einführen zu können* = einzuführen ● 3. *einstellen zu können* = einzustellen ● 4. *aufsteigen zu können* = aufzusteigen ● 5. *zurückblicken zu können* = zurückzublicken ● 6. *nachgeben zu müssen* = nachzugeben ● 7. *riskieren zu können* = zu riskieren ● 8. *denken zu müssen* = zu denken ● 9. *teilnehmen zu wollen* = teilzunehmen ● 10. Richtig ● 11. *buchstabieren zu müssen* = zu buchstabieren ● 12. *einrichten zu dürfen* = einzurichten.

33. Kapitel

1. *Grundprinzipien* = Prinzipien / Grundlagen / Grundsätzen · *Neuanfängern* = Anfängern ● 2. *zu verkonsumieren* = zu konsumieren / zu verzehren / aufzuessen. – Einfacher: Nur ein Eskimo könnte solche Mengen fetter Fische essen. – Nicht so gut: so viele fette Fische auf(zu)essen (vier F-Laute!) ● 3. angenehm – anzunehmen: 30. Kapitel · Vorbedingungen = Bedingungen. – Im Politischen häufig: *Vorbedingungen* = grundsätzliche Erklärungen, gewisse Forderungen zu erfüllen, bevor verhandelt werden kann · *abzuändern* = zu ändern + Es würde die Sache sehr erleichtern, wenn Sie diese Bedingungen annehmen und den strittigen Absatz 4 in § 16 ändern könnten. – Ist diese Fassung nach 62. Kapitel, Nr. 5a u. b stilistisch einwandfrei? ● 4. *durchgeklärt* = geklärt + Ich stimme mit meinem Vorredner

besonders auch darin überein, die Sonderfragen... ● 5. *Nach... Videogeräten* =
Nachdem die Preise für... so stark gefallen sind · *preisgünstiger* = günstiger / vorteilhafter / billiger · *denn je zuvor* (46. Kapitel) = denn je ● 6. *anbetrifft* = betrifft.
– Einfacher: Am Vorwurf der verleumderischen Beleidigung halte ich jedoch fest.
– *verleumderische Beleidigung*: Beleidigung aufgrund frei erfundener, bewußt falscher Behauptungen ● 7. *Eigeninitiative* = Initiative ● 8. *Rückerinnerung* = Erin-
nerung · *Zeitepoche* = Epoche / Zeit + desto weniger Menschen erinnern sich an
diese schreckliche Epoche... – *erinnern*: auch mit Genitiv, aber nicht mit Akkusativ (ich erinnere das noch) ● 9. *Behandlungstherapie* = Behandlungsmethode /
Therapie · *Sonderprivilegien* = Sonderrechten / Vorrechten / Privilegien ● 10. *Gesangschores* = Chores (WK 36) · *bekritisieren* = kritisieren / bekritteln (46. Kapitel?) ● 11. *Porto für die Rückantwort* = Porto für die Antwort / Rückporto ●
12. *einsuggeriert* = suggeriert.

34. Kapitel

1. *Es... auch* = Der Wintersportzug Kirchberg – Kitzbühel wird, wie alljährlich,
auch... ● 2. *Es... Wagen* = Mit diesem Wagen läßt sich · *hoher Reisedurchschnitt*:
genauer, aber umständlicher = eine hohe durchschnittliche Reisegeschwindigkeit
● 3. *Es...stehengeblieben* = Deshalb waren kaum... stehengeblieben + ... *so daß
es*: richtig, weil *es* sich auf Hamburg bezieht ● 4. Richtig. Formen Sie die beiden
letzten Teilsätze dieser Goethischen Verse einmal um, ohne *es* zu verwenden, und
lesen Sie laut vor. Was zeigt sich? Trifft hier zu, was Kapitel 30, S. 83 gesagt ist? ●
5. Die Gebirge... sind fast ganz abgeholzt worden; das wirkt sich... + Die Gebirge... sind fast ganz abgeholzt; infolgedessen hat sich das Klima verschlechtert ·
weil: WK 37. – Das Zustandspassiv ist nach 60. Kapitel gerechtfertigt, dann fällt
jetzt aber besser weg. Weshalb? Sonst *nun* statt *jetzt* (WK 78) ● 6. *es – es*: 21. u.
30. Kapitel; *denn es* = denn das: 56. Kapitel u. WK 38 + In Westasien... auch bei
starkem Frost; das schadet... + Das Dromedar verträgt auch große Kälte; deshalb
reitet der Westasiate diese Kamele sogar im tiefsten Winter. – 47. Kapitel? ● 7. *Es
kann... auftreten* = Wenn der Ventilator nicht genug leistet, kann die kastenför-
mige Abluftführung durch den Staub verstopft werden, der aus... entfernt werden
soll. – 55. Kapitel? ● 8. Dichterisch (Schiller) ● 9. *war es... zu suchen* = hatte der
Vater... zu suchen + Deshalb war oft genug ein 14jähriger Junge mit einem 12jäh-
rigen Mädchen «verheiratet» – ob sich die Kinder leiden mochten oder nicht,
spielte keine Rolle. + *Erst... zu messen* = Erst nach und nach beurteilte das kano-
nische Recht die Legalität einer Ehe nach dem Grundsatz... Ehe + *Von den...
wird* = Von den sieben Sakramenten spendet der Priester nur die Ehe nicht +
mittels... Beilagers = beim... Beilager / durch... Beilager + *Im Protestantismus
gibt es* = Der Protestantismus kennt... ● 10. *Auch wenn... Tatsache, daß* = Tatsache ist, daß... zurückführt, wenn das auch viele... nicht wissen ● 11. Monreal,
einer... Eifelorte, liegt im oberen Elztal und nicht etwa, wie viele denken, in
Frankreich oder gar in Spanien ● 12. *Wenn... hochzuspielen* = Wenn sie darauf
besteht, ... hochzuspielen + *sollte es... sein* = solltest du dich bemühen.

35. Kapitel

1. *vor allem*: 22. Kapitel? · *zu einer Sucht* + Wer regelmäßig Schlafmittel nimmt, wird leicht süchtig; man sollte sie deshalb nur ab und zu / hin und wieder / gelegentlich gebrauchen. – Vgl. WK 34 ● 2. *praktisch*: modisches Verlegenheitswort (64. Kapitel) ● *eine aufschiebende* = aufschiebende · *einen Termin* (svw. irgendeinen Termin): richtig ● 3. *eine... nicht* (31. Kapitel) = keine Gelegenheit + Leider hat er mit dem Rezensenten seines Buches bisher nicht / nicht persönlich sprechen können ● 4. Danach besteht zwischen... kein Widerspruch = Somit widerspricht die Verordnung dem Wortlaut des Gesetzes / dem Gesetzestext nicht. – Vgl. WK 60 ● 5. *einen ständigen* = ständigen + ... sagt: Der Kapitalismus wird von selbst zugrunde gehen, weil die Produktion / die Produktion in seinem Bereich ständig abnimmt ● 6. *und... Zustand* (15. Kapitel) = und allgemein / durchweg / fast überall in gutem Zustand ● 7. *eine... nicht* (29. Kapitel) = keine bestimmte Person / niemand + Ist im Falle einer Straftat kein Täter oder Teilnehmer zu ermitteln, wird das Verfahren eingestellt ● 8. *einen großen Wert* = großen Wert ● 9. *einen reichen* = reichen. – Wegen 2. Kapitel anders: Die Höhen des Spessarts sind... reich bewaldet ● 10. Richtig, aber *der – der – der* (30. Kapitel) + Auch damals wußte niemand außer / wußte nur Feldhauptmann Kapek... einen Ausweg ● 11. *einen festen* = festen + Durch den Lederriemen bekommt die ganze / die Tasche festen Halt. – Ist hier *durch* richtig gebraucht? ● 12. Richtig. Vgl. Lösung zu Kapitel 11, Satz 5 + Schwärmerisch veranlagte junge Menschen brauchen, wie er glaubte, sogar eher...

36. Kapitel

1. *keineswegs*: streichen ● 2. *aufzugeben* = durchzuführen ● 3. *nicht*: streichen ● 4. *keine*: streichen ● 5. *unterließ nichts* = tat alles ● 6. *es sollte aber... ausgeschlossen sein* = es sollte aber möglich sein, unfähige Beamte ohne viel Umstände zu entlassen. – Rechtsstaatlicher Grundsatz? ● 7. Richtig: *kein... nicht* ergibt Bejahung ● 8. Richtig ● 9. *nur unscharf* = scharf ● 10. Richtig ● 11. *nicht*: streichen · *nicht unamüsant*: stehenlassen oder = amüsant ● 12. Richtig.

37. Kapitel

1. *Seitens... erklärt* = Der Angeklagte erklärte / hatte... erklärt (59. Kapitel) · *die Tat... bereut* = er bereue die Tat (61. Kapitel) · *wurde... entgegengenommen* = nahm er den Spruch... entgegen ● 2. *von den Ingenieuren*: streichen + Der... ist in einem Tunnel unter der... hindurchgeführt worden ● 3. *von seiten der Ägypter* = von den Ägyptern + Die Ägypter verehrten Isis als ihre höchste Göttin ● 4. Richtig. – Oder: Durch die Friedensverträge... beraubt + Die Friedensverträge... nahmen den Italienern alle... ● 5. Richtig ● 6. *von... verteilt* = Rund 150 Sechstkläßler verteilen z. Z. Handzettel · *daß... wird* = daß sie am Donnerstag morgen Altpapier... sammeln und... verkaufen ● 7. *werde... ausgegangen*

(64. Kapitel!) = nähmen die Kläger an (63. Kapitel) / unterstellten die Kläger,
der... ● 8. *durch... Kaufleute*: streichen. – Vgl. Anm. zu Lösung 10 aus Kapitel 9
● 9. *Im... werden* = Ist der Reichstag aufgelöst worden, müssen innerhalb 60
Tagen Neuwahlen stattfinden. Spätestens nach weiteren 30 Tagen muß der neue
Reichstag seine erste Sitzung abhalten + Wird der Reichstag aufgelöst, ist binnen
60 Tagen ein neuer zu wählen. Dieser muß in spätestens 30 Tagen zusammentreten.
– Vgl. 41. Kapitel, S. 108 ● 10. Richtig ● 11. Wir erledigen Ihre Bestellung auf...
noch in dieser Woche + Wir liefern die... ● 12. Richtig ● 13. Nachdem Ralf das
Abitur mit der Durchschnittsnote 1,2 bestanden hatte, studierte er Medizin. 1974
legte er das Examen ab, 1976 feierte er mit Stefanie Hochzeit, und 1977 übernahm
er die Praxis vom Vater. Er führt sie auch heute noch (55. Kapitel!) ● 14. Im Wald
rauchen nur Brandstifter! ● 15. *wurden... erschlagen* = wurden in Gölenkamp
und Steinau von Scheunentoren erschlagen, die Windböen / Sturmböen aus den
Angeln gehoben / aus den Führungen gerissen hatten. – Vgl. S. 27, Abs. 2.

38. Kapitel

1. Viele Voralpenflüsse sind reißend, weil sie starkes Gefälle haben. – Nicht alle
Voralpenflüsse sind reißend: 17. Kapitel. – Falsches *durch*: 40. Kapitel ● 2. Das
Kriminalkommissariat in der Großstadt bildet infolge der besonderen Aufgaben,
die es zu lösen hat, eine soziologische Gruppe für sich. – Oder besser: stellt... dar
(WK 30)? ● 3. Wahrscheinlich ist die Umgehungsautobahn schon wieder veraltet,
wenn sie gerade fertig geworden ist. – Vgl. die Anmerkung zur Lösung des Satzes 3
in 60. Kapitel, desgl. S. 262, Präsens, Nr. 9 und Perfekt, Nr. 3 ● 4. Die Regierungen
beschließen, ein gemeinsames / kombiniertes Heer aufzustellen, um gegen einen
Angriff gewappnet zu sein. – Ist *gemeinsames* nach 39. Kapitel richtig? – Doppelsinnig, weil *im Falle eines Angriffs* aktivischen und passivischen Sinn haben kann ●
5. Der Staatsbürger darf die ihm gewährten Freiheiten / seine politische Freiheit
nicht mißbrauchen ● 6. Die Ägypter verehrten Isis als ihre höchste Göttin. – Vgl.
auch 37. Kapitel, S. 97, ● 7. Eichendorffs schlesische Lieder lassen die Heimat des
Dichters in romantisch-goldenem Lichte erscheinen ● 8. Barjavel urteilt nur deshalb so falsch, weil er nebensächlichen Fehlern viel zuviel Bedeutung beimißt /
nebensächliche Fehler viel zu wichtig nimmt. Das ist gewiß eine seiner Haupt-
schwächen. – *Hauptfehler* – *Fehler*: 30. Kapitel. – *schiefen*: ugs. ● 9. Wegen des
immer größer werdenden Ozonloches wird auch die Atmosphäre das Unheil nicht
abwenden können, das der Erde droht. – *in ihr*: doppelsinnig ● 10. Als sich die
Gäste nähern, um zu gratulieren, verhalten sie erstaunt den Schritt. – *sie*: 21. Kapitel ● 11. Alle drei Parks zeigen, daß es die Stadt / die Stadtverwaltung verstanden
hat, mit sparsamsten Mitteln etwas wirklich Schönes zu schaffen. – 47. Kapitel? ●
12. Aus dem viel kürzer gewordenen Abstand Erde – Mond könnte man sogar
schließen, der Satellit gerate aus der Bahn. – Der Übungssatz stellt die Tatsachen
auf den Kopf, umgekehrt ist's richtig.

39. Kapitel

1. *begrenzt... entfalten*: 29. Kapitel + Frankreichs Regierungen konnten nach 1945 nur eine begrenzte politische Tätigkeit entfalten + Den französischen Regierungen fehlte nach 1945 oft die nötige Handlungsfreiheit ● 2. *erneute* = neue. Oder: *erneute* = erneut / noch einmal + Die Geschädigten gaben erst nach, als neue Verhandlungen angesetzt / anberaumt wurden ● 3. *sich... stellenweisen* = sich stellenweise auch mit dem + Die Betriebe der bayerischen Steinindustrie bauten auch verschiedene Marmorvorkommen ab. – Vgl. 3. u. 47. Kapitel ● 4. *nicht nur gelegentliche Veranstaltungen* = nicht nur gelegentlich Veranstaltungen ● 5. *ein dauernder* = dauernd / immer ● 6. *ein rechtzeitiger Schritt* = rechtzeitig ein Schritt ● 7. *zu einem abermaligen* = abermals zu einem + Eine Zeitlang schien es, als bräche wegen des polnisch-sächsischen Streites wieder Krieg aus ● 8. *Laut... Platten* = Ich höre, wie sie mit ihren schweren Hämmern laut auf die Eisenplatten schlagen + Ich höre, wie wuchtige, laut schallende Hammerschläge auf die eisernen Platten fallen ● 9. *Mann – begann*: 30. Kapitel · *auf... begann* = auf der Straße / öffentlich / vor allen Leuten züchtigte ● 10. *weil er gleich mehrmals anonyme Brände* = weil er gleich mehrmals Brände anonym ● 11. *die Gelegenheit... Sonderschau* = erstmals die Gelegenheit, eine umfassende Sonderschau zu besuchen ● 12. *gleichzeitige... übernimmt* = gleichzeitig / auch das Auslieferungslager für drei erstklassige / sehr gut gehende Artikel einrichtet. – Vgl. 17. u. 29. Kapitel.

40. Kapitel

1. *Durch... Wetter* = Wegen des kalten, regnerischen Wetters + Da es kalt und regnerisch war... ● 2. Richtig ● 3. *Prof. Michalskjis / von Prof. Michalskji* (41. Kapitel) · *durch... Jahr*: nach dem Stilduden nicht falsch, aber besser: das ganze Geophysikalische Jahr über / hindurch = während des ganzen Geophysikalischen Jahres. 47. Kapitel? ● 4. *Durch... Kunstfehler* = infolge / wegen eines sog. ärztlichen Kunstfehlers ● 5. *Durch... des Holzes* = Da das Holz ähnlich der Haut atmungsfähig ist, findet... · *Dadurch kann es auch* = Deswegen kann es auch ● 6. *dadurch* = deswegen ● 7. *Durch die* = Wegen der · *durch eine ganze Woche*: s. Satz 3; hier aber besser: eine ganze Woche lang = Die Sommerferien stehen vor der Tür; darum / deswegen... nicht noch eine Woche freihalten ● 8. *Durch die Kontrolle der Beamten* = Wegen der Kontrolle durch die Beamten ● 9. Richtig; *erwischte*: besser = ertappe ● 10. *Durch das ganze Jahr*: vgl. Satz 3; besser: das ganze Jahr über ● 11. *dadurch* = darum = deswegen = infolgedessen ● 12. *durch einen Herzanfall* = infolge eines Herzanfalles · *Angeklagte – Anklagebank* (30. Kapitel, beachte jedoch 21. Kapitel) = Die Bäuerin erlitt einen Herzanfall und fiel von der Anklagebank, als der Vorsitzende... darauf drängte, nun... ● 13. *dadurch* = infolgedessen ● 14. Richtig ● 15. *Durch das allgemeine Durcheinander* = Infolge des allgemeinen Durcheinanders.

41. Kapitel

1. *Christian... Lustspiel heißt* = das bekannte Lustspiel von... heißt = Christian Dietrich Grabbes bekanntes Lustspiel heißt ● 2. *von dem Polarkreis* = des Polarkreises ● 3. *Leistung von Boris Becker* = Boris Beckers Leistung · *Erfolg von ihm* = sein Erfolg ● 4. *von militärischen Interessen* = militärischer Interessen ● 5. *von den Streitkräften*: kein Herrschaftsverhältnis über ein Territorium = der Streitkräfte ● 6. *von dem Chauffeur* = des Chauffeurs / Schofförs ● 7. *im Hinterkopf von Dieter Klar* = in Dieter Klars Hinterkopf. – Zum Relativsatz siehe 55. Kapitel ● 8. *von einem politischen Dokument* = eines politischen Dokumentes / Dokuments. – Ob das e in der Genitivendung der männlichen und sächlichen Wörter gesetzt oder weggelassen wird, hängt meist von Wohllaut und Rhythmus ab ● 9. Richtig ● 10. *vom Frankenreich* = des Frankenreiches. – Siehe Nr. 8 ● 11. *von einem der Tierärzte* = eines der Tierärzte ● 12. Richtig. – Besser (47. Kapitel): Die Einnahme von Byzanz gehört sicher zu den geschichtlichen Ereignissen, die über das Schicksal ganzer Generationen entscheiden ● 13. *von den... Pferden* = der... Pferde · *von dem Gespann* = des Gespanns / mit dem Gespann ● 14. *Meiner... Kleider* = Die von meiner Großtante gestrickten Kleider = Die Kleider, die sich meine Großtante selbst strickt. – Zur Rechtschreibung von *selbstgestrickt* s. Duden ● 15. *von der Buche* = der Buche · *von diesem einen Baum* = dieses einen Baumes.

42. Kapitel

Bei den Verben der Bewegung ist der Sprachgebrauch mitunter schwankend (vgl. auch Dudengrammatik). Die Lösungen halten sich an die in diesem Kapitel entwickelten Regeln.

1. *dich* = dir ● 2. *sie* = ihr + man wolle ihr zu nahetreten ● 3. *den hinter ihm* = die hinter ihm ● 4. *jeder jedem* = jeder jeden ● 5. Richtig, doch ebensohäufig: *am Kinn* ● 6. *wie sehr dich* = wie sehr dir ● 7. Richtig, doch umgangssprachlich; besser: *zündete sich... eine Zigarre an* ● 8. *dem Grenzwächter* = den Grenzwächter ● 9. Richtig. Nicht so gut: daß ich Ihnen. – Bei *treten* sollte der Dativ der Person den bildhaften, meist umgangssprachlichen Redewendungen vorbehalten bleiben: *jemandem auf den Fuß, auf die Hühneraugen, in die Seite treten* usf. ● 10. *deine Kolleginnen* = deinen Kolleginnen + belästige deine Kolleginnen nicht mit deinem Gejammer ● 11. *einen ins Gesicht* = einem ins Gesicht ● 12. *dem Hai* = den Hai · *ihm in die Augen* = ihn in die Augen. – *er*: nach Kapitel 21 doppelsinnig.

43. Kapitel

1. *in dem ältesten Gerät* = in das älteste Gerät. – Falls der Angesprochene darin arbeiten kann, ist der Übungssatz richtig ● 2. *würde… aufnehmen* (62. Kapitel, S. 165, Nr. 5) = nähme… auf · *in unserer Laienspielgruppe* = in unsere Laienspielgruppe ● 3. *auf die… Vordertaschen* = auf den… Vordertaschen. – Das Prädikat steht hier im Zustandspassiv (60. Kapitel, S. 155). Frage: *wo?* ● 4. Richtig; das *fest* deutet einen beabsichtigten Zustand an ● 5. *In den Morast*: richtig; besser aber = in dem Morast (*wo?*), denn das Tier ist schon darin ● 6. *hinter die… Hügel* = hinter den… Hügeln. – Akkusativ wäre nicht falsch ● 7. *beantragt – eintragen*: 30. Kapitel. Juristendeutsch. Der Käufer beantragt, die Eigentumsänderung in das Grundbuch aufzunehmen, womit die Verkäufer einverstanden sind. – Der Antrag des Käufers geht allem voraus ● 8. *zwischen alle Wagen* = zwischen allen Wagen ● 9. *in dem… einzufügen* = in den… einzufügen ● 10. *in dem Hafen*: je nach Auffassung stehenlassen oder ändern (Gesichtspunkte: Größe des Hafens, Standort des Sprechers) · *an der Pier* (svw. Landungsbrücke); seemännisch: auf dem Pier.

44. Kapitel

1. *als daß* = als ● 2. *indem* = daß ● 3. *weil* = als ● 4. *da* = daß ● 5. *so*: streichen + kann man sie als ansteckende Krankheit bezeichnen ● 6. Richtig, oder: *so* = dann ● 7. *so*: streichen ● 8. *indem* = daß · *interessierenden* = wertvollen, wirtschaftlich wichtigen ● 9. Richtig ● 10. *daher*: streichen ● 11. Richtig ● 12. *weil* = daß. – *Daß das… daß das* (30. Kapitel): frei umformen!

45. Kapitel

1. *viele malerische und… bedeutenden* = viele malerische und… bedeutende ● 2. *mehrere… zu unterscheidenden* = mehrere… zu unterscheidende ● 3. *Einige unbrauchbaren* = Einige unbrauchbare · *Alle fixe* = Alle fixen. – Viele *-en*: 30. Kapitel! ● 4. *etliche besonders schönen und seltenen* = etliche besonders schöne und seltene ● 5. *manche vorgelegte* = manche vorgelegte / vorgelegten ● 6. *keine lebende* = keine lebenden ● 7. *beide… konsumierte* = beide konsumierte / konsumierten ● 8. Richtig ● 9. *verschiedene nordostafrikanischen* = verschiedene nordostafrikanische ● 10. *sämtliche… eingetragene* = sämtliche… eingetragene / eingetragenen.

46. Kapitel

1. *den Zuschlag* (Entscheidung für ein Zahlungsangebot unter mehreren) = die Zusage ● 2. *Zentralkommuniqué* (amtliche Verlautbarung) = Zentralkomitee (leitender Ausschuß, Parteileitung der KPdSU) ● 3. *Unterhaltung* (Gespräche; Zerstreuung, Kurzweil) = Unterhalt (Lebensunterhalt) ● 4. *schmerzhaft* (Schmerzen

verursachend) = vor Schmerzen (Schmerzen empfindend) ● 5. *unablässig* (dauernd, pausenlos) = unerläßlich (worauf man nicht verzichten kann) ● 6. *Anforderungen* (an das Leistungsvermögen) = Forderungen (energisch vorgebrachte Ansprüche) ● 7. *laufend* (hier: doppelsinnig) = ständig, ohne Unterbrechung · *verbittertsten* (bitter enttäuschten) = unerbittliche (mit aller Kraft, rücksichtslos) ● 8. Richtig, nicht: benutzbar ● 9. *machen... geltend* (verlangen, fordern) = stellen fest / weisen sogar auf... hin ● 10. *mit welcher Akribie* (Gründlichkeit bei wissenschaftlichen Untersuchungen) = wie konsequent / planmäßig ● 11. *schockierend* (anstößig) = wie ein Schock + wirkt das auf die Weltwirtschaft wie eine Hiobsbotschaft ● 12. *gewürzte* (mit Gewürzen versehene) = würzige (wohlriechende, aromatische) ● 13. *gegen* = über + Auch die Mehrheit des Dorfparlaments war über... (30. Kapitel) ● 14. Richtig, denn *die Hoffnung begraben* steht als bildhafte Redewendung für *die Hoffnung aufgeben* ● 15. *gesteht... zu* (räumt ein Anrecht ein) = gibt... zu / bezeichnet auch die DB als Manko.

47. Kapitel

1. *auswärtige... (... Handwagen)* = Auswärtige mit geschmückten Fahrrädern und Handwagen ● 2. *Verhaftete* = Verhaftung · *Sistierte* = Sistierung. – Sistierung: kurzer Freiheitsentzug, um die Personalien festzustellen ● 3. *Versicherungen... Reisebüros* = Versicherungsbedingungen, Preise von Möbelspediteuren, Leistungen von Heiratsinstituten, Altenheimen und Reisebüros ● 4. *Überstunden* = die Zahl der Überstunden... sei ● 5. *Wollgewinnung* = Wolle ● 6. *und diese bildet* = und so bildet sich wiederum eine Berufsgruppe + Die Automation ist nur mit hochqualifizierten Fachkräften zu bewältigen; so entsteht... ● 7. *gesteigert* = vermehrt (Vgl. WK 13). – Oder freier: Nur wenn bessere Sorten gezüchtet, mehr Geräte und vollkommenere Maschinen bereitgestellt werden, läßt sich dieser großartige Hektarertrag erzielen ● 8. Die Staranwälte aus den USA wittern... Sensationsprozeß – aber ihre schillernden / zwielichtigen / verdächtigen Machenschaften hinterlassen... Beigeschmack ● 9. *die... überging* = die dazu führte, daß er nach und nach... verfiel + Sie führte dazu, daß er am Ende tief umnachtet war ● 10. *die chemische Industrie* = andere Grundstoffe der chemischen Industrie ● 11. *Einzelkriegen... zusammen* = Feldzügen zusammen, wobei die miteinander kämpfenden Parteien wechselten + Im Dreißigjährigen Krieg – er gliedert sich in verschiedene Teilkriege / Einzelkriege – wechselten mehrmals die Gegner ● 12. *Beim... gefragt* = Der Beruf des Entsorgers verlangt Vielseitigkeit · *Vom... anfällt* = Alle Arbeiten, die in einem modernen Klärwerk anfallen, müssen erledigt werden: das Säubern der Becken, Reparatur- und Schweißarbeiten, die Meßgerätekontrolle, aber auch Laboruntersuchungen ● 13. *Der Inhalt einer Sonate* = Eine Sonate ● 14. *verrät... Sensibilität* = verrät, daß er Sinn / eine Schwäche für exotische Tiere hat = daß er für die Wesensart exotischer Tiere aufgeschlossen ist ● 15. «*Entweder... oder schon...*» = «Entweder sind die Buttervorräte begrenzt, oder die Butter ist schon ausverkauft.»

48. Kapitel

1. *stundenlang*: streichen + Es gießt noch in Strömen... ● 2. *Pferde* = Reiter mit ihren Pferden ● 3. Das Prospektfoto zeigt ihn mit Mephistobart und dunkler Brille irritierend dämonisch dreinblickend ● 4. *sich... hinzugeben* = die Schönheit mittsommerlicher Fjorde zu erleben / zu genießen ● 5. Die / Solche Kassetten mit seichten / banalen / inhaltsarmen Filmen sind in zahlreichen Videotheken vorhanden / auszuleihen ● 6. Schließlich gab die Britische Bank 1960 einen ganz in Grün gehaltenen Pfundschein heraus ● 7. *Wie steht... heute* = Wie steht es um Tucholsky heute – ... ● 8. Jetzt wird der Ausblick durch den sechs Meter hohen Deich versperrt, der... ● 9. *überreichen* = überbringen ● 10. *man... kann* = man sie sich schnell besorgen / zulegen / kaufen kann ● 11. Seine Bilder drücken immer wieder / durchgehend Lebens- und Fleischeslust aus, was für... zu sein scheint ● 12. *für einen Moment*: streichen · ODER: eine Zeitlang ● 13. *etliche*: streichen ● ODER: *strömen* = pilgern ● 14. *der Fahrer* = sein Wagen. – Die Übungssätze von 48. Kapitel wirken zum Teil komisch, sie entlocken uns ein Lächeln, bei manchen schütteln wir den Kopf. Die Lösungssätze wirken trockener. Diesen Stilwandel sollte man in einem Gespräch mit Sprachbeflissenen erörtern.

49. Kapitel

Wenn man die Übungssätze entflicht, ergeben sich meist zwei Möglichkeiten der Stilkorrektur: Entweder legt man die vervollständigte erste Redewendung zugrunde, oder man ergänzt die verstümmelte zweite. Am besten versuchen Sie beides.

1. *plätschert... vorüber* = plätschert so etwas wie eine «Reportage» an unserem Ohr vorüber = gibt man uns oberflächliche «Berichte» zu lesen. – Unklar, ob Geschriebenes oder Gesprochenes gemeint ist ● 2. *das... bringen* = das heiße Eisen der Rentenreform anzupacken = das Rentenreform-Gesetz über die Hürden zu bringen. – Bildhafte Redewendungen sollten lieber nicht erweitert werden; der im Bilde liegende Vergleich muß für sich selbst sprechen, er soll ohne zusätzliche, situationsaufhellende Hinweise wirken. Viele Leitartikler verstoßen gegen diesen Stilgrundsatz ● 3. Auch gesellschaftswissenschaftlich betrachtet, steht dieser Leitsatz auf schwankendem Boden + Auch an soziologischen Tatsachen gemessen, steht dieser Leitsatz auf schwachen Füßen. – 46. u. 47. Kapitel ● 4. Frei umformen: Obwohl ihnen die Großmächte die Schuld zuschoben, gerieten diese wegen der «Sündenböcke» selber in Streit. – Auch: zugeschoben hatten (59. Kapitel) ● 5. Die Hüter des Gesetzes brauchen doch harmlose, gutwillige Bürger nicht gleich an die Kandare zu nehmen! = Es wäre erfreulich, wenn die Polizei mit friedlichen, gutwilligen Bürgern nicht so forsch umginge ● 6. *so... Athen* = so trägt sie Eulen nach Athen = so rennt sie offene Türen ein. – Sprichwörtliche Redewendungen ● 7. Richtig, aber umgangssprachlich. Besser: den Boxsport aufzugeben ● 8. Meist lohnt sich's nicht, dem betrunken heimkehrenden Ehemann die Leviten zu lesen – man predigt ja doch nur tauben Ohren + Die Gardinenpredigt kannst du dir erspa-

ren, wenn dein Mann betrunken nach Hause kommt – du findest ja doch nur taube Ohren! ● 9. *und... verstopft* = sie haben die weniger Verdächtigen mit klingender Münze längst zum Schweigen gebracht + Die weniger Verdächtigen halten den Mund, weil sie rechtzeitig bestochen worden sind ● 10. *daß... schaufeln* = daß sie / wie sie mit solch falscher Ernährung ihr Leben verkürzen! – Das Wort *Zähne* ist für eine vernünftige Neufassung des Satzes kaum zu gebrauchen.

50. Kapitel

1. *die... KZ-Häftlinge* = den politischen Willen der KZ-Häftlinge zu brechen ● 2. *die... wurden* = die Fische wurden... verkauft ● 3. *die modernen Musikfreunde* = die Freunde moderner / der modernen Musik ● 4. *ein Kinobesuch... wird*: 47. Kapitel + Um sich dann in der richtigen Weise zu entspannen, sollte man ein unterhaltsames Buch lesen oder ins Kino gehen und einen nicht zu ernsten Film ansehen ● 5. *Landschaftsbild... Höhenrücken*: 47. Kapitel + Die Ebene geht hier und da / stellenweise in eiszeitliche Höhenrücken über ● 6. *die für... werden* = wo die Wagen für den... werden + Anschließend wurden noch die beiden Busdepots gezeigt, wo die Reservewagen für den Spitzenverkehr bereitstehen ● 7. *Krachende Revolverhelden* = Helden mit krachenden Revolvern = um sich schießende Revolverhelden. – Alltägliches Beispiel zu 17. Kapitel aus dem Gebiet der Kino- oder Videoreklame ● 8. *Die... wird*: 47. Kapitel = Die Kohle, die in... wird + Die mittelenglische und südenglische Kohle wird zum größten Teil ausgeführt ● 9. Richtig ● 10. *Gemeinsame lange Wochenendgestaltung* = Gemeinsame Gestaltung des langen Wochenendes + Das lange Wochenende... gemeinsam mit... zu gestalten. – Vgl. auch 19. Kapitel, Lösung Satz 12 ● 11. Der Grundbesitzerverein kann mit seinen Unterlagen aus dem Archiv beweisen, daß in jenem Jahrzehnt der Besitzer eines Etagenhauses ein armer Mann war, wenn er dauernd Reparaturkosten, Lastenausgleichsabgaben und hohe Hypothekenzinsen aufzubringen hatte · *praktisch*: immer noch überflüssiges Modewort · *auf ihm*: doppelsinnig ● 12. An der reichgegliederten norwegischen Küste sind... viele große und kleine Häfen entstanden + Norwegen hat eine reichgegliederte Küste, und so sind... – Vgl. 41. Kapitel u. WK 26.

51. Kapitel

1. Umformen: Die EG-Vertragsmächte sollten... annullieren, anstatt... zu verkaufen ● 2. *Seine Mutter... Lechnerbauern* = Seine Mutter brachte ihn als Hütejunge zum Lechnerbauern, um... zu haben ● 3. *Seit... auf, zieht* = Seit... auf und zieht... sich · *nur... zu verschwinden* = Dann verschwindet es so plötzlich, wie es aufgetaucht ist ● 4. *arbeitet für... zu können* = arbeitet, damit die naturwütige / naturhungrige... in ihren... leben kann ● 5. Umformen: Das Gebiet ist von einem dichten Netz aus Straßen, Autobahnen und Schienensträngen durchzogen, was natürlich / besonders auch der Ausfuhr zugute kommt. – *Land* und *Gebiet* passen nicht zusammen; der Übungssatz könnte auch zum 13. Kapitel gehören ● 6. Nicht

falsch: «*um zu* des Mißerfolges» ● 7. Stehenlassen, Grund wie bei Nr. 6; wie wäre es aber, wenn der Satz nach *denn* mit *Wir hatten...* begänne? ● 8. Umkonstruieren: ...St. Pauli konnten seinerzeit auch die blutigsten Anfänger reiten. Die Gäule waren lammfromm: sie bockten nicht, sie schlugen nicht aus, sie tranken sogar – Bier ● 9. *ohne... werden*: Wie durch ein Wunder richteten die gewaltigen Schneemassen keinerlei Schaden an. – 2. Kapitel? ● 10. ... die beiden Koffer selbst zur Bahn zu tragen. – Auch: *um zu*, Grund wie bei Nr. 6 ● 11. Die unbefestigte Zufahrtstraße muß unbedingt mit Eisenplatten belegt werden, sonst können wir die 30 T-Träger nicht zu dem Baugrundstück liefern ● 12. Legt man Postkarten oder Briefumschläge in Wasser, lösen sich die gestempelten Marken von selbst / von selbst ab ● 13. *um... zu sterben* = Zwei Jahre später starb er... ● 14. *Anstatt... hatten... einzustellen* = Anstatt... Nordsee einzustellen (vgl. 12. Kapitel) · *fingen... hin* = kaperten die Vitalienbrüder nach Kriegsende weiter, aber die Hamburger fingen die Anführer und richteten sie hin. – *Vitalien* svw. Viktualien = Lebensmittel (hier: für Stockholm) ● 15. Ohne mit der Wimper zu zucken, bohrte sich der Samurai das Schwert in die Eingeweide.

52. Kapitel

1. *um... zu bergen* = zu bergen ● 2. *einverstanden erklären* = einverstanden zu erklären ● 3. *um der... zu entziehen* = der... zu entziehen ● 4. *um etwas... zu erwerben* = etwas... zu erwerben ● 5. Richtig, weil gehobene Sprechweise ● 6. *um sich... zu wenden* = sich... zu wenden ● 7. *so gut und... mit* = so gut, mir... mitzubringen ● 8. *um die Stadt... zu erkunden* = die Stadt... zu erkunden ● 9. *Methode, um die... zu veranlassen* = Methode, die... zu veranlassen ● 10. *Weg, um nach Hause zu kommen* = Weg, nach Hause zu kommen ● 11. Richtig, weil dichterisch ● 12. Richtig. Probe: Satz umkehren. – Kein Komma vor *ist*, weil der Infinitivsatz das Subjekt ersetzt ● 13. Richtig, aber nur, wenn man den *um-zu*-Satz auf das Prädikat *gelandet war* bezieht. Wird er als Attribut zu dem Substantiv *Absicht* aufgefaßt, ist *um* zu streichen ● 14. *um Stoffe rot zu färben* = Stoffe rot zu färben ● 15. *um*: streichen + *und... ernten* = und bald begann die Erntezeit.

53. Kapitel

1. *umzäunt und mit Meßgeräten vollgestellt* = das umzäunt und... ist ● 2. Das Transportflugzeug ist, wie auch japanische Flugsachverständige glauben, südlich von Japan über einer der vielen vulkanischen Inseln abgestürzt ● 3. *Über zwei Jahre verteilt... ausgebildet* = ausgebildet. Der Lehrstoff ist auf zwei Jahre verteilt + Der Kursus dauert zwei Jahre + Der Lehrplan sieht dafür zwei Jahre vor ● 4. Richtig, aber *hervorragenden* besser streichen, weil phrasenhaft (s. 39. Kapitel) ● 5. Richtig ● 6. Der Jugendstaatsanwalt beantragte nur fünf Tage Arrest, weil der Angeklagte diesen mehr als dummen Streich bitter / ehrlich / aufrichtig bereute / bereut hatte ● 7. *kritisch betrachtet feststellen* = kritisch feststellen / kritisieren /

bedauern. – *Spitze*: Jargon der Sportjournalisten ● 8. Der Ochse sprang wie toll unter den Ästen... umher, und August bemühte sich vergebens, ihn wieder an die Leine zu bekommen. – Vgl. WK 75 ● 9. Die Flüsse bleiben den ganzen Winter über schiffbar, was dem Golfstrom zu verdanken ist. – Vgl. 29. u. 56. Kapitel sowie 40. Kapitel, S. 105, vorletzter Absatz ● 10. Grammatisch richtig. Besser: Als die dorische Wanderung beginnt, geht die mykenische Zeit zu Ende. Ein zweites Mal strömen indogermanische Siedler nach Griechenland ein ● 11. Für mein modern eingerichtetes Fotolabor suche ich einen zuverlässigen Laboranten + Zuverlässiger Laborant für modern eingerichtetes Fotolabor gesucht. – Stimmen Sie der ersten Lösung zu? Warum? Ist die Wortwiederholung vermeidbar? – Vgl. 17. Kapitel ● 12. Richtig ● 13. Richtig. – Zur *Erzählung* und zur *Schilderung* s. S. 262 f, Präsens, Nr. 2, und Imperfekt, Nr. 1 ● 14. Wir überreichen Ihnen heute Ihren Hypothekenvertrag; er ist als Anlage beigeheftet ● 15. Einem Personenwagen, der in der Nacht zum Dienstag vom Fernpaß kam, sprang bei Nassereith ein junger Fuchs in den Weg, so daß der Fahrer die Gewalt über den Wagen verlor. Der Pkw stürzte die Böschung hinab, überschlug sich zweimal und blieb mit den Rädern nach oben liegen. – *Fahrbahn* – *Fahrer*: 30. Kapitel.

54. Kapitel

1. *unter den*: streichen (30. Kapitel) · *der Spötter* = des Spötters ● 2. *der zweithärteste* = dem zweithärtesten ● 3. *ihr Neffe* = ihres Neffen · *Pathologiedozent und Vater* = eines Pathologiedozenten und Vaters ● 4. *am Freitag, dem 10. Juli*... = am Freitag, dem 10. Juli,... ● 5. *ein Zeitgenosse von Goethe* = einem Zeitgenossen Goethes (30. Kapitel) ● 6. *die... Hirten* = den... Hirten ● 7. Richtig ● 8. *durchqueren*: 46. Kapitel + Dutzende von Straßenbahngleisen, diesen Überbleibseln..., durchziehen... Großstadt ● 9. *eine gut überwinternde* = einer gut überwinternden ● 10. *die Schwimmbadfrage* = zur Schwimmbadfrage ● 11. den 12. März... / den 12. März, ... ● 12. *eine... übertragende* = einer... übertragenden ● 13. Richtig ● 14. *stellvertretender Gemeindedirektor* = des stellvertretenden Gemeindedirektors. – *von Rolf Niggert*: Genitiversatz (41. Kapitel) ● 15. *der Endstation* = die Endstation.

55. Kapitel

1. *Elise, die*: stilistisch nicht gut + Elise hatte eigentlich gar nicht kommen wollen, setzte sich am Nachmittag aber doch... + Elise setzte sich... Klubhaus, obwohl / obgleich sie gar nicht hatte kommen wollen ● 2. *mit der DAG weitergeführt, die*: nicht gut + Die Verhandlungen... weitergeführt, aber wahrscheinlich wird auch sie... machen + Wahrscheinlich wird auch die DAG keine Zugeständnisse machen; trotzdem wird mit ihr / ihren Vertretern weiterverhandelt ● 3. *Georg Lambrecht, der*: nicht zu empfehlen + ... Georg Lambrecht, weil dieser... + Von Aga Khan, dem... Ismaeliten, hatte unser Fotograf Georg Lambrecht seinerzeit ein Bild der Begum erhalten, als Dank dafür, daß er den Tatsachenbericht... mit illu-

striert hatte + Georg Lambrecht hatte als Fotograf mitgeholfen, unseren... zu illustrieren. Dafür hatte er damals von Aga Khan... geschickt bekommen. – Zeitenfolge nach 58. u. 59. Kapitel ● 4. *Unser... Welt, das*: besser kausal umformen + ...der Welt, weshalb es auch + darum / daher / deshalb wird es immer wieder... studiert ● 5. *Skiläufer, der*: richtig + *Zeit, die*: besser ein Hauptsatz + ...die geringste Zeit benötigt; diese wird in 1/100 Sekunden gemessen ● 6. *Buch, das*: richtig ● 7. Richtig ● 8. Richtig, denn es gibt auch andere Formen von Umsturzversuchen (Generalstreik, Revolution) ● 9. *ergeben, in der*: besser in einen Hauptsatz umwandeln + In ihr hat der Handel... an Bedeutung zugenommen / größere Bedeutung erlangt ● 10. *Anne Schröder, die*: besser temporal + ...Anne Schröder, als sie... war ● 11. *Spitteler, der*: besser: Carl Spitteler war viele Jahre lang... worden, aber mit seinem... wurde er / wurde er über Nacht berühmt; 1919 erhielt er den Nobelpreis ● 12. Richtig ● 13. *hinabzukriechen, die*: mit einer Ausnahme, denn die Erdbiene (Andrena) gräbt sich Brutröhren. Sonst: hinabzukriechen, weil sie + denn sie kommen ihr nicht ganz geheuer vor + Im Gegensatz zur Hummel kriecht die Biene nicht in Höhlen hinein + Die Hummel kriecht in enge Hohlräume, die Honigbiene nicht ● 14. *italienischer Zivilist, der*: korrekter: ...Zivilist. Er erklärte... Roberto. Man habe ihn acht... eingeliefert und er habe dort angegeben, die Wunde... Unfall, welchen / den er... habe. – Der letzte Relativsatz stimmt wieder ● 15. *abstrahlt, die*: Diese ist besonders stark und dient... als Skalpell.

56. Kapitel

1. *das* = was + fanden wir mancherlei / vielerlei, was ● 2. *wo es*: richtig ● *wo auch* = nicht so gut, besser: als auch + ...gebildet. Damals sind auch viele andere Fremdwörter entstanden ● 3. *Mit welcher Feststellung* = womit ● 4. *welches* = was ● 5. *was* = das ● 6. *das* = was + *und... einfällt* = ..., und Ihnen fällt etwas ein, was ● 7. Richtig, wenn sich der Nebensatz auf das Hauptsatzganze bezieht. Sonst: *was* = das (nämlich das Magnetfeld) ● 8. *auf welche* = wie ● 9. *dieses* = das ● 10. *worauf* = auf das ● 11. Richtig, aber auch *wo* = von wo ● 12. *in welcher* = wo + denn dort erscheinen täglich 54 verschiedene Zeitungen ● 13. *wo*: stehenlassen; besser: in der ● 14. *dieses* = das ● 15. *an was* = woran.

57. Kapitel

Mehrere Übungen enthalten Scheinattributsätze (55. Kapitel); diese Satzgefüge sollten frei umkonstruiert werden.

1. Bevor die Räuber in einem gestohlenen Opel-Wagen flohen, hatten sie auf die Eheleute / das Ehepaar Jekubik geschossen, glücklicherweise ohne zu treffen. – Vorzeitverhältnis (59. Kapitel)! – *Schüsse abgeben* und *das Ziel verfehlen*: 2. Kapitel ● 2. Satz umkehren und Inhalt vereindeutigen: Südlich... Staates liegt das... Drachenfels. Dessen Gestein ist... verwendet worden ● 3. Die jungverheirateten

Kolleginnen, die ihr erstes Baby / Kind bekommen, wissen mit den / über die Lohnsteuerbestimmungen genausowenig / ebensowenig / auch nicht genauer Bescheid ● 4. Richtig, aber im Übungssatz stehen acht Wörter mit *-en*! Besser so: Der Begriff «Pfahlbürger» stammt aus dem Mittelalter. Man versteht darunter Bewohner des flachen Landes, die sich im Krieg hinter die Mauern der Städte flüchteten + Der mittelalterliche Begriff «Pfahlbürger» bezeichnet Dorfbewohner / Landleute, welche / die das Bürgerrecht der nächsten Stadt besaßen. Wenn Krieg ausbrach, fanden sie dort Schutz ● 5. Ein Spezialasphalt, der als ... wird, kommt z. B. im Irak vor ● 6. Während des Sommers strahlt der offene Erdboden die gespeicherte Wärme leicht ab; in klaren Nächten entsteht deshalb oft reichlich Tau ● 7. Ein Verbandstag, zu dessen Hauptversammlung mehr als 5000 Mitglieder erwartet werden, ist satzungsgemäß ... + Werden zur Hauptversammlung eines Verbandstages mehr als 5000 Mitglieder erwartet, so ist das Treffen satzungsgemäß ... vorzubereiten ● 8. Tapeten, welche / die aus Stoff, Leder oder synthetischem Material bestehen, können ... gebraucht werden. – *Wänden* – *verwendet*: 30. Kapitel + Mit Leder-, Stoff- und Kunststofftapeten kann man jede Wand verkleiden. – Der Übungssatz ist also nicht etwa als richtig anzusehen (21. Kapitel) ● 9. Eins der Karussells, die sich zur Musik ... drehten, stand gerade vor den Fenstern meines Hotels. – *Karussells* – *Hotels*: 30. Kapitel. – Der Attributsatz verlangt, daß *der* stark betont und im Sinne von *derjenigen* verstanden wird; dann gibt es auch Karussells anderer Art auf dem Platze ● 10. Themistokles hatte die persische Flotte in die See-Enge von Salamis gelockt; dort erwiesen sich die großen, unbeweglichen Schiffe als kaum manövrierfähig.

58. Kapitel

1. *beschaffte* = beschafft hat ● 2. Satzgefüge mit falschem Attributsatz! (Näheres 55. Kapitel) + Elke Sturm hat im September ... umfunktioniert; jedermann, sagt sie, sei herzlich willkommen ● 3. Richtig ● 4. *nahmen ... ab* = haben ... abgenommen ● 5. *betrat ich* = habe ich ... betreten ● 6. *hatte ... hingewiesen* = hat ... hingewiesen ● 7. *wimmelte es* = hat es ... gewimmelt · *logen* = gelogen haben ● 8. *bekommen hatten* = bekommen haben ● 9. *aufnahm* = aufgenommen hat / aufnimmt (s. S. 262, Präsens, Nr. 5) ● 10. *versorgte* = versorgt hat ● 11. *war aufgegangen* = ist aufgegangen · *güldnen*: dichterisch ● 12. Richtig ● 13. *ist ... verhangen*: Gegenwart (60. Kapitel, S. 154) · *war ... hereingebrochen* = ist ... hereingebrochen ● 14. *erfüllt wurden* = erfüllt worden sind ● 15. *hatte sich ... entladen* = hat sich ... entladen.

59. Kapitel

1. *gelernt haben* = gelernt hatten ● 2. *habe ich versucht* = hatte ich versucht. – Als fortschreitende Erzählung: versuchte ● 3. *wo man... fand* = wo man... gefunden hatte ● 4. *lernte... kennen* = hatte... kennengelernt · *unser Dichter*: den Personennamen am besten zuerst nennen: *Villon · die verschiedensten* (17. Kapitel) = mehrere / viele · *und... starb* – Der Dichter starb · *da er... verbannt wurde* = da / nachdem er... verbannt worden war (WK 37) = aus Paris verbannt (als Partizipialsatz in Kommas eingeschlossen) · *sind... hervorgegangen* (S. 262, Perfekt, Nr. 4): richtig · *zeugt* (S. 262, Präsens, Nr. 5): richtig. Oder Erzählform des bloßen Nacheinanders. – Welche Abwandlung steht stilistisch höher? Gründe? Ist die Form *gingen... hervor* zu rechtfertigen? ● 5. *hat sich... gesetzt* = hatte sich... gesetzt ● 6. *erlegte* = erlegt hatte ● 7. *abgestellt wurde* = abgestellt worden war ● 8. *haben... begonnen* = hatten... begonnen ● 9. *ist* = war: kein Vorzeitverhältnis, sondern Gleichzeitigkeit! ● 10. *öffnete* = geöffnet hatte ● 11. *stirbt* = starb ● 12. *wie warme Semmeln* und *funkelnagelneuen*: umgangssprachlich · *worden sind* = worden waren ● 13. *kam* = gekommen war ● 14. *haben* = hatten ● 15. *stürzte hinauf* = war... hinaufgestürzt · *verschwand* = (war)... verschwunden · *kam... zurück* = (war)... zurückgekommen · *Noch bevor... endigte* = Noch bevor... geendigt hatte, stürzte... – Der Satz läßt weitere Fassungen zu. Welche Variante ziehen Sie vor?

Das Erdbeben von Lissabon

Abs. 1
Satz 1: Das Haus war fertig geworden: Vorzeitstufe zu *wir fanden uns* (Satz 2) – *alles war wohlüberlegt, alles war vorbereitet, (es) war gesorgt:* statt des Plusquamperfekts steht hier das Zustandspassiv des Imperfekts; Goethe spart sich also das zum Plusquamperfekt gehörende *gewesen* (s. 60. Kapitel) ● *Satz 2: wir fanden uns, wir fühlten uns:* Imperfekt; der Dichter fährt zu berichten fort – *ein Plan läßt vergessen, er steht da:* Präsens, bleibende Wahrheiten (S. 262, Präsens, Nr. 5) – *die Mittel mögen gehabt haben* = *(sie) haben gehabt:* Vorzeitstufe zum Präsens, Perfekt.
Abs. 2
Satz 1: die Gemütsruhe wurde erschüttert: Imperfekt, die geschichtliche Darstellung beginnt, Fortsetzung zu Abs. 1, Satz 2, Anfang. – So auch *Satz 2: das Erdbeben ereignete sich und verbreitete:* Imperfekt ● *Satz 3: eine Residenz wird betroffen:* Präsens, der höheren Spannung wegen geht Goethe zur reportageartigen Schilderung über (S. 262, Präsens, Nr. 2 u. 7). Die Sätze 4 bis 7 enthalten nur Gegenwartsformen ● *Satz 4: die Erde bebt und schwankt, das Meer braust auf, die Schiffe schlagen zusammen, die Häuser stürzen ein, Kirchen und Türme (stürzen), der Palast wird verschlungen, die Erde scheint zu speien, Rauch und Brand meldet sich* ● *Satz 5: Menschen gehen zugrunde, (der Glückliche) ist zu nennen, (es) ist gestattet* ● *Satz 6: die Flammen wüten fort, eine Schar wütet* ● *Satz 7: die Übriggebliebenen sind bloßgestellt* (Zustandspassiv des Präsens), *die Natur behauptet.* Ende der Schilderung.
Abs. 3
Satz 1: Andeutungen hatten sich verbreitet, Erschütterungen waren zu verspüren

(gewesen), ein Innehalten (war) zu bemerken gewesen: Gleichzeitigkeit im Plusquamperfekt, Vorzeitstufe zu der wiederaufgenommenen Erzählung. Sie schließt mit dem Folgenden an Abs. 2, Satz 2 an und geht bis Abs. 3, Satz 3. Bis dahin nur Imperfekt. Noch Satz 1: *die Wirkung war größer, welche (Nachrichten) sich verbreiteten* ● Satz 2: *die Gottesfürchtigen, die Philosophen, die Geistlichen ließen fehlen* ● *Satz 3: vieles richtete, die Gemüter wurden geängstigt, Nachrichten liefen ein.* Ende der Erzählung ● Satz 4: *der Dämon hat verbreitet:* Perfekt, abschließender Rahmensatz (s. S. 262, Perfekt, Nr. 4).

Schema

Unter dem Strich: Satznummern. Ganz unten: Absätze.

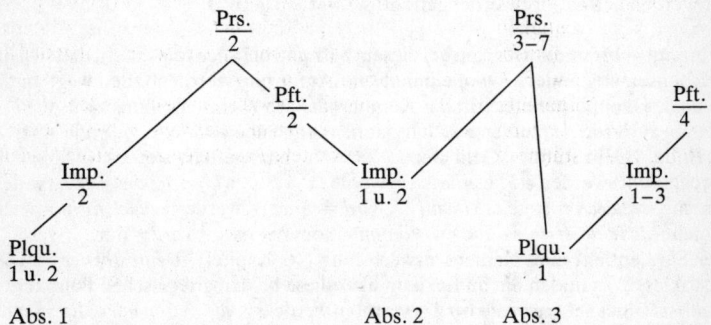

60. Kapitel

1. Richtig, weil Zustandspassiv ● 2. *gebracht* = gebracht worden ● 3. *ausgetrunken / ausgetrunken worden · gestellt* = gestellt worden · *ungeöffnet:* richtig, weil Zustandspassiv ● 4. Richtig ● 5. *geboren worden war* = geboren war / wurde · *Musik* = Musik geworden ● 6. *eingesetzt* = eingesetzt worden ● 7. Richtig ● 8. *geöffnet ist* = geöffnet worden ist ● 9. *gebaut waren* = gebaut worden waren ● 10. *verschlossen* = verschlossen gewesen (59. Kapitel) ● 11. *getragen* = getragen worden ● 12. *sind... eingehütet* = werden eingehütet · *gemeinsame Mulde*: 39. Kapitel? ● 13. *geschlossen sind* = geschlossen worden sind ● 14. *verehrt* = verehrt worden ● 15. *einer... gebrochen* = eine Frau hatte sich den Knöchel gebrochen. – Sachverhalt unklar: *sich* zeigt an, daß nicht unbedingt die Polizei schuld ist; einer Frau hatte man den Knöchel gebrochen: abwegig. Am besten frei ergänzen: Bei einem Handgemenge / Auf der Flucht hatte sich eine Frau den Knöchel gebrochen.

61. Kapitel

Vorübung – Aktiv: gehen: ich gehe, du gehest, er, sie, es gehe; wir gehen, ihr gehet, sie gehen – *liegen:* ich liege, du liegest, er, sie, es liege; wir liegen, ihr lieget, sie liegen – *schreiben:* ich schreibe, du schreibest, er, sie, es schreibe; wir schreiben, ihr schreibet, sie schreiben –, *rufen:* ich rufe, du rufest, er, sie, es rufe; wir rufen, ihr rufet, sie rufen – *bleiben:* ich bleibe, du bleibest, er, sie, es bleibe; wir bleiben, ihr bleibet, sie bleiben – *fragen:* ich frage, du fragest, er, sie, es frage; wir fragen, ihr fraget, sie fragen – *können:* ich könne, du könnest, er, sie, es könne; wir können, ihr könnet, sie können – *müssen:* ich müsse, du müssest, er, sie, es müsse; wir müssen, ihr müsset, sie müssen. *Passiv: rufen:* ich werde gerufen, du werdest gerufen, er, sie, es werde gerufen; wir werden gerufen, ihr werdet gerufen, sie werden gerufen – *fragen:* ich werde gefragt, du werdest gefragt, er, sie, es werde gefragt; wir werden gefragt, ihr werdet gefragt, sie werden gefragt.

1. brennt = brenne. – Beachte bei diesem Satz und bei allen folgenden, daß sich die Zeichensetzung ändert: Doppelpunkt und Anführungszeichen fallen weg; an die Stelle des Doppelpunktes tritt das Komma (danach Kleinschreibung) ● 2. wird… bleiben = werde… bleiben ● 3. Ich glaube = er glaube ● 4. ist… zu Ende = sei… zu Ende · Geld steht = Geld stehe · kann… durchgeführt werden = könne… durchgeführt werden ● 5. *werde ich* = werde er · *ich… widerspreche* = er… widerspreche · *trete ich* = trete er · *meine… wird* = seine… werde · *will ich nicht* = wolle er nicht · *das eine ist* = das eine sei · *kommt* = komme · *mir… wird* = ihm… werde. – Der Satz enthält eine Namensverwechslung (46. Kapitel): *Demosthenes* = Themistokles. Was finden Sie im Lexikon über diese beiden griechischen Politiker? ● 6. *das ist* = das sei · *verraten wird* = verraten werde ● 7. *du… von mir willst* = er… von ihm wolle · *komme zu mir* = müsse / möge er zu ihm kommen. – Der Satz kann falsch verstanden werden (21. Kapitel). Besser: Falls er, Cäsar, etwas von ihm wolle, habe er gefälligst zu ihm zu kommen / herzukommen, antwortete Ariovist ● 8. *Gehe… Weg* = man solle… gehen · *du… bist* = man… sei. – Auch andere persönliche Fürwörter wären richtig. – Deutlicher: Wer aus Porzellan sei, rät die Kanne, möge das Handgemenge lieber meiden ● 9. *beginnt die Karenzzeit* = die Karenzzeit… beginne · *Ich kann* = Ich könne · *kommt* = komme ● 10. *Was treibt dich* = Was treibe ihn / ihn denn · *bleibst du deinem* = bleibe er seinem · *Weißt du* = Ob er wisse · *sagt* = sage · *soll man* = solle / möge man. – Bei gereihten abhängigen Fragen wird jedesmal das Fragezeichen gesetzt ● 11. *Bekennen Sie sich… schuldig* = er möge sich… schuldig bekennen · *Führen Sie… herum* = Er habe… herumzuführen · *Sehen Sie… ein* = Er solle… einsehen · *Sie sich… dienen* = er sich… diene · *Sie… zugeben* = er… zugebe ● 12. *Die Kasse schließt* = die Kasse schließe ● 13. *verlangst du* = verlange er · *Du hast* = er habe · *Genügt das* = Ob das… genüge = Genüge das denn · *Verbürgt das* = Ob das… verbürge = Verbürge das · *Läßt sich* = Ob sich… lasse = Lasse sich = Könne man… · *du… bist* = er / sie / es… sei · *gehörst du* = gehöre er / sie / es. – Stehen mehrere Fragesätze ohne Fragewort hintereinander, kann man sie auch ohne *ob* umbilden (vgl. 30. Kapitel u. S. 161, Nr. 3) ● 14. *wird… überflüssig* = werde… überflüssig · *wird… gesteckt* = werde… gesteckt · *kann man* = könne man ● 15. *Säge… ab* = er solle… absägen

· *paßt* = passe ● 16. *gibt* = gebe · *bläst* = blase ● 17. *wird . . . häufiger* = werde . . . häufiger · *Kein Wunder!* = Kein Wunder! = Das sei kein Wunder · *steigt* = steige · *wird . . . gezahlt* = werde . . . gezahlt · *ist* = sei = liege ● 18. *Beabsichtigen Sie nun* = ob ich nun vorhätte · *wollen Sie mich zwingen* = ob ich ihn zwingen wolle ● 19. *wird* = werde · *gibt* = gebe · *lebt* = lebe · *kann* = könne · *wird es* = werde es ● 20. *kostet* = koste · *du geboren wirst* = man geboren werde · *du heiratest* = man heirate · *du begraben wirst* = man begraben werde · *Es ist* = Es sei · *sind* = seien · *bleibt* = bleibe · *das ist* = das sei · *wird* = werde + Oder ob . . . gespart werde? – Probieren Sie auch andere Personalpronomina! Was ergibt sich?

62. Kapitel

1. *zu tun haben* = zu tun hätten · *werden* = würden ● 2. Richtig ● 3. *als würde . . . aufgehen* = als ginge . . . auf ● 4. Richtig. – Aber auch: *wer gösse* = wer wollte / würde . . . gießen = wer sollte uns denn . . . gießen ● 5. *gehen würde* = ginge · *würde . . . verkabelt*: richtig ● 6. *fliegen würde* = flöge ● 7. Richtig ● 8. Richtig, jedoch auch: *würbe* = werben müßte ● 9. *kam* = gekommen wäre ● 10. *als habe er* = als hätte er ● 11. *unterworfen hat* = unterworfen hätte · *staunten Sie* = würden Sie staunen ● 12. *habe . . . wiederentdeckt* = hätte . . . wiederentdeckt ● 13. *ausgerüstet sein würden* = ausgerüstet wären · *würden . . . bekommen* = bekämen · *das würde anders sein* = das wäre anders · *wenn . . . weisen würde* = wiese / zeigte ● 14. Richtig ● 15. *bringe* = brächte / bringen würde ● 16. *kommen würdest* = kämest / kommen müßtest ● 17. *habe* = hätte · *es würde . . . geben* = es gäbe ● 18. *ziehen lassen* = ziehen ließen ● 19. *eingeschlichen hatte* = eingeschlichen hätte ● 20. *Wir ärgerten uns* = Wir würden uns ärgern.

63. Kapitel

1. *Nun wohnen wir* = Nun wohnten wir / Nun würden sie . . . wohnen · *haben aber vor* = hätten aber vor · *Wir werden . . . bekommen* = Sie würden . . . bekommen / Sie bekämen (vgl. S. 170 u. S. 262) · *Ich selbst könnte mir* = Er selbst könnte sich · *Die Eltern werden . . . wohnen* = Die Eltern würden . . . wohnen · *gedenken sie* = gedächten sie · *Meine Schwester Edeltraut hofft* = Seine Schwester Edeltraut hoffe · *ist meinem Vater* = sei seinem Vater · *wollen wir . . . planen* = wollten sie . . . planen / würden sie . . . planen wollen · *Ich lade euch . . . ein* = Er lade uns . . . ein · *Ich fände es . . . von euch* = Er fände . . . von uns · *ihr unsere Familie . . . ließet* = wir seine Familie . . . ließen. – Lesen Sie den Text vor a) mit allen Formen von *würde*, b) ohne diese Formen. Welche Klangbilder ergeben sich? Sind Mißverständnisse möglich? ● 2. *wenn . . . können* (*wenn* und viermal -*en*: 30. Kapitel) = hätten sie beide zusammen / gemeinsam wegfahren können · *hat ja dein* = habe ja sein · *Zu schade!* = Das sei doch zu schade · *Ich glaube* = Sie glaube · *daß . . . werden* = daß sie . . . würden = man werde . . . · *haben . . . unsere* = hätten sie . . . ihre · *wird es uns* = werde es ihnen ● 3. *verteidigen* = verteidigten = verträten · *gewährt* = gewähre · *sind* = seien: 2. Kapitel + Von den Frauen glaubten das nur 42 % ● 4. *meine . . .*

haben (2. u. 30. Kapitel) = seine... hätten = seine... seien gewillt ● 5. *schwimmen* = schwömmen / schwämmen · *gibt es* = gebe es · *wie*... *betonen* = wie... betonten = wie unterstrichen = worauf... hinwiesen · *bestehen* = bestünden / beständen · *macht* = mache ● 6. *Ihr seid* = Wir seien · *habt* = hätten · *ist* = sei · *Könnt ihr*... *verstehen* = Ob wir... könnten / verständen / verstünden · *erklärt hatte* = erklärt habe. – Je nach dem Zusammenhang statt *wir* auch die 2. oder 3. Pers. Plural ● 7. *Ich bin* = Er / Er selbst sei (21. Kapitel) · *ich mich*... *habe* = er sich... habe · *ich mir dachte* = er sich gedacht habe · *Über meine*... *geht* = Über seine... gehe · *ich herausginge* = er aus sich... herausginge ● 8. *Ihr habt euch* = wir hätten uns · *Ihr wolltet*... *euere* = Wir hätten... wollen, ...unsere · *es*...*habe*: richtig · *habt ihr* = hätten wir · *verlorengegangen ist* = verlorengegangen sei · *Euer*... *euer*... *gewesen* = Unser... sei unser... gewesen · *zusammenbraute* = zusammengebraut habe · *habt ihr*... *gesehen* = hätten wir... gesehen · *Ihr werdet* = Wir würden · *zu spät ist* = zu spät sei ● 9. *Wißt ihr* = Ob ihr... wüßtet · *besteht* = bestehe · *werdet ihr* = würdet ihr · *schließt* = schließe · *reiben* = rieben · *ist es* = sei es · *ergibt* = ergebe · *Hüte dich*: stehenlassen oder *Man solle / möge sich hüten* · *zwischen uns* = zwischen sie. – Statt *ihr* durchgehend auch *wir* oder *sie* ● 10. *Sie ritt*... *los* = Sie sei... losgeritten · *Ich hielt* = Er habe... gehalten · *ich dachte* = er habe gedacht · *sie wolle mich* = sie wolle ihn · *um mich* = um ihn · *Es war* = Es sei... gewesen · *lag* = habe... gelegen · *Ich hatte* = Ihm, Jörg, sei... geblieben (21. Kapitel) · *Es handelte* = Es habe sich... gehandelt · *den Bruchteil von Sekunden* (46. Kapitel) = den Bruchteil einer Sekunde (?) = Sekunden · *Ich sah* = Er habe... gesehen · *dahinraste* = dahingerast sei · *tauchte*... *auf* = sei... aufgetaucht · *begann* = habe... begonnen · *sah ich* = habe er... gesehen · *Mir war* = Ihm sei gewesen · *würde ich* = würde er · *Hätte ich* = Hätte er. – Manche Texte klingen besser, wenn man sie in der wörtlichen Rede stehenläßt (30. Kapitel) ● 11. *wissen*... *sollen* = wüßten... sollten ● 12. Richtig ● 13. *warnte* = gewarnt habe · *untergraben* = untergrüben ● 14. *würde*... *sein* = werde... sein · *kommt* = käme ● 15. *nehmen* = nähmen.

64. Kapitel

1. *Am Rande*... = Auf der Bootsmesse hatte er Gelegenheit, auch... zu sprechen ● 2. *darüber hinaus* = auch / außerdem ● 3. *aber*... *werden* = aber es ist anzunehmen / zu vermuten / zu befürchten ● 4. *sprich* = das heißt / also / nämlich · *eine*... *Ausbildung* (30. Kapitel!) = eine wirklichkeitsnahe / realistische Ausbildung + Denn immer fordert der moderne Betrieb, der... ● 5. *Spektakel* = Schauspiel / Gehabe · *wie*... *Anfälle* = wie das, was die britische... Anfälle biete (47. Kapitel!) ● 6. *sprach*... *an* = kam dabei auch auf eine / die geplante (mobile) Kreisbücherei zu sprechen · *knapp* = fast schon · *die zu Orten*... *müßte* = Sie könnte zu Ortschaften fahren / Ortschaften bedienen, die keine öffentliche bzw. keine Gemeindebibliothek hätten. – *knapp* bedeutet ein Zuwenig, einen Mangel an etwas, wird also falsch gebraucht, wenn von schon erfreulich viel, einer relativ großen Menge die Rede ist. *knapp* wird heute in den Massenmedien sehr oft im Sinne von «ungefähr» verwendet ● 7. *darüber nachdenken* = beraten ● 8. *Monumentalstreifen* = abendfüllender / überlanger Film · *diese*... *an* = diese Lebensgeschichte Picassos gefällt /

wird beifällig aufgenommen · *Leckerbissen* = ein besonders guter / ungewöhnlich gut gelungener Film ● 9. *der Schritt*... *sein* = eine grundsätzlich richtige Entscheidung / der Anfang einer wünschenswerten / positiven politischen Entwicklung zu sein ● 10. *bei uns*... *vorbeischauen* = zu uns kommen (vgl. WK 32) · *Superpreise* = niedrige / günstigste Preise. – Im Latein bedeutet «super» svw. «über», «darüber», «oberhalb»; *Superpreise* wären also besonders hohe, überzogene Preise! Grotesker Fehler, wenn Minipreise gemeint sind ● 11. *Ich denke*: weglassen ● 12. *Alles klar!* = Das sagen wir zu / Das gilt als abgemacht / Bestimmt!

65. Kapitel

1. *Rücksichtlich* = Wegen + Da wir vermuten, daß die importierten Pilze Cadmium enthalten... ● 2. *im*... *sein* = sich... aufzuhalten + Der... darf das... vorläufig nicht betreten ● 3. *architektürliche Teilstücke* = Architekturteile = andere gefährdete Bauteile (vgl. 45. Kapitel, Tab. S. 116) · *gegen*... *gemacht* = gegen Witterungsschäden... gemacht = wetterfest gemacht ● 4. *meisterliche* = meisterhafte. – So: ungenau; meisterhaft sind Leistungen, die mit Abläufen in der Zeit verbunden sind: eine meisterhafte Inszenierung, ein meisterhaftes Cellospiel usw. Für «meisterhafte Novelle»: eindrucksvolle / großartige Novelle ● 5. *luftpostlich* = durch / per Luftpost + so sind die Beträge sofort mit Luftpost anzufordern ● 6. Die Gastgeber siegten mit 6:0, weil echter Mannschaftsgeist ihr Spielverhalten bestimmte ● 7. *Gelegentlich* = Bei = Nach · *bildlichen Komposition* = Bildkomposition · *in farblicher Hinsicht* = in den Farben + in der Bild- und Farbkomposition ● 8. *in geschmacklichem Betracht* = im Geschmack · *mit*... *aus* = mit Wachstümern aus, welche / die im Preis bedeutend höher liegen = mit Wachstümern, die viel teurer sind. – Vgl. 69. Kapitel ● 9. *hat*... *zu tätigen* = hat damals bewirkt / dazu beigetragen, daß auch der Staat einige Bilder kaufte + daß ich auch dem Staat einige Bilder verkaufen konnte ● 10. *die*... *Grundstückes* = den Grundstückskaufs · *nach unterschriftlicher Vollziehung* = unterschrieben / unterzeichnet.

66. Kapitel

Alle Sätze enthalten den gleichen Stellungsfehler. Die Nrn. 2 bis 10 können im Sinne der Lösungsvorschläge zu Satz 1 erledigt werden. Natürlich sind auch andere, freiere Konstruktionen möglich.

1. Unsere Biere sind aus prima Malz und erstklassigem Hopfen hergestellt, und wir versichern, daß unser Braugut mindestens 4–5 Monate lagert + Unsere Biere sind aus prima Malz und erstklassigem Hopfen hergestellt; wir versichern... + Unsere Biere sind aus prima Malz und erstklassigem Hopfen hergestellt. Wir versichern...

67. Kapitel

1. *sei... steigend* = steige nach wie vor besonders im Fernmeldedienst ● 2. *sind es*: streichen ● 3. *sind... bestehend* = sind breit, sie bestehen + Diese Stadt hat viele breite / viele Straßen mit zwei Fahrstreifen. – So: amtlich ● 4. Richtig. Auch: eine sehr differenzierte / vielfältige / gefächerte, sondern auch flächendeckende Industrie ● 5. *Die... Kaisers* = Die Kriegsmarine ist Sache des Reiches; den Oberbefehl hat der Kaiser. – Das Heer des zweiten Kaiserreichs war dagegen föderalistisch organisiert, es unterstand nur im Kriegsfalle dem Kaiser ● 6. *ist... geschätzter* = wird... sehr geschätzt + Sein Fleisch gilt von alters her als Delikatesse ● 7. *eine sehr gefährliche war* = sehr gefährlich war / geworden war (60. Kapitel) ● 8. Richtig, aber besser: *ist* = sei ● 9. *ist... gewesen* = ist sehr nachhaltig gewesen + Herder hat... stark eingewirkt + hat das... stark beeinflußt ● 10. *sind... mitwirkend* = wirken... mit ● 11. *war ein langer* = war lang ● 12. *ein entscheidender war* = entscheidend dafür gewesen ist (58. Kapitel) + wird zugeben müssen, daß der Bankraub ohne Beihilfe des Komplizen undurchführbar gewesen wäre. – *Beihilfe:* strafrechtlicher Begriff ● 13. Melpomene, die Beschützerin der Tragiker, ist eine ernste Muse + Melpomene... gehört zu den ernsten Musen ● 14. Richtig ● 15. *ist... vorwiegend* = wiegt... vor = wächst vorwiegend Nadelwald. – Der Satz gilt nur für den mittleren Jura.

68. Kapitel

1. Richtig, weil Streckenangabe ● 2. *war* = hatte (Dialekt, oberdeutsch) ● 3. *hatten oder waren*, beides zulässig ● 4. *ist* = hat. – Zielangabe usw. fehlt, also Übungsfliegen ● 5. Wegen der Streckenangabe besser: *ist geritten* ● 6. *bin... gesessen*: Dialekt ● 7. *war* = hatte (kein Verb der Bewegung) ● 8. *sind... gerodelt* = haben... gerodelt · *sind... gelaufen* = haben gelaufen ● 9. Richtig ● 10. *geschwommen ist* = geschwommen hat · *sind gestartet*: richtig (Zielangabe).

69. Kapitel

1. *welche* = die (Frage: welche Hochebene?) ● 2. Richtig (Frage: was für Tapeten?) ● 3. *welche* = die (Frage: welche Stämme?) ● 4. *welcher* = der. – *Der Maulbeerbaum:* hier ist das betonte *Der* Demonstrativpronomen ● 5. *welcher* = der. – *derjenige:* Demonstrativpronomen ● 6. *die* = welche (Frage: was für eine Art Gebietskörperschaft?) · *weitgehende... hat:* nicht falsch (39. Kapitel), aber auch = welche das Recht hat, sich weitgehend selber zu verwalten + Der Kreis ist eine Gebietskörperschaft mit weitgehender Selbstverwaltung ● 7. Richtig (Frage: was für Vermögenswerte?) ● 8. *welchen* = den (Frage: welchem Zauber?) ● 9. Richtig (Frage: was für eine Art Verfassung?) ● 10. *welche* = die (s. oben, Nr. 5) + Wer Paris... hat, wird... hat.

III. Teil

Wortkunde

Abc der am häufigsten
verwechselten Wörter
der deutschen Sprache

Vorbemerkung

Die folgende Liste führt falsch gebildete und falsch gebrauchte Wörter
an, jedoch nur soweit sie Bedeutungsunterschiede aufweisen. Bloß grammatische Doppelformen – z. B. *der* oder *das Filter; Balkone, Balkons;
fragte, frug; ich ekle mich, es ekelt mich, mir ekelt* usf. – sind i. allg. nicht
aufgenommen. Ist in dieser Hinsicht etwas zweifelhaft, schlage man in
einer guten Grammatik oder im Duden nach.

Nicht aufgeführt sind auch die vielen zusammengesetzten Verben, die
bald zusammen-, bald getrennt geschrieben werden. Hier ist der Bedeutungsunterschied schon mit der verschiedenen Schreibweise gegeben:
Wird die Verbindung im ursprünglichen Sinne gebraucht, ist getrennt zu
schreiben; hat das Wort dagegen übertragene Bedeutung, ist zusammen-
zuschreiben: *blau machen:* mit blauer Farbe versehen; *blaumachen:* nicht
zur Arbeit gehen. – *herunter kommen:* von oben nach unten gehen; *her-
unterkommen:* sich moralisch oder sozial herabwürdigen.

Ferner sei darauf hingewiesen, daß bei den Stichwörtern natürlich nicht
alle Bedeutungsunterschiede angeführt werden konnten. Derartige
Übersichten zu bieten ist Sache der großen Standardwerke, wie etwa des
«Stilwörterbuchs der deutschen Sprache» im Großen Duden (Duden II)
oder des «Sprachbrockhaus'». Während z. B. im Stilduden unter dem
Stichwort *all* über 50 Wortbildungen, sprichwörtliche Redewendungen,
Dichterworte u. ä. angegeben sind, die das unbestimmte Zahlwort *all,
alles, alle, aller* usw. enthalten, interessiert uns nur der Plural *alle*, und
zwar wiederum nur insoweit, als er mit den Wörtern *die ganzen* und *sämtliche* verwechselt werden könnte. Vollständigkeit ist also nicht das Ziel
der WORTKUNDE.

Bemerkt sei, daß die Übersicht auch Redewendungen enthält, welche als
substantivische Schwellformen (Kap. 2 u. 3) stilistisch nicht gutzuheißen
sind. Es kam aber darauf an, dem Benutzer des Buches möglichst viele
Wörter und Wendungen zu zeigen, die in Literatur, Presse und Rundfunk
nur allzuoft falsch verwendet werden. Der stilistische Generalauftrag, die
verbale Ausdrucksweise nach allen Kräften zu fördern, bleibt bestehen.
Es hätte jedoch zu weit geführt, wenn der Verfasser auch noch die verbale
Umformung geboten hätte.

Unter welcher Nummer ein bestimmter Begriff in der WORTKUNDE zu finden ist, sagt das WORTREGISTER am Ende dieses Buches. (Was falsch ist oder vermieden werden soll, ist in Klammern gesetzt.)

1. ab – von an

Alle Preise verstehen sich *ab* Filiale. 17.05 Uhr *ab* Berlin. – Die Bücherei ist täglich *von* 9 Uhr *an* geöffnet. Von Pfingsten an...

ab: in Wirtschaft und Verkehr üblich bei Ortsangaben. – *von – an:* so besser bei Zeitbestimmungen. (Weniger gut: *ab* 9 Uhr, *ab* Pfingsten.)

2. achten – beachten

Es ist jedermanns Pflicht, die Gesetze zu *achten*. – Bestraft wird, wer die Vorfahrt nicht *beachtet*.

achten: vor jemandem oder etwas Respekt haben. – *beachten:* Anweisungen, Vorschriften befolgen. (Falsch: die Vorfahrt nicht *achten*.)

3. alle – die ganzen – sämtliche

Heute sind *alle* Geschäfte geschlossen. *Alle* Anwesenden erhoben sich von ihren Plätzen. – Bring mir nur *die ganzen* Ziegelsteine! – Den Wandertag haben *sämtliche* Schülerinnen mitgemacht. Wir wollen *sämtliche* Bücher einbinden.

alle: vollständige, unbestimmte Anzahl. – die *ganzen:* die nichtgeteilten, unbeschädigten (Dinge). (Falsch: *die ganzen* Anwesenden, *die ganzen* Schülerinnen.) – *sämtliche:* vollständige, nachprüfbare Anzahl. – Merke: Auf *alle* folgt immer die schwache, auf *sämtliche* die starke oder die schwache Deklination: *alle* Anwesenden, *alle* Beamten; *sämtliche* Anwesende oder Anwesenden, *sämtliche* Beamte od. Beamten. Vgl. Tab. S. 116.

4. als – wie

Im April d. J. war der Zigarettenverbrauch um 14 % höher *als* im Vergleichsmonat des Vorjahres. *Nichts als* leere Versprechungen! Das kann *niemand (anders) als* Holger gewesen sein. Die Verhältnisse werden dann ganz *anders als* heute sein. – Euer Haus ist *ähnlich wie* unseres gebaut. Im Westkaukasus fallen *ebenso* starke Regenfälle *wie* in Westengland. Marion ist *nicht so* flink *wie* Monika.

als: steht beim Komparativ, gibt den Unterschied an, folgt – auch bei verneinter Aussage – auf *anders, ein anderer (andere), nichts* und *niemand: nicht anders als, kein anderer als.* – Ausnahmen: *so schnell als möglich, so bald als möglich, soviel als möglich;* jedoch auch mit *wie* richtig. – *wie:* steht beim Positiv, bezeichnet das Gleichsein, steht nach *ähnlich, ebenso* und *so.*

5. als – wo

In dem Augenblick, *als* die Sonne aufging, erreichten wir den Gipfel. – Das Haus, *wo* wir damals wohnten, ist stehengeblieben.

als: leitet einen Attributsatz der Zeit ein. – *wo:* am Anfang von Attributsätzen des Ortes. Erlaubt auch: der Tag, *wo* ...

6. als solcher

Er hatte sich im Tone völlig vergriffen; der Vorwurf *als solcher* war berechtigt.

als solcher: nur bei Gegenüberstellungen, soviel wie *selbst;* meist Phrase.

7. ein anderer – ein Dritter

Wer *einem anderen* eine bewegliche Sache wegnimmt, begeht Diebstahl. – Die Vertragschließenden kommen überein, das neue Verfahren jedem *Dritten* gegenüber geheimzuhalten.

ein anderer: ein zweiter. – *ein Dritter:* wer nicht Partner ist.

8. Anfang – anfangs

Wir sehen uns *Anfang* der Woche wieder. *Anfang* Oktober trübte sich das Wetter ein. – *Anfangs* waren alle noch voller Hoffnung.

Anfang: mit Zeitangabe im Genitiv oder mit unverändertem Zeitbegriff. – *anfangs:* ohne weitere Zeitangabe, soviel wie *zuerst.* (Falsch: *anfangs* Oktober.)

9. ankündigen – verkünden

Der Hauswirt *kündigte* eine Mieterhöhung *an*. – Der Engel des Herren *verkündete* Maria die Botschaft.

ankündigen: im voraus bekanntgeben. – *verkünden:* Willensentschlüsse oder Wahrheiten in feierlicher Form mitteilen.

10. anläßlich – gelegentlich

Anläßlich der Internationalen Gartenschau wurde der Park völlig umgestaltet. – *Gelegentlich* der Tagung werde ich meine Tante besuchen.

anläßlich: aus begründetem Anlaß, wegen. – *gelegentlich:* da sich zufällig die Gelegenheit ergibt. Journalistendeutsch: *am Rande* der Tagung.

11. anscheinend – scheinbar

Achim kommt mit zwei Koffern, er will *anscheinend* verreisen. – Die Sonne dreht sich nur *scheinbar* um die Erde.

anscheinend: nach Meinung des Sprechenden verhält es sich so; der objektive Tatbestand ist unwichtig. – *scheinbar:* wie sich inzwischen herausgestellt hat, ein Irrtum; die Tatsachen widerlegen den Schein. Häufig mit *nur* gebraucht.

12. ansonsten – sonst

Ansonsten gibt es keine Neuigkeiten mehr. – *Sonst* gibt es keine Neuigkeiten mehr.

ansonsten: mundartlich in Bayern, Österreich und der Schweiz: im Hochdeutschen ungewohnt. – *sonst:* im übrigen, andernfalls.

13. Anstieg – Aufschwung – Aufstieg – Steigerung

Die letzte Woche brachte einen besorgniserregenden *Anstieg* der Unfallziffern. – Wie richtig diese Maßnahme war, bewies der plötzliche *Aufschwung* in der Motorenfabrikation. – Die Produktion befindet sich seitdem ununterbrochen im *Aufstieg.* – Alles zielte auf eine *Steigerung* des Exportes ab.

Anstieg: Zunahme im allgemeinen, häufig im Sinne höherer Gewalt. – *Aufschwung:* plötzliche Besserung der Lage. – *Aufstieg:* mehr oder weniger gleichmäßige, günstig zu beurteilende Aufwärtsentwicklung. – *Steigerung:* Ergebnis planvoller, meist schwierig durchzuführender Maßnahmen.

14. Anteil nehmen – teilnehmen

Wir alle *nehmen* an deinen Erfolgen lebhaft *Anteil.* – Wir alle werden am Betriebsausflug *teilnehmen.*

Anteil nehmen: mit Interesse verfolgen, mit dem Herzen dabeisein. – *teilnehmen:* zugegen sein, sich beteiligen.

15. anwenden – aufwenden – verwenden

Martin käme schneller zum Ziel, wenn er die Formel *anwendete.* – Für die verstärkte Automation werden die Betriebe noch viele Millionen *aufwenden* müssen. – Diese Matrize können wir nicht mehr *verwenden.*

anwenden: von Heilmitteln, Methoden, Regeln, Vorschriften. – *aufwenden:* mit Mühe bereitstellen, in großem Umfang leisten. – *verwenden:* Sachen benutzen oder verbrauchen. – *Merke: angewendet* und *angewandt* sind gleichberechtigt, was auch für die Partizipien von *aufwenden* und *verwenden* gilt. Jedoch nur: *die angewandte Chemie, die angewandten Wissenschaften.*

16. auch – ebenfalls

Wenn etwas Geld übrigbleibt, kannst du *auch* einen Bückling mitbringen. – Frau Spindler wird *ebenfalls* verschickt.

auch: bloß anreihende Ergänzung, manchmal im Sinne von *sogar;* ursprünglich Imperativ eines Verbums *vermehren* (lat. *augere*). – *ebenfalls:* hebt die Übereinstimmung mit einer zuletzt genannten Tatsache hervor; soviel wie *in der gleichen Art und Weise.* (Falsch für: ferner.)

17. auf – in – nach – zu

Armin geht im nächsten Semester *aufs* Technikum. Meine Nichte geht *auf* die Realschule. Wer unter Polizeiaufsicht steht, muß sich regelmäßig *auf* seiner Revierwache melden. – Alwin ist gestern *in* die Türkei geflogen. Anschließend gingen wir *ins* Kino. Anton leistete Widerstand und mußte mit Gewalt *in* die Revierwache gebracht werden. – Sie wollten gerade *nach* Oberalm fahren. Alexander reist morgen *nach* Franken. Die Weltreise führte uns auch *nach* Indien. – Ich brachte Agnes schnell *zu* meiner Tante. Tausende strömten *zum* Stadion. Anschließend radelte ich *zur* Fischhalle. Der Festgenommene wurde *zur* nächsten Polizeiwache gebracht.

auf: bei regelmäßigem Besuch staatlicher Anstalten, Dienststellen usw. (so auch im Schwedischen, Russischen und vielen anderen Sprachen). – *in:* bei Ländernamen, zu denen ein Artikel gehört; bei Gebäuden, Anstalten, Dienststellen u. dgl.; mit der besonderen Bedeutung: in – hinein, in das Innere. – *nach:* bei Ortsnamen, Gebieten und Ländernamen, soweit diese ohne Artikel gebraucht werden. (Falsch: bei Personennamen und Gebäuden: Ich gehe *nach* Onkel Andreas. Ich gehe *nach* dem Finanzamt.) – *zu:* bei Personennamen; bei Gebäuden, wenn damit das Endziel der Bewegung angegeben werden soll. (Falsch: Meier wurde *an* die Revierwache gebracht.)

18. aufmachen – offen sein – offenstehen – öffnen

Thomas *macht* die Tür *auf*. – Die Tür *ist* schon lange *offen*. – Laß bitte die Tür *offenstehen* – Thomas *öffnet* die Tür.

aufmachen: mehr umgangssprachlich für *öffnen*. – *offen sein:* das Ergebnis des Öffnens, ein Zustand. – *offenstehen:* Zustand. – *öffnen:* Bewegung. Vorgang; schriftdeutsches Wort für *aufmachen*. – Merke: *offenstehen* im Sinne von *geöffnet sein* wird nach dem Duden zusammengeschrieben.

19. aufrechterhalten – aufrecht halten

Neue, rationell arbeitende Maschinen machen es uns möglich, die Listenpreise *aufrechtzuerhalten*. Christian konnte sich vor Schmerzen kaum noch *aufrecht halten*.

aufrechterhalten: bestehenbleiben lassen. – *aufrecht halten:* gerade oder senkrecht halten.

20. ausrüsten – ausstatten

Die Expedition war mit den modernsten technischen Hilfsmitteln *ausgerüstet*. – Die untere Etage ist mit schwedischen Möbeln *ausgestattet*.

ausrüsten: von Geräten und Waffen, welche sich im Kampfe bewähren sollen (Rüstung). – *ausstatten:* versehen mit etwas.

21. backen: gebackt – gebacken

Heute hat der Schnee noch mehr als gestern *gebackt*. – Der Bäcker hat
den Streuselkuchen zu braun *gebacken*.

er backt – backte – hat gebackt: fest an anderen Gegenständen haften: Schnee,
Lehm, Schlick u. ä. – *er bäckt – buk oder backte – hat gebacken:* Backwaren herstellen. Merke: *frisch gebackener* Kuchen, *frischbackenes* Brot.

22. bald – fast

Die Einwohnerzahl Hamburgs wird *bald* wieder die 2-Millionen-Grenze
überschreiten. – Ich hätte mich *fast* versprochen.

bald: demnächst. – *fast:* beinahe. (Falsch: Ich hätte mich *bald* versprochen.)

23. Bauer: der Bauer – das Bauer

Die allgemeine Technifizierung beeinflußt auch die Arbeitsweise *des
Bauern*. Immer mehr *Bauern* geben ihre Höfe auf. – Schornstein*bauer*
müssen schwindelfrei sein. – Unser Dompfaffpärchen bekommt *ein
neues*, geräumige*s Bauer*.

Bauer: männlich: Landwirt, Schachfigur, Spielkarte: *der Bauer, des Bauers od. des
Bauern – dem Bauer od. dem Bauern – den Bauer od. den Bauern;* Plural: *die Bauern*. – *Bauer:* der Erbauende; nur stark: *des Schornsteinbauers* usw. – *Bauer:* sächlich od. männlich: Käfig: meist stark: *des Bauers* usw.

24. begründen – gründen

Diese Behauptung werde ich noch eingehend *begründen*. – Wir haben uns
entschlossen, eine Diskussionsgruppe zu *gründen*.

begründen: Gründe anführen. – *gründen:* ins Leben rufen, organisieren.

25. bemerken – merken

Da *bemerkte* er, daß er die Pole verwechsel hatte. – Inge hatte sich den
Namen des Medikaments nicht *gemerkt*.

bemerken: feststellen, erkennen. – *merken:* sich einprägen, im Gedächtnis behalten.

26. besitzen – haben

Benno *besitzt* jetzt ein Reihenhaus. – Selbst Herr Prüfert *hat* keine Bedenken mehr. Bernd *hat* die Unverschämtheit, zu behaupten, er *habe*
noch 1000 Mark zu Hause.

besitzen: eigentlich nur: Materielles «be-sitzen». (Weniger gut: von Charakterei-
genschaften, Fähigkeiten usw.: Bettina *besitzt* ein durchaus taktvolles Benehmen.
Falsch: bei Leiden, Schulden und allen negativen Tatbeständen: Er *besitzt* zwei
Schienbeinbrüche.) – *haben:* in vielen feststehenden Redensarten; weniger genau

für *besitzen:* häufig im Sinne von: vorübergehend darüber verfügen. Richtig bei Angabe von Wesenszügen, Fähigkeiten u. dgl., dann jedoch oft besser verbal: Bettina *benimmt* sich durchaus taktvoll.

27. Bestreben – Streben

Es wird unser *Bestreben* sein, jeden Kunden auf das aufmerksamste zu bedienen. – Sein ganzes *Streben* war, Leiter der Versandabteilung zu werden.

Bestreben: betrifft die Art und Weise, etwas zu erledigen. – *Streben:* gibt das Ziel der Handlung an.

28. bewegen: bewegt – bewogen

Michael war von diesem Unglück zutiefst *bewegt.* – Niemand fühlte sich *bewogen*, die Fehler richtigzustellen.

er bewegt – bewegte – hat bewegt: eine Orts- oder Lageveränderung hervorrufen; seelisch erregen. – *er bewegt – bewog – hat bewogen:* veranlassen, etwas zu tun; dazu bringen.

29. bezeigen – bezeugen

Alle Kollegen *bezeigten* ihm höchste Achtung. – Katrin konnte *bezeugen*, daß der Schlüssel gesteckt hatte.

bezeigen: zu erkennen geben, ausdrücken. – *bezeugen:* Zeugnis ablegen.

30. bilden – darstellen

Vater, Mutter und Kinder *bilden* zusammen eine Familie. Drei einander schneidende Gerade *bilden* ein Dreieck. – Gustaf Gründgens *stellte* den Faust *dar.* In der religiösen Symbolik *stellt* das Dreieck die Wesenseinheit von Gott Vater, Gott Sohn und Gott Heiligem Geist *dar.*

bilden: entstehen lassen, herstellen, indem der Teil in die sich aufbauende Ganzheit eingeht. – *darstellen:* eine fremde Persönlichkeit verkörpern, eine Idee versinnbildlichen, beides nur im Sinne des Abbildens. (Falsch: Gase und Rauch *stellen* eine Belästigung der Bevölkerung *dar.* Ersatz für *sein*, meist in Verbindung mit substantivischen Schwellformen, so daß verbal umzuwandeln ist; Gase und Rauch *belästigen* die Bevölkerung.)

31. binnen – innerhalb

Binnen wenigen Wochen hatte Nicole das Versäumte nachgeholt. – Auch *innerhalb* der Jurte herrschte peinliche Sauberkeit. Der Rest der Kaufsumme ist *innerhalb* eines Jahres aufzubringen. *Innerhalb* vier Jahren hatte er es zum Obermeister gebracht.

binnen: mit Dativ, nur zeitlich gebraucht. Auch Genitiv: *binnen weniger Wochen.* –

innerhalb: örtlich und zeitlich gebraucht: mit Genitiv; nur dann mit Dativ, wenn der Genitiv nicht zu erkennen ist: statt: *innerhalb vier Jahre: innerhalb vier Jahren,* auch: *innerhalb von vier Jahren.* (Kap. 41, S. 108.)

32. blicken – erblicken – schauen – sehen

Er *blickte* auf die Uhr und *sah* daß es gleich vier war. – Endlich *erblickte* ich Uta im Riesenrad. – Steh' auf hohem Berge, *schau'* ins Tal hernieder... – Barbara *sah* die ganze Zeit zum Fenster hinaus.

blicken: kurzdauerndes, gezieltes Sehen. – *erblicken:* meist plötzlich beginnendes, unvermutetes, erkennendes Sehen. – *schauen:* auf das Ganze gerichtetes Sehen. (Falsch: Auf Wieder*schauen!*) – *sehen:* das physische Vermögen, zu sehen; aufmerksames, beobachtendes Wahrnehmen.

33. Bogen: die Bogen – die Bögen

Gib mir bitte einige *Bogen* Papier. – Die neue Brücke hat sechs *Bögen.*

Bogen: Papierbogen. – *Bögen:* Kurven, Waffen oder Architekturteile.

34. brauchen – gebrauchen

Meine Tochter *braucht* schon wieder ein neues Hauskleid. Jan *brauchte* nicht zum Arzt zu gehen. Heute morgen *brauchte* sie die Nagelschere dazu, Papier zu schneiden. – Diese Blumentöpfe sind nicht mehr zu *gebrauchen.*

brauchen: nötig haben, bedürfen, aber auch: benutzen; *nicht brauchen:* die Erlaubnis haben, etwas zu unterlassen; immer mit *zu!* – *gebrauchen:* benutzen, verwenden, umgehen mit etwas.

35. Bund: der Bund – das Bund

1893 wurde *der «Bund* der Landwirte» gegründet. – Beate hat *das Schlüsselbund* liegenlassen.

Bund: männlich: Vereinigung u. a. – *Bund:* sächlich: Bündel, Zusammengebundenes.

36. Chor – Korps

Zelter hat viele Werke für Männer*chor* geschrieben. – An der Spitze marschierte ein Fanfaren*korps.*

Chor: männlich: Gruppe zur Pflege gemeinsamen Gesanges. Plural: *Chöre.* – *Korps:* sächlich (nur die ersten drei Buchstaben werden gesprochen): militärische Instrumentalgruppe, festgefügter Verband: *das Diplomatische Korps, das Studentenkorps* usw. Plural: *Korps* (nur das *p* wird nicht gesprochen).

37. da – nachdem – weil

Da Sie grobfahrlässig gehandelt haben, mache ich Sie regreßpflichtig. – *Nachdem* das Gewitter abgezogen war, wurde es merklich frischer. – An der Emscher wurden Großzechen angelegt, *weil* Grund und Boden billig war.

da: kausal; steht vorwiegend am Anfang des Satzgefüges. – *nachdem:* leitet nur Temporalsätze ein, hat nie kausalen Sinn, immer mit Vorzeitstufe verbunden (vgl. Kap. 58 u. 59 u. Übersicht S. 263, D). – *weil:* begründend, meist im Inneren des Satzgefüges.

38. das – dies – dieses

Daniel hat sich nicht einmal bei mir entschuldigt; *das* ist unhöflich von ihm. – Welches Buch willst du mitnehmen? *Das* hier nehme ich. – *Dies* lasse ich bei euch. – *Dieses* solltest du lesen.

das: am Anfang eines Satzes bezieht sich auf den gesamten Vorsatz. (Falsch: *Dies* oder *dieses* ist unhöflich von ihm.) – *das:* auch richtg, wenn es durch ein vorausgehendes einzelnes sächliches Wort ersetzt werden kann (*das Buch – das*). – *dies* und *dieses:* nur in bezug auf ein vorher genanntes einzelnes sächliches Wort.

39. derselbe – der gleiche – selber – selbst

Uwe und Ralf wohnen in *demselben* Hause. Die beiden Frauen haben den *gleichen* Hut auf. – Dietrich antwortet am besten *selber*. – Dorothea geht *selbst* zum Finanzamt. Das wird *selbst* mir zuviel.

derselbe: ebenderselbe; kann nur von einer einzigen Person oder Sache gesagt werden. – *der gleiche:* man kann vergleichen; bezieht sich auf mindestens zwei Personen oder Sachen. – *selber:* älter als *selbst* (dies seit Luther), heute meist als umgangssprachlich empfunden. – *selbst:* wie *selber* unveränderliches Demonstrativpronomen; dem Nomen vorangestellt: *sogar*. – Merke: Geht einer Form von *derselbe* eine Präposition voraus, so soll *der* mit der Präposition nicht verschmolzen werden. (Unerwünscht: *Sie wohnen im selben Hause.*) – Ein zurückweisendes *derselbe* ist fast stets durch *er* zu ersetzen. Abzulehnen: Ich aß den Kuchen, obgleich *derselbe* steinhart war. Richtig: Ich aß den Kuchen, obgleich *er* steinhart war.

40. drängen – dringen

Frau Ruppig *drängte* sich mit allen Mitteln vor. Die Zeit *drängte*. – Das Wasser *drang* in alle Kellerräume.

drängen: er drängt – drängte – hat gedrängt; Bewirkungsverb, meist rückbezüglich: machen, daß man vordringt; auch: Druck ausüben. – *dringen:* intransitiv: *er dringt – drang – hat (ist) gedrungen:* eindringen.

41. Druck: die Drucke – die Drücke

Von dieser Lithographie gibt es 200 Ab*drucke*. – Der Erkennungsdienst nimmt Finger*abdrücke*.

Drucke: wenn das Wort *drucken* sinnbestimmend ist: *Nachdrucke, Neudrucke* usw. – *Drücke:* im Sinne von *drücken: Ausdrücke, Eindrücke* u. dgl.

42. einander – sich

Wolfgang und Edith zeigten *einander* ihre Urlaubsfotos. – Um neun Uhr verabschiedeten sie *sich*; sie versprachen, *einander* einmal anzurufen.

einander: reziprok: einer dem (den) anderen, häufig auch: einer *nach* dem anderen; vielfach gleichbedeutend mit *sich*. Wenn Unklarheiten entstehen, ist *einander* zu verwenden oder anderswie zu verfahren. (Sie bürsteten *sich* die Mäntel ab. Die abstrakten Maler verstehen *sich* wohl selbst nicht mehr.) – *sich:* reflexiv, oft im Sinne der Wechselseitigkeit, betont dann die Gleichzeitigkeit ähnlicher Vorgänge.

43. einig sein – sich einigen – im klaren sein

Die Freundinnen *waren* darin *einig*, niemand solle etwas davon erfahren. – Am besten wäre es, wir *einigten uns* gütlich. – Ich *war* mir darüber *im klaren*, daß ich unrecht hatte.

einig sein: von mehreren, die sich geeinigt haben. – *sich einigen:* von mehreren: die Einigung vollziehen; absprechen, übereinkommen (Vorgang). – *im klaren sein:* allein oder gemeinsam etwas eingesehen haben.

44. eintreten – geschehen – sich ereignen – stattfinden – vonstatten gehen

Die totale Verfinsterung des Mondes *tritt* um 1.35 Uhr *ein*. – Was heute nicht *geschieht*, ist morgen nicht getan. – Die Flugzeugkatastrophe hat *sich* in Remscheid *ereignet*. – Die Hauptversammlung *findet* am 17. 3. d. J. *statt*. – Unser Umzug nach Doberan *ging* reibungslos *vonstatten*.

eintreten: hauptsächlich von Naturereignissen. – *geschehen:* vor sich gehen. – *sich ereignen:* von Unglücksfällen, Katastrophen usw. – *stattfinden:* termingemäß durchgeführt werden; kann nur von Geplantem gesagt werden. – *vonstatten gehen:* abrollen: was organisiert oder vorgesehen ist.

45. einzeln – vereinzelt

Bitte *einzeln* eintreten! – Auf der Auktion sah man nur *vereinzelt* guterhaltene Ledermöbel.

einzeln: einer nach dem anderen, allein. – *vereinzelt:* mitunter, hier und da.

46. entdecken – erfinden

Der Physiker Wilhelm Conrad von Röntgen *entdeckte* 1895 in Würzburg die X-Strahlen. – Der amerikanische Staatsmann Benjamin Franklin hat den Blitzableiter *erfunden*.

entdecken: auf Vorhandenes, bisher Unbekanntes treffen, es aufdecken. – *erfinden:* technische Apparate konstruieren, wissenschaftliche Verfahren ausdenken.

47. Erfolg – Folge

Am Burgtheater feierte Werner Krauss seine größten *Erfolge*. – Dieser Mißgriff kann üble *Folgen* nach sich ziehen.

Erfolg: angestrebtes, positives Ergebnis, Triumph. – *Folge:* von selbst eintretende, ursächlich bedingte Tatsache.

48. ergehen – gehen

Erzähle, wie es dir inzwischen *ergangen* ist! – Ihr ist es die letzten Wochen nicht sehr gut *gegangen*.

ergehen: schicksalhaft in einer bestimmten Weise leben müssen. – *gehen:* wie *ergehen* unpersönlich gebraucht, aber vorwiegend in Hinsicht auf den Gesundheitszustand.

49. erkennbar – erkenntlich

Die Grenzpfähle waren im Nebel kaum noch *erkennbar*. – Ich werde mich gern *erkenntlich* zeigen.

erkennbar: zu erkennen. – *erkenntlich:* dankbar.

50. erlernen – lehren – lernen

Ich habe das Bautischlerhandwerk *erlernt*. – Er behauptete, er könne jeden Menschen das freie Sprechen *lehren*. Ist euch das auch so *gelehrt* worden? – Sie wollte unbedingt eine nordische Sprache *lernen*.

erlernen: von Grund auf, meist von Berufs wegen lernen. – *lehren:* mit doppeltem Akkusativ im Aktiv; im Passiv steht die Person meist im Dativ. Richtig auch Nominativ: *Wir* sind das so gelehrt worden. Bedeutung: mit Kenntnissen oder Fertigkeiten vertraut machen. – *lernen:* selbst Kenntnisse oder Fertigkeiten erwerben. (Falsch: Ich *lerne* dir schwimmen.) – Merke: Nach *lehren* und *lernen* steht der Infinitiv ohne *zu*. (Falsch: Ich *lernte* wieder ohne fremde Hilfe *zu* gehen.)

51. erlöschen – löschen

Nach und nach *erloschen* alle Lichter im Tal. – Ich *löschte* die Kerze und legte mich schlafen.

erlöschen: er erlischt – erlosch – ist erloschen: intransitiv, stark. – *löschen: er löscht – löschte – hat gelöscht:* transitiv, schwach; so auch seemännisch.

52. ermahnen – gemahnen – mahnen

Mutter *ermahnte* mich, diesmal früher nach Hause zu kommen. – Der
Mond stand hoch am Himmel und *gemahnte* ihn an die Heimkehr. –
Höchst ungern *mahnen* wir Sie zum dritten Male.

ermahnen: auffordern. – *gemahnen:* erinnern, denken lassen an. – *mahnen:* an
Schulden erinnern.

53. erscheinen – scheinen

Mike *erschien* zu unserem Entsetzen in Shorts und Rollpullover. – Es
scheint mir angezeigt, nicht länger zu zögern.

erscheinen: auftauchen, auftreten. – *scheinen:* unpersönlich gebraucht: vorkommen, deuchen, dünken.

54. erschrecken: erschreckt – erschrocken

Ich habe Sie doch nicht etwa *erschreckt?* – Alle waren über diese Botschaft tief *erschrocken.*

er erschreckt – erschreckte – hat erschreckt: eigentl.: aufspringen machen, aufscheu-
chen; transitiv: jemanden erschrecken. – *er erschrickt – erschrak – ist erschrocken:*
intransitiv: auffahren, in Schrecken versetzt werden.

55. ersehen – sehen

Das Nähere bitten wir aus dem Prospekt zu *ersehen.* – Daß Ellen die
Wahrheit sagt, kann man an ihrem Gesicht *sehen.*

ersehen: entnehmen, folgern. – *sehen:* mit Hilfe des Gesichtssinnes wahrnehmen,
erkennen.

56. erst – als erstes – zuerst

Der Artikel erscheint *erst* am Freitag. Von den Handbüchern kaufe ich
mir *als erstes* den «Praktischen Fall». Wer *zuerst* kommt, mahlt *zuerst.*

erst: nicht eher als. – *als erstes:* als das erste, zu ergänzen ist ein sächliches Substantiv. (Nicht richtig für: zunächst, in erster Linie, vor allem: Ich denke *als erstes* an
meine Schulden.) – *zuerst:* als erster, anfangs: Beginn eines zeitlichen Nacheinanders.

57. erstehen – kaufen

Nach langem Feilschen *erstand* Herr v. Imhoff auch noch den zweiten
Hengst. – Am Fünfzehnten will sie sich einen Lederkoffer *kaufen.*

erstehen: veraltet für: einhandeln. – *kaufen:* durch Bezahlung erwerben.

58. fallen – verfallen

Ermattet von der ungewohnten Anstrengung, *fiel* sie in tiefen Schlaf. – Wie konntest du nur auf diesen unvernünftigen Gedanken *verfallen!*

fallen: auch in übertragener Bedeutung: hinabsinken, hinabstürzen. – *verfallen:* verbunden mit *auf:* merkwürdige Einfälle haben.

59. falls – wann – wenn

Falls ihr kommt, gehen wir schwimmen. – *Wann* rufst du mich an? Ich weiß noch nicht, *wann* das sein wird. – *Wenn* du dich anstrengst, erreichst du es noch. *Wenn* Sie mir in diesem Punkte entgegenkämen, könnten wir uns schnell einigen. – *Immer wenn* die Glocke ertönt, schwimmen die Fische herbei. *Gleich wenn* ihr kommt, gehen wir spazieren.

falls: im Falle, daß; Konditionalsatz. – *wann:* Fragewort der Zeit im unabhängigen und abhängigen Fragesatz. – *wenn:* mit Indikativ im Konditionalsatz, falls das Behauptete als Tatsache angesehen wird. Mit Konjunktiv: bei Vermutungen, beim Wunsch u. dgl. – Das Wort kann einen Temporalsatz einleiten, falls die Bedeutung *immer wenn* oder *gleich wenn* vorliegt. – Merke: Kann der Konditionalsatz irrtümlicherweise als Temporalsatz verstanden werden, ist *falls* zu setzen (erstes Beispiel oben).

60. folglich – somit

Du hast 38 Grad Fieber, *folglich* gehst du nicht zur Schule. – All diese Forderungen des Versailler Vertrages waren faktisch unerfüllbar; *somit* ist es verständlich, daß auch der einfache Mann mit Erbitterung von diesem «Friedensschluß» sprach.

folglich: aus dieser einen Tatsache folgend. – *somit:* kündigt das abschließende Ergebnis einer längeren Schlußfolge an. (Falsch: Für jedes *folglich, also, deshalb* mechanisch *somit* einzusetzen.)

61. fort – weg

Wir fahren mit Übung 17 *fort*. Und so *fort*. – Ein Schuß scheuchte die Schakale von den Kadavern *weg*.

fort: wie begonnen weitermachen; vorwärts gehen. – *weg:* aus dem Gesichtskreis hinaus; nicht mehr zu sehen.

62. fraglich – fragwürdig

Es ist noch sehr *fraglich,* ob der Präsident im ersten Wahlgang gewählt wird. – Da hat Friederike ja eine recht *fragwürdige* Eroberung gemacht!

fraglich: ungewiß, unsicher. – *fragwürdig:* moralisch verdächtig, zweifelhafter Natur.

63. fremdsprachig – fremdsprachlich

Unsere Auslandskunden erhalten die «Technischen Daten» *fremdsprachig*. – Der Ministerpräsident regte an, dem *fremdsprachlichen* Unterricht weniger Stunden einzuräumen.

fremdsprachig: in der fremden Sprache geschrieben, die fremde Sprache sprechend. – *fremdsprachlich:* das Erlernen der fremden Sprache betreffend.

64. Fürsorge – Vorsorge

Die Schwestern umgaben das erschöpfte Kind mit zärtlicher *Fürsorge*. – Das Wasser steigt, laß uns für alles *Vorsorge* treffen!

Fürsorge: Pflege, Unterstützung für Hilfsbedürftige. – *Vorsorge:* vorbeugende Maßnahmen, um drohende Gefahren abzuwehren.

65. ganz – gesamt – jeder

Der *ganze* Verein macht mit. Der *ganze* Himmel war rot. – Die *gesamte* Belegschaft tritt dafür ein. – Kontrollieren Sie bitte *jede* Leserkarte.

ganz: vollständig, total: die einfache oder gegliederte Ganzheit im allgemeinen. – *gesamt:* die aus Gliedern oder Teilen bestehende zusammengesetzte, lückenlos vollständige Ganzheit. – *jeder:* jeder nur mögliche, jeder einzelne.

66. gären: gegoren – gegärt

Wie schade, die Quittenmarmelade ist *gegoren!* – Friedrich Wilhelm IV. wollte nicht wahrhaben, daß es überall in Preußen *gärte*.

es gärt – gor – hat gegoren: besonders im ursprünglichen Sinne vom chemischen Gärungsprozeß. – *es gärt – gärte – hat gegärt:* übertragene Bedeutung: in innerem Aufruhr begriffen sein.

67. Gegensatz – Gegenteil

Damit stellt sich Gerda in *Gegensatz* zu ihren eigenen Vorschlägen. – Gleichgültigkeit ist das *Gegenteil* von Umsicht.

Gegensatz: mit *zu;* Widerspruch. – *Gegenteil:* mit *von:* das Umgekehrte.

68. Gehalt: der Gehalt – das Gehalt

Der Gehalt an Alkohol betrug 45 %. – *Das Gehalt* ist schon überwiesen worden.

Gehalt: männlich: Mischungsanteil, Wert. – *Gehalt:* sächlich: Besoldung.

69. geistig – geistlich

Mit dem Fremdwort «Plagiat» bezeichnet man den Diebstahl *geistigen* Eigentums. – Ignatius von Loyola ist der Verfasser der «*Geistlichen* Übungen».

geistig: den Geist betreffend. Merke: *geistige Getränke* (von: Weingeist). – *geistlich:* die Religion betreffend.

70. Gesicht: Die Gesichte – die Gesichter

In Trance verfallen, verkündete sie ihre grausigen *Gesichte*. – Tränensäcke verunzieren die *Gesichter* der meisten Großstädter.

Gesichte: Phantasien, Erscheinungen. – *Gesichter:* Vorderhälfte des menschlichen Kopfes.

71. gewohnt sein – gewöhnen

Ich bin es *gewohnt*, sehr früh aufzustehen. – Oliver hat sich nur schwer daran *gewöhnt*.

gewohnt sein: mit Akkusativ: *es:* bezeichnet den Zustand des Gewohntseins, das, was Brauch geworden ist. – *gewöhnen:* immer mit *an (daran):* sich nach und nach einer Lage anpassen.

72. grundsätzlich – immer – regelmäßig

Belichtete Farbfilme sollen *grundsätzlich* bald entwickelt werden. – Vor einer angekündigten Aufzählung steht *immer* ein Doppelpunkt. Wir wollen *immer* treu zusammenhalten. – Gerd liest *regelmäßig* den Wirtschaftsteil seiner Tageszeitung.

grundsätzlich: im Prinzip, in der Regel, wenn möglich. Merke: Von den meisten Grundsätzen gibt es Ausnahmen! – *immer:* ohne Unterbrechung, von jetzt an, ohne Ausnahme. – *regelmäßig:* in gleichbleibenden Zeitabständen.

73. hangen – hängen – henken

Die Handtücher haben den ganzen Vormittag auf der Leine *gehangen*. – Schließlich hatte auch die Pastorin eine Girlande um den Türrahmen *gehängt*. – Wer in Großbritannien einen Polizisten tötet, wird *gehenkt*.

hangen: er hangt – hing – hat gehangen: intransitiv, wo?, Zustand. Infinitiv und Präsens ungebräuchlich, dafür: *hängen: er hängt (– hing – hat gehangen). – hängen: er hängt – hängte – hat gehängt:* transitiv, wohin?, Vorgang. – *henken: er henkt – henkte – hat gehenkt:* Tätigkeit des Henkers.

74. her – hin

Bitte, gib mir das Branchenverzeichnis *her!* Harald ist seitdem moralisch ganz *her*untergekommen. – Einen Augenblick, ich komme gleich zu Ihnen *hin!*

her: Bewegung auf den Sprechenden oder den Träger der Handlung zu. Merke: Verben mit übertragener Bedeutung gebrauchen heute nur noch *her:* aus sich *her*ausgehen, *her*absetzen, *her*unterreißen. – *hin:* eine von dem Sprechenden bzw. dem Träger der Handlung ausgehende Bewegung.

75. herum – umher

Die ganze Sippschaft stand ratlos um den Ochsen *herum*. – Wir gingen mehr als drei Stunden in der Stadt *umher*.

herum: in Kreise. – *umher:* in beliebiger Richtung, kreuz und quer.

76. hindern – verhindern

Hubert wollte mich daran *hindern*, das Haus zu verlassen. – Der Konkurs war nicht mehr zu *verhindern*.

hindern: von Lebewesen, *an* oder *bei* etwas. – *verhindern:* Akkusativ: den Eintritt eines Ereignisses unmöglich machen.

77. jährig – jährlich

Seine Tochter besucht einen *zweijährigen* Dolmetscherkursus. Julia hat einen *zweijährigen* Jungen. – Dem Vertrag nach steht ihm *zweijährlich* ein längerer Heimaturlaub zu.

jährig: bei Zeitangaben bedeutet die Silbe *-ig* die Dauer oder das Alter (zweistündig, zweitägig, zweiwöchig, zweimonatig). – *jährlich:* Angaben der Zeiteinheit auf *-lich* drücken die regelmäßige Wiederkehr eines Vorganges aus (zweistündlich usf.).

78. jetzt – nun

Jetzt weiß ich es! – *Nun* ist guter Rat teuer.

jetzt: in diesem Augenblick, im gegenwärtigen Zeitpunkt. – *nun:* unter den z. Z. herrschenden Umständen.

79. kosten: mit Dativ – mit Akkusativ

Ich befürchte, das wird *mich* eine ganze Menge Geld *kosten*. – Es *kostete mir* die größte Mühe, das Bett zu verlassen.

kosten: mit älterem Akkusativ: von Geld u. dgl. (Nicht so gut: Das *kostet mir* 100 Mark.) – Mit jüngerem Dativ: im übertragenen Sinne: Kraftaufwand verursachen. – Aber auch: Es hat *mich* viel Überwindung *gekostet*.

80. kündigen: mit Dativ – mit Akkusativ

Mein Chef hat *mir* noch nicht *gekündigt*. *Meiner Tante* ist zum Ersten *gekündigt* worden. – Wir werden *das Darlehen kündigen*.

kündigen: wem?: nur Personen; Dativ auch im Passiv. (Nicht: *Meine Tante ist gekündigt worden, ich bin gekündigt.*) – *kündigen:* was?: Verträge, Vergünstigungen; nie in bezug auf Personen.

81. laden: er ladet – er lädt

Es lächelt der See – er *ladet* zum Bade. Wenn du mich *einladest*, kann ich nicht nein sagen. – Leonhard *lädt* die Kartoffelsäcke auf den Wagen. Leopold *lädt* seine Wasserpistole.

er ladet – ladete – hat geladen: zum Erscheinen auffordern. – *er lädt – lud – hat geladen:* aufladen; mit Munition versehen. – Aber auch: Lothar *lädt* mich ein, Leonhard *lud* die Säcke auf den Wagen.

82. Laden: die Laden – die Läden

Seine Gartenlaube hat hellblaue Fenster*laden*. – An der Ecke werden vier neue *Läden* gebaut.

Laden: Plural mit oder ohne Umlaut: Fensterladen oder Fensterläden. *Laden:* Plural mit Umlaut: Ladengeschäfte.

83. Lager: die Lager – die Läger

Die Sozialbehörde unterhält mehrere Wohn*lager*. – Da meine *Läger* z. Z. überfüllt sind, muß ich Ihr Angebot dankend ablehnen.

Lager: Plural ohne Umlaut: Ort zur behelfsmäßigen Unterbringung von Menschen. – *Läger:* Plural mit Umlaut: Warenläger des Handels.

84. mahlen – malen

Du hast den Kaffee zu grob *gemahlen*. – Manfred hat den ganzen Flur mit Ölfarbe *gemalt*.

mahlen: er mahlt – mahlte – hat gemahlen: mit der Mühle. – *malen: er malt – malte – hat gemalt:* mit Farbe.

85. Mannen – Männer – Leute

Ritter Kunibert schwang sich aufs Roß und setzte sich an die Spitze seiner *Mannen*. – Im Vorgarten standen drei wunderschöne Schnee*männer*. – Der Heuerbaas ist der gewerbsmäßige Stellenvermittler für See*leute*.

Mannen: dichterischer Plural für: Lehnsleute, Gefolgsleute. – *Männer:* in Zusammensetzung nur, wenn übertragene Bedeutung vorliegt: Dunkel*männer*, Stroh*männer*. – *Leute:* Plural für *Mann* in Zusammensetzungen, welche den Beruf bezeichnen: Fuhr*leute*, Kauf*leute*, Schutz*leute*, Feuerwehr*leute*.

86. meiden – vermeiden

Silvia sollte seine Nähe lieber *meiden*. – Martin versprach, solch unbedachte Äußerungen zu *vermeiden*.

meiden: nicht aufsuchen, aus dem Wege gehen. – *vermeiden:* unterlassen.

87. meist – meistens – zumeist – die meisten

Gegen Abend kommt *meist* ein frischer Wind auf. – Gabi kam *meistens* kurz nach sechs zurück. – Am Wochenende fuhren sie *zumeist* ins Grüne. – Das *meiste* Vergnügen bereiteten ihr die Rhesusäffchen. – Die *meisten* Bewerber kamen aus ungelernten Berufen.

meist, meistens, zumeist: sinngleiche Adverbien; Bedeutung: am häufigsten, fast immer, den größten Teil der Zeit. (Nicht: der Menge nach: Italien hat *zumeist* natürliche Grenzen. Falsche Form: *zumeistens.*) – *das meiste, die meisten:* Adjektiv: der Größe, der Wirkung nach, überwiegend.

88. mindestens – im mindesten – zumindest – zum mindesten – das mindeste

Du hättest *mindestens* Bescheid sagen können. – Ich bin nicht *im mindesten* dazu aufgelegt, Späße zu machen. – Jan wird *zumindest* ein Telegramm schicken. – Es bleibt *zum mindesten* fraglich, ob sein Herz noch stark genug ist. – Sie hatte nicht *den mindesten* Verdacht. Michael hat nicht *die mindesten* Ansprüche darauf, verteidigt zu werden.

mindestens, im mindesten, zumindest, zum mindesten: sinngleiche Adverbien: wenigstens, freilich. (Falsch: *zumindestens.*) – *im mindesten:* verneint: in keiner Weise, überhaupt nicht. – *der mindeste:* Adjektiv: der geringste, der kleinste.

89. möglichst – wenn möglich – wo möglich – womöglich

Sie sollten in einem Blatt mit *möglichst* großer Streuung inserieren. – *Wenn möglich*, bring auch deine Schwester mit! – Die Aussaat erfolgt *wo möglich* schon Anfang März. – *Womöglich* wird Marie behaupten, dieser Sketch sei geistreich.

möglichst: Umschreibung des Superlativs: sehr; so groß, wie man vermag. – *wenn möglich:* elliptischer Satz: *wenn es möglich* ist; daher in Kommas eingeschlossen. – *wo möglich:* anstelle von *wenn möglich* gebraucht, getrennt geschrieben, jedoch ohne Kommas. – *womöglich:* zusammengeschrieben: vielleicht, sogar.

90. nachrühmen – nachsagen

Man *rühmt* ihm nach, er lasse größte Gerechtigkeit walten. – Der Kapitän mußte sich *nachsagen* lassen, er habe leichtfertig gehandelt.

nachrühmen: lobend erwähnen. – *nachsagen:* tadelnd feststellen.

91. nebenan – nebenbei

Das Bild *nebenan* zeigt Stenka Rasin. Claudia begab sich *nebenan* zur Ruhe. – Das erledigen wir *nebenbei*. *Nebenbei* gesagt, es wird auch höchste Zeit.

nebenan: hierneben, daneben. – *nebenbei:* beiläufig, am Rande.

92. Neuheit – Neuigkeit

Vertreter für lukrative *Neuheit* der Spielwarenbranche gesucht. – Ich habe wichtige *Neuigkeiten* für Sie!

Neuheit: neuartiges Produkt. – *Neuigkeit:* Nachricht.

93. nötig – notwendig

Nina hat noch sehr viel Pflege *nötig,* um wieder auf die Beine zu kommen. – Es wäre dringend *notwendig,* die Rechtschreibung zu reformieren.

nötig: mit *haben* und mit *sein.* – *notwendig:* nur mit *sein.*

94. nutzen – nützen

Du solltest deine Zeit mit Besserem *nutzen!* – Das alles kann uns nichts mehr *nützen.*

nutzen: sinnvoll verwenden, anwenden. – *nützen:* taugen, wert sein, Vorteil bringen. – Der Duden bezeichnet *nutzen* als oberdeutsche Form.

95. obwohl – trotzdem

Obwohl ich wenig Lust dazu habe, werde ich jetzt duschen gehen. Ich werde das Buch noch einmal lesen, *obwohl* ich mit dem Verfasser nicht übereinstimme. – Wir haben mehrfach reklamiert; *trotzdem* rührt sich die Empfängerin nicht.

obwohl: obgleich; am Anfang von Nebensätzen (gebeugtes Prädikat steht am Satzende: ... *habe,* ... *übereinstimme*), gleichgültig, wo der Nebensatz seinen Platz hat. – *trotzdem:* sprachgeschichtlich: *ich trotze dem, ich biete dem Trotz;* deshalb sollte es nur einen beigeordneten, gegenüberstellenden Hauptsatz einleiten (Prädikat steht an zweiter Stelle: *trotzdem* rührt...); *trotzdem* kann auch später gesetzt werden. (Vor *trotzdem* steht am besten ein Semikolon.) – Der Duden I erlaubt *trotzdem* für *obwohl.* Diese Ausdrucksweise gilt jedoch unter Gebildeten noch immer als fehlerhaft.

96. Rest: die Reste – die Rester

Die Speise*reste* warf er den Hunden hin. – Billige Baumwoll*rester* abzugeben!

Reste: das, was übrig bleibt. – *Rester:* kaufmännischer Ausdruck für Reste von Textilien, jedoch kaum üblich.

97. rückwärts – zurück

Das Zeremoniell verlangt, daß man sich *rückwärts* gehend von dem Monarchen entfernt. Das Geschäft ist wieder *rückwärts*gegangen. – Renate fährt morgen nach Cham *zurück*. Das Fieber wird nun langsam *zurück*-gehen.

rückwärts: bei Getrenntschreibung, also im ursprünglichen Sinne: mit dem Rücken in Richtung der Bewegung. – Zusammenschreibung, d. h. im übertragenen Sinne: abnehmen, geringer werden. – *zurück-:* getrennt oder zusammengeschrieben: dorthin, woher die Bewegung ihren Ausgang genommen hat.

98. schaffen: geschaffen – geschafft

Prof. Kolbe hat seine berühmte «Tänzerin» 1912 *geschaffen*. – Die Verletzten wurden sofort in die Klinik *geschafft*. Gleich habe ich's *geschafft!*

er schafft – schuf – hat geschaffen: schöpferisch entstehen lassen, gestalten. – *er schafft – schaffte – hat geschafft:* wegbringen, das gesteckte Ziel erreichen.

99. scheren: geschert – geschoren

Stefan hat sich nicht um meine Vorhaltungen *geschert*. – Ihm wurde der Schädel kahl *geschoren*.

er schert – scherte – hat geschert: intransitiv: sich kehren an, kümmern um. – *er schert – schor* (od. *scherte*) – *hat geschoren (od. geschert):* transitiv: abschneiden.

100. Schild: der Schild – das Schild

Der Schild lag neben dem Schwerte. – Über der Tür des Wirtshauses prangte *das Schild* mit dem goldenen Lamme.

Schild: männlich: Schutzschild. – *Schild:* sächlich: Aushängeschild, Namensschild.

101. schleifen: geschleift – geschliffen

Der Radfahrer wurde von dem LKW 30 Meter weit *geschleift*. – Jürgen hatte sein Schnitzmesser frisch *geschliffen*.

er schleift – schleifte – hat geschleift: über den Boden ziehen. – *er schleift – schliff – hat geschliffen:* schärfen.

102. schwellen: geschwellt – geschwollen

Ein frischer Ost die Segel *schwellt*, die Fahrt geht in die weite Welt. Mit *geschwellter* Brust pries er seine eigenen Taten. – Matthias' Knöchel *schwillt* immer stärker an. Er ist schon stark *geschwollen*.

er schwellt – schwellte – hat geschwellt: transitiv: aufblasen, scheinbar größer machen. – *er schwillt – schwoll – ist geschwollen:* intransitiv: an Volumen zunehmen, tatsächlich größer werden.

103. senden: gesendet – gesandt
Der Bayerische Rundfunk hat dieses Hörspiel schon einmal *gesendet*. – Wir haben Ihnen vor acht Tagen einen Einschreibebrief *gesandt*.

er sendet – sendete – hat gesendet: Vergangenheit: Rundfunk nur so. – *er sendet – sendete oder sandte – hat gesendet oder gesandt:* schicken.

104. sinnen: gesinnt – gesonnen
Während der Kieler Woche war Petrus den Seglern wohl*gesinnt*. – Ich bin nicht *gesonnen*, dir nochmals 200 Mark zu leihen.

gesinnt: von solcher Gesinnung, in moralischer oder weltanschaulicher Hinsicht. – *gesonnen:* entschlossen, gewillt.

105. solche – ein solch – solch ein – ein solcher
In *solchen* Häusern muß es sehr hellhörig sein. – *Eine solch* umsichtige Sekretärin ist Goldes wert. – *Solch ein* Tischkopierer leistet gute Dienste. – *Ein solcher* Berg Zuschriften kommt täglich ins Haus.

solche: wird wie ein Adjektiv behandelt. – *ein solch: solch* bleibt ungebeugt; vor stark gebeugtem Adjektiv. – *solch ein: solch:* ungebeugt; vor Substantiven: ein derartiger, ein so beschaffener. – *ein solcher:* gebeugt, wenn *ein* vorangeht (Attribut vor dem Substantiv entfällt meistens).

106. sondern – vielmehr
Ich hole mein Gehalt nicht ab, *sondern* lasse es auf meinem Girokonto stehen. – So habe ich das nicht gemeint; *vielmehr* wollte ich damit sagen, Stefan habe übertrieben.

sondern: einfache Gegenüberstellung eines verneinten und eines bejahten Tatbestandes, koppelt Satzverbindungen. – *vielmehr:* hebt den Gegensatz hervor; steht am Anfang eines vollständigen Satzes.

107. sowie – und
1947 begann unser Werk wieder Last- und Personenkraftwagen *sowie* Traktoren zu bauen. – Zu Uwes elektrischer Eisenbahn gehören gerade *und* gebogene Gleisstücke, mehrere Kreuzweichen *und* elektromechanische Weichenpaare.

sowie: innerhalb von Aufzählungen nur, um nochmaliges, störendes *und* zu vermeiden. Merke: Vor *sowie* steht nur ein Komma, wenn es auch vor *und* stünde, also insbesondere vor vollständigen Sätzen.

108. spalten: gespaltet – gespalten
Wenn ihr die Stäbchen *gespaltet* habt, meldet ihr euch. – Bei Schizophrenie ist das Bewußtsein *gespalten*. Sophie hat eine *gespaltene* Zunge.

gespaltet: anstelle des üblicheren *gespalten* nur im ursprünglichen Sinne. – *gespalten:* meistgebrauchte Form; in übertragener Bedeutung und als Adjektiv fast nur so.

109. stechen – stecken

Als Sebastian das Faß *anstach*, wurde er von einer Hornisse *gestochen*. – Ich habe die Kinder schon ins Bett *gesteckt*. – Wie tief die Harpunen in Moby Dicks Rücken *staken*, konnte man daran erkennen, daß die meisten abgebrochen waren.

stechen: mit einem (spitzen) Gegenstand in einen größeren eindringen. – *stecken: er steckt – steckte – hat gesteckt:* schwache Form auf die Frage wohin?, also den Vorgang bezeichnend: in einen (meist schon vorhandenen) Hohlraum einführen. – *stecken: er steckt – stak – hat gesteckt:* auf die Frage wo?, also von einem Zustand: in etwas (meist längere Zeit) drinstecken; doch auch schwach verwendet.

110. teilweise – zum Teil

Das gestern in die Schaufenster gestellte Mobiliar ist *teilweise* schon wieder verkauft. – Er hat das Haus *zum Teil* in Selbsthilfe gebaut.

teilweise: in einzelnen Teilen, stückweise, in unbestimmter Auswahl und Folge. – *zum Teil:* zu einem gewissen Teil, ein Stück weit, in unbestimmtem Umfange.

111. Tuch: die Tuche – die Tücher

Für Ihre Maßanzüge sollten Sie nur beste *Tuche* wählen. – Häng bitte ein paar *Tücher* vor die Fenster.

Tuche: das Tuch im Ballen, Tucharten. – *Tücher:* fertige, bearbeitete Einzelware, z. B. *Handtücher*.

112. verbieten – sich verbitten

Der Tarifvertrag *verbietet* uns, anders zu verfahren. – Ich *verbitte* mir diese Anspielungen.

verbieten: er verbietet – verbot – hat verboten: jemandem etwas. – *sich verbitten: er verbittet sich – verbat sich – hat sich verbeten:* reflexiv.

113. verbringen – zubringen

Wir wollen unseren Urlaub im Chiemgau *verbringen*. – Andrea *bringt* die meiste Dienstzeit mit Privatgesprächen *zu*.

verbringen: erleben, eine Zeitlang anwesend sein. – *zubringen:* mit tadelndem Sinn: etwas Unrechtes tun, vertrödeln.

114. Verdienst: der Verdienst – das Verdienst
Volkers jetziger *Verdienst* reicht nicht aus, eine Familie zu ernähren. – *Das* große *Verdienst* des Verfassers besteht darin, die Quellen richtig zu interpretieren.

Verdienst: männlich: Einkommen. – *Verdienst:* sächlich: wertvoller Beitrag, anerkennenswerte Leistung.

115. verfallen – zerfallen
In der Völkerwanderungszeit *verfielen* alle Künste. – Ins Wasser geworfen, *zerfiel* die Tablette im Nu.

verfallen: dahinschwinden, ausgezehrt werden, eingehen. – *zerfallen:* sich in seine Bestandteile auflösen.

116. verlautbaren – verlauten
Über Einzelheiten wollte das Ministerium noch nichts *verlautbaren*. – Wie aus gutunterrichteten Kreisen *verlautet*, hat man die Konferenz abgesagt.

verlautbaren: transitiv: veröffentlichen, amtlich bekanntmachen. – *verlauten:* intransitiv: vorläufig berichten, gerüchtweise melden, hören lassen.

117. verlegen – verschieben
Wir müssen die Besichtigung der Gaslehrküche auf Montag, den 13. 4. *verlegen*. – Am liebsten würde ich meine Reise um einige Tage *verschieben*.

verlegen: auf einen späteren, bestimmten Zeitpunkt festsetzen. – *verschieben:* auf einen späteren, meist unbestimmten Zeitpunkt aufschieben.

118. verschönen – verschönern
Fräulein Fink wird unser Vereinsfest durch Gesang *verschönen*. – Deinen Garten könntest du auch mit Ziersträuchern *verschönern*.

verschönen: inhaltsreicher, würdiger gestalten. – *verschönern:* äußerlich schöner machen.

119. verschrauben: verschraubt – verschroben
Karlheinz hat den Stutzen nicht fest genug *verschraubt*. – Ich wundere mich, wie *verschroben* meine Großmutter manchmal ist.

er verschraubt – verschraubte – hat verschraubt: zusammenschrauben. – *verschroben sein:* sich absonderlich, seltsam benehmen.

120. versichern: mit Dativ – mit Akkusativ

Ich *versichere dir*, daß alles wieder in Ordnung ist. Uns ist *versichert worden*, daß die Vorstellung auf jeden Fall stattfindet. – Viktor hat seine ganze Familie *gegen* Unfall *versichert*. – Seien *Sie* unser*es* tiefsten Mitgefühls *versichert*.

jemandem (Duden auch: *jemanden!*) *etwas versichern:* beruhigend mitteilen; der Dativ der Person steht auch im Passiv: *mir ist versichert worden...* – *jemanden gegen etwas versichern:* mit Akkusativ der Person: in eine Versicherung aufnehmen lassen. – *jemanden einer Sache versichern:* mit Akkusativ der Person und Genitiv der Sache: seine Anteilnahme glaubhaft ausdrücken.

121. verwirren: verwirrt – verworren

Dieser Brief hat mich ganz *verwirrt*. – Die Lage an der Börse ist seitdem durchaus *verworren*.

er verwirrt – verwirrte – hat verwirrt: transitiv: durcheinanderbringen, irremachen. – *verworren:* intransitiv: durcheinandergeraten, schwer zu übersehen, verwickelt. Duden I läßt auch *verwirrt* zu.

122. völlig – vollkommen

Der Brand hat den Speicher *völlig* zerstört. – Sein Diktat war *vollkommen* fehlerfrei.

völlig: ganz und gar, in jeder Hinsicht; auch bei bedauerlichen Tatsachen. – *vollkommen:* in vollkommener Weise, durchaus; nur bei erfreulichen Tatsachen.

123. voran – vorwärts – voraus

Warte! Ich will *voran*gehen und leuchten. – Ich habe noch ein paar Minuten zu tun, ihr könnt schon *voraus*gehen. – Wer nicht *vorwärts* geht, bleibt stehen. Mit der Arbeit will es gar nicht recht *vorwärts*gehen.

voran: vorn, an erster Stelle, an der Spitze. – *voraus:* mit Abstand vorn. – *vorwärts:* in Richtung nach vorn (es braucht niemand zu folgen). Getrenntschreibung: räumlicher Sinn; Zusammenschreibung: übertragener Sinn.

124. vorbei – vorüber

Ein Röcheln noch, und dann war alles *vorbei*. Es ist schon 12 Uhr *vorbei*. – Im Leben geht alles *vorüber*. Die schönen Tage von Aranjuez sind nun *vorüber*.

vorbei: von Kurzdauerndem. – *vorüber:* von dem, was sich über längere Zeiträume erstreckt.

125. Vorkommen – Vorkommnis

In Südfrankreich sind große Erdgas*vorkommen* entdeckt worden. – Solche *Vorkommnisse* dürfen sich nicht wiederholen.

Vorkommen: Fund an Bodenschätzen. – *Vorkommnis:* ärgerlicher Zwischenfall.

126. wägen – wiegen

Wahlspruch der Konservativen: Man soll die Stimmen *wägen*, nicht zählen. – Wir haben Säcke *gewogen*. Er *wog* damals 190 Pfund. – Wir sollten uns nicht länger in Sicherheit *wiegen*.

er wägt – wog – hat gewogen: im übertragenen, poetischen Sinne: das (innere) Gewicht bestimmen. – *er wiegt – wog – hat gewogen:* transitiv und intransitiv: ein bestimmtes Gewicht haben; das Gewicht eines Gegenstandes feststellen. – *er wiegt – wiegte – hat gewiegt:* schaukeln; unvorsichtigerweise glauben. – Merke: *gewogen:* zugetan, wohlgesinnt; *gewiegt:* erfahren, gerissen.

127. während

Während ich die Steine heranfuhr, mauerte Peter; dann lösten wir einander ab. – *Während* Theo einen Walzer kaum von einem Marsch unterscheiden kann, ist Wanda äußerst musikalisch.

während: ursprünglich nur zur Bezeichnung der Gleichzeitigkeit; heute wird *während* auch im Sinne von *wohingegen* gebraucht, drückt also den Gegensatz aus.

128. was für ein? – welcher?

Für deinen Bruder bringe ich einen historischen Roman mit – *was für ein* Buch möchtest du haben? – Wenn ich nur wüßte, *welche* von diesen drei Lampen ich nehmen soll.

was für ein: fragt nach den allgemeinen Merkmalen, bestimmt nur die Art. – *welcher:* fragt nach dem Einzelnen, wählt aus der Art aus. Merke: *Was für ein* soll nicht getrennt werden. (Also nicht: *Was* ist das *für ein* Vogel?)

129. weben: gewebt – gewoben

Susanne hat sich einen hand*gewebten* Wandteppich gekauft. – Diese schon halb verfallene Kapelle ist von Legenden *umwoben*.

er webt – webte – hat gewebt: Tätigkeit des Webens. – *er webt – wob – hat gewoben:* in gehobener Sprache: mit einer bedeutsamen Vorgeschichte ausstatten, mit poetischem Glanz umgeben.

130. wenden: gewendet – gewandt

Der Rock kann noch *gewendet* werden. – Der Fernfahrer Z. wird schwer bestraft, weil er auf der Autobahn *gewendet* hat. – Als Fremdenführer ist er sehr *gewandt*. – David hatte sich noch nicht *gewandt*, als sie schon wieder zu schreien begannen.

er wendet – wendete – hat gewendet: umdrehen, kehren. – In vielen Formen und Zusammensetzungen mit Ablaut: *er wendet – wandte – hat gewandt:* ohne Bedeutungsunterschied. Jedoch nur: ein *gewendeter* Stoff, ein Fahrzeug wird *gewendet;* jem. ist sehr *gewandt* (geschickt).

131. Wort: Worte – Wörter

Du sprichst ein großes *Wort* gelassen aus. Werner will sein Exposé nur noch in die richtigen *Worte* fassen. – Das Telegramm besteht aus 27 *Wörtern*.

Worte: Wörter im Sinnzusammenhang, Aussprüche. – *Wörter:* zählbare Elemente der Sprache, aufgeführt in Wortlisten und Wörterbüchern u. dgl.

132. Zahl – Ziffer

Die *Zahl* 1001 besteht aus zwei Einsen und zwei Nullen. – Die *Ziffer* Sieben kann mit oder ohne Querstrich geschrieben werden.

Zahl: aus Ziffern bestehende rechnerische Größe. – *Ziffern:* Bestandteil der Zahlen.

133. zumal – zumal da

Alle sollten sich diese Lehre zu Herzen nehmen, *zumal* du. – Sie freut sich diebisch über den gelungenen Scherz, *zumal da* niemand weiß, wer dahintersteckt.

zumal: vor allem. – *zumal da:* vor allem weil.

134. zumuten – zutrauen

Seine Frau wollte ihm nicht *zumuten*, nochmals zur Sparkasse zu fahren. – Ich hätte dir gar nicht *zugetraut,* daß du so energisch sein kannst.

zumuten: erwarten, daß sich jem. die Mühe macht. – *zutrauen:* glauben, daß jem. zu etwas fähig ist.

IV. Teil

Übersichten

Konjugation des Verbs
Gebrauch der Zeiten
Fachausdrücke der Sprachlehre
Stichwortregister

Konjugation

(Zu den eingeklammerten Zahlen vgl. die Anmerkungen!)

	I. HABEN (I)		II. WER
Infinitiv des Präsens:	haben		werden
Infinitiv des Perfekts:	gehabt haben		geworden (3) sein (worden sein)
Partizip des Präsens:	habend		werdend
Partizip des Perfekts:	gehabt		geworden (3) (worden)
Imperative:	hab[e]! (2) habt!		werd[e]! (2) werdet!

Tempus	Indikativ	Konjunktiv	Indikativ
Pr. (4)	ich habe (10)	ich habe (16)	ich werde (12)
Pft. (5)	ich habe (10) gehabt	ich habe (16) gehabt	ich bin (14) geworden (3)
Im. (6)	ich hatte (11)	ich hätte (17)	ich wurde (13) (ward)
Plq. (7)	ich hatte (11) gehabt	ich hätte (17) gehabt	ich war (15) geworden (3)
F. I. (8)	ich werde (12) haben	ich werde (18) haben	ich werde (12) werden
F. II. (9)	ich werde (12) gehabt haben	ich werde (18) gehabt haben	ich werde (12) geworden (3) sein

IV. TRAGEN (22)

	Aktiv		Pas
Pr. (4)	ich trage	ich trage	ich werde (12) getragen
Pft. (5)	ich habe (10) getragen	ich habe (16) getragen	ich bin (14) getragen worden
Im. (6)	ich trug	ich trüge	ich wurde (13) getragen
Plq. (7)	ich hatte (11) getragen	ich hätte (17) getragen	ich war (15) getragen worden
F. I. (8)	ich werde (12) tragen	ich werde (18) tragen	ich werde (12) getragen werden
F. II. (9)	ich werde (12) getragen haben	ich werde (18) getragen haben	ich werde (12) getragen worden sein

VI. KÖNNEN (24) / VII. MÖ

	Indikativ	Konjunktiv	Indikativ
Pr. (4)	ich kann	ich könne	ich mag
Pft. (5)	ich habe (10) gekonnt (24)	ich habe (16) gekonnt (24)	ich habe (10) gemocht (24)
Im. (6)	ich konnte	ich könnte	ich mochte
Plq. (7)	ich hatte (11) gekonnt (24)	ich hätte (17) gekonnt (24)	ich hatte (11) gemocht (24)
F. I (8)	ich werde (12) können	ich werde (18) können	ich werde (12) mögen
F. II. (9)	ich werde (12) gekonnt haben	ich werde (18) gekonnt haben	ich werde (12) gemocht haben

IX. WOLLEN (24) / X. DÜR

	Indikativ	Konjunktiv	Indikativ
Pr. (4)	ich will	ich wolle	ich darf
Pft. (5)	ich habe (10) gewollt (24)	ich habe (16) gewollt (24)	ich habe (10) gedurft (24)
Im. (6)	ich wollte	ich wollte	ich durfte
Plq. (7)	ich hatte (11) gewollt (24)	ich hätte (17) gewollt (24)	ich hatte (11) gedurft (24)
F. I (8)	ich werde (12) wollen	ich werde (18) wollen	ich werde (12) dürfen
F. II. (9)	ich werde (12) gewollt haben	ich werde (18) gewollt haben	ich werde (12) gedurft haben

(1) Hilfsverb

(2) Im Singular des Imperativs kann das -e gesetzt oder weggelassen werden: habe Dank! hab Dank!

(3) In Verbformen fällt ge- weg: er ist Arzt geworden; aber: sie ist geheilt worden.

(4) Präsens

(5) Perfekt

(6) Imperfekt

(7) Plusquamperfekt

(8) Futur I

(9) Futur II

(10) ich habe, du hast, er (sie, es) hat; wir haben, ihr habt, sie haben

(11) ich hatte, du hattest, er (sie, es) hatte; wir hatten, ihr hattet, sie hatten

(12) ich werde, du wirst, er (sie, es) wird; wir werden, ihr werdet, sie werden

(13) ich wurde, du wurdest, er (sie, es) wurde; wir wurden, ihr wurdet, sie wurden

(14) ich bin, du bist, er (sie, es) ist; wir sind, ihr seid, sie sind

(15) ich war, du warst, er (sie, es) war; wir waren, ihr wart, sie waren

(16) ich habe, du habest, er (sie, es) habe; wir haben, ihr habet, sie haben

des Verbs

DEN (1)	III. SEIN (1)	
	sein	
	gewesen sein	
	seiend	
	gewesen	
	sei! seid!	

Konjunktiv	Indikativ	Konjunktiv
ich werde (18)	ich bin (14)	ich sei (20)
ich sei (20) geworden (3)	ich bin (14) gewesen	ich sei (20) gewesen
ich würde (19)	ich war (15)	ich wäre (21)
ich wäre (21) geworden (3)	ich war (15) gewesen	ich wäre (21) gewesen
ich werde (18) werden	ich werde (12) sein	ich werde (18) sein
ich werde (18) geworden (3) sein	ich werde (12) gewesen sein	ich werde (18) gewesen sein

	V. VERREISEN (23)	
siv	Aktiv	
ich werde (18) getragen	ich verreise	ich verreise
ich sei (20) getragen worden	ich bin (14) verreist	ich sei (20) verreist
ich würde (19) getragen	ich verreiste	ich verreiste
ich wäre (21) getragen worden	ich war (15) verreist	ich wäre (21) verreist
ich werde (18) getragen werden	ich werde (12) verreisen	ich werde (18) verreisen
ich werde (18) getragen worden sein	ich werde (12) verreist sein	ich werde (18) verreist sein

GEN (24)	VIII. SOLLEN (24)	
Konjunktiv	Indikativ	Konjunktiv
ich möge	ich soll	ich solle
ich habe (16) gemocht (24)	ich habe (10) gesollt (24)	ich habe (16) gesollt (24)
ich möchte	ich sollte	ich sollte
ich hätte (17) gemocht (24)	ich hatte (11) gesollt (24)	ich hätte (17) gesollt (24)
ich werde (18) mögen	ich werde (12) sollen	ich werde (18) sollen
ich werde (18) gemocht haben	ich werde (12) gesollt haben	ich werde (18) gesollt haben

FEN (24)	XI. MÜSSEN (24)	
Konjunktiv	Indikativ	Konjunktiv
ich dürfe	ich muß	ich müsse
ich habe (16) gedurft (24)	ich habe (10) gemußt (24)	ich habe (16) gemußt (24)
ich dürfte	ich mußte	ich müßte
ich hätte (17) gedurft (24)	ich hatte (11) gemußt (24)	ich hätte (17) gemußt (24)
ich werde (18) dürfen	ich werde (12) müssen	ich werde (18) müssen
ich werde (18) gedurft haben	ich werde (12) gemußt haben	ich werde (18) gemußt haben

(17) ich hätte, du hättest, er (sie, es) hätte; wir hätten, ihr hättet, sie hätten

(18) ich werde, du werdest, er (sie, es) werde; wir werden, ihr werdet, sie werden

(19) ich würde, du würdest, er (sie, es) würde; wir würden, ihr würdet, sie würden

(20) ich sei, du sei(e)st, er (sie, es) sei; wir seien, ihr seiet, sie seien

(21) ich wäre, du wärest, er (sie, es) wäre; wir wären, ihr wäret, sie wären

(22) tragen: Beispiel für starke, transitive Verben. Kennzeichen: Wechsel des Stammvokals: tragen, trug, getragen Partizip des Perfekts endet auf -en. Transitive Verben regieren den Akkusativ: ich trage den Korb. Passiv kann von allen Personen gebildet werden (siehe Kap. 16)

(23) verreisen: Beispiel für schwaches, intransitives Verb. Stammselbstlaut bleibt: verreise, verreiste, verreist. Partizip des Perfekts endet auf -t. Intransitive Verben bilden nur das sächliche (unpersönliche) Passiv: es wird verreist (siehe Kap. 16)

(24) Modales Hilfsverb. In Verbformen tritt der Infinitiv an die Stelle des Partizips des Perfekts: gekonnt – können: ich habe es gekonnt – ich habe es erledigen können

Gebrauch der Zeiten

A. Präsens

1. Erläuterung gegenwärtiger Vorgänge: *Was tust du denn da? – Ich suche meinen Drehbleistift.*
2. Reportage und Schilderung: *Uwe bekommt den Ball und schießt. Der Tanker legt ab, Sirenensignale ertönen.*
3. Historisches Präsens: *1556 legt Karl V. die Kaiserkrone nieder und geht ins Kloster. In Spanien folgt ihm sein Sohn Philipp.*
4. Inhaltsangabe (!): *Faust dringt in den Kerker ein und will Gretchen zur Flucht überreden, aber sie bleibt.*
5. Gesetze, Regeln, bleibende Wahrheiten: *Mit zunehmender Höhe nimmt die Temperatur ab. Alter schützt vor Torheit nicht.*
6. Personen-, Bild- und Sachbeschreibung: *Der linke vordere Backenzahn fehlt. Ein achteckiges Uhrglas deckt das Gehäuse ab.*
7. Steigerung der Spannung in der Erzählung: *Er bog um die Ecke und rannte über den Hof. Da öffnet sich das Scheunentor und Xaver tritt heraus.*
8. Energische Feststellung als Imperativ: *Ihr badet heute nicht! Du bleibst liegen!*
9. Vereinfachtes Futur (meist mit Zeitangabe): *Morgen backe ich einen Obstkuchen. Du schreibst doch, wenn du angekommen bist?*
10. Modales Futur: *Ich will ihn gleich einmal anrufen. Du kannst erst um drei kommen.*

B. Perfekt

1. Vorzeit des Präsens: *Der Wind ist umgesprungen und weht jetzt aus Nordwest. Das Huhn gackert, denn es hat ein Ei gelegt.*
2. Kurze Meldung: *Ich habe die Schuhe zum Schuster gebracht. Die Muster sind schon eingegangen.*
3. Vereinfachtes Futur II: *Wenn der Zahn gezogen ist, geht die Geschwulst bald zurück. Schicke die Karte ab, sobald du das Paket erhalten hast.*
4. Rahmensätze im Bericht: *Vorgestern bin ich in Coburg gewesen. (Mein Freund hatte dort zu tun und nahm mich mit...) Auf diese Weise habe ich viel Neues und Interessantes gesehen.*

C. Imperfekt

1. Erzählung (Märchen, Kurzgeschichte, Novelle, Roman): *Es waren einmal drei Brüder. An den Ufern der Havel lebte um die Mitte des 16. Jh. ein Roßhändler namens Kohlhaas. Mitja fuhr zusammen, wollte schon vom Stuhl aufspringen, besann sich aber noch.*
2. Amtlicher Bericht, Reisebericht: *Fräulein Blank arbeitete zunächst in einer Fischfabrik, kündigte aber schon nach sechs Wochen und wurde Vertreterin für Elektrogeräte.*
3. Geschichtliche Darstellung: *Der Kaiser fiel im Kampfe, die Stadt wurde eingenommen. Bismarck erhielt 1890 seinen Abschied.*
4. Nacherzählung (!): *Die Erde bebte und schwankte, das Meer brauste auf, die Schiffe schlugen zusammen.*
5. (Kurze Meldung mit Zeitangabe: *Gleich nach Mittag rief übrigens Herr Sendling an. Ich war wieder den ganzen Vormittag auf dem Finanzamt.* – Besser: im Perfekt: *Gleich nach Mittag hat übrigens Herr Sendling angerufen. Ich bin wieder den ganzen Vormittag auf dem Finanzamt gewesen.*)

D. Plusquamperfekt

1. Vorzeit des Perfekts: *Ich bin auf die Minute pünktlich eingetroffen, obwohl ich mich mehrmals verfahren hatte. Er war von vielen Seiten gewarnt worden; trotzdem hat er alles auf sich zukommen lassen.*
2. Vorzeit des Imperfekts: *Nachdem er getankt hatte, brachte er den Wagen in die Garage. Sobald der Splitter entfernt worden war, ging sie wieder an die Arbeit.*

E. Futur I

1. Zukünftige Vorgänge oder Zustände: *Wir werden uns still verhalten. Du wirst erst am Montag abfahren?*
2. Vorwegnehmende Feststellung als Imperativ: *Du wirst jetzt die Wahrheit sagen! Ihr werdet nicht nach Schwabing gehen!*
3. Vermutung in bezug auf Gegenwärtiges: *Die Kartons werden wohl im Keller liegen. Das wird sicher auf der zweiten Seite stehen.*

F. Futur II

1. Vermutung in bezug auf Vergangenes: *Herr Fahrenkrug wird sich wohl verlaufen haben. 1928 wirst du sicher schon bei den Trentol-Werken gewesen sein.*
2. (Vorzeit des Futur 1: *Falls ihr wirklich erst im August eintreffen werdet, dann wird der Neubau längst gerichtet worden sein.*)

Fachausdrücke der Sprachlehre

Abstraktum	Begriffshauptwort, Gedanken-hauptwort
Adjektiv	Eigenschaftswort
Adverb	Umstandswort
Adverbiale	Umstandsbestimmung
Akkusativ	Wenfall
Aktiv	Tatform
Apposition	Beisatz
Artikel	Geschlechtswort
Attribut	Beifügung
Attributsatz	Beifügesatz
Dativ	Wemfall
Deklination	Beugung des Nennwortes
demonstrativ	hinweisend
Ellipse	Auslassungssatz
Femininum	weibliches Hauptwort
Final-	Zweck-
Futurum	einfache oder erste Zukunft
– exaktum	vollendete oder zweite Zukunft
Genitiv	Wesfall
Genus	Geschlecht
Imperativ	Befehlsform
Imperfekt	erzählende Vergangenheit
Indikativ	Wirklichkeitsform
Infinitiv	Grundform, Nennform
interrogativ	fragend
intransitiv	nichtzielend
Inversion	Satzdreh
Kardinalzahl	Grundzahl

Kasus	Fall
kausal	begründend
Kollektivum	Sammelname
Kompositum	zusammengesetztes Wort
Konjugation	Abwandlung; Beugung des Zeitwortes
Konjunktion	Bindewort, Fügewort
Konjunktiv	Möglichkeitsform
Konkretum	Sachhauptwort
Kopula	Formwort, Satzband
Lokal..	Orts…
Maskulinum	männliches Hauptwort
modales Hilfsverb	Artzeitwort, Hilfszeitwort der Aussageweise
Modus	Art und Weise, Aussageweise
Negation	Verneinung
Nomen	Nennwort
Nominativ	Werfall
Numerale	Zahlwort
Numerus	Zahlform
Objekt	Ergänzung, Satzergänzung
Ordinalzahl	Ordnungszahl
Partizip des Präsens	Mittelwort der Gegenwart, erstes Mittelwort
– – Perfekts	Mittelwort der Vergangenheit, zweites Mittelwort
Passiv	Leideform
Perfekt	Vorgegenwart
Periode	Großsatz
personal	persönlich
Pleonasmus	überdeutlicher Ausdruck
Plural	Mehrzahl
Plusquamperfekt	Vorvergangenheit

possessiv	besitzanzeigend
Prädikat	Aussage, Satzaussage
Präposition	Verhältniswort
Präpositionalobjekt	Verhältnisergänzung
Präsens	Gegenwart
Präteritum	einfache Vergangenheit
Pronomen	Fürwort
Pronominaladverb	Verhältnisumstandswort
reflexiv	rückbezüglich
relativ	bezüglich
Relativsatz	Bezugssatz
Singular	Einzahl
Subjekt	Satzgegenstand
Substantiv	Hauptwort
Superlativ	Höchststufe, Meiststufe
synonym	sinnverwandt
Syntax	Satzlehre
Tautologie	Doppelaussage
temporal	zeitlich
Tempus	Zeitform
transitiv	zielend
Verb	Tätigkeitswort, Zeitwort
verbal	zeitwörtlich
Verbalsubstantiv	Nennformhauptwort
Vollverb	Begriffszeitwort

Stichwortregister

WK bedeutet WORTKUNDE, die Zahl gibt die Nummer wieder, unter der das Wort behandelt ist.